Andreas Keller

Wolga, Wodka und die schönen Frauen

Andreas Keller

Wolga, Wodka und die schönen Frauen

Willkommen in Samara

HERDER

FREIBURG · BASEL · WIEN

MIX
Papier aus verantwor-
tungsvollen Quellen
FSC® C106847

Umschlaggestaltung: Christian Langohr, Freiburg
Umschlagmotiv: Russian Nesting Doll, © Alexander Bryljaev, fotolia
Autorenfoto: Nikolaj Wladimirskij
Satz: Barbara Herrmann, Freiburg
Herstellung: fgb · freiburger graphische betriebe
www.fgb.de

Printed in Germany

ISBN 978-3-451-30525-2

Inhalt

Steig in den Bus, Cowboy!

Ich heiße Felix Scheible.

Und ich würde nicht Felix Scheible heißen, wenn ich nicht in den nächsten 48 Stunden nach Russland fahren würde. Seit heute steht fest: Ich kann endlich nach Samara aufbrechen. Die Ungewissheit war endlich der Notwendigkeit gewichen, so schnell wie möglich ein Flugticket besorgen zu müssen. Das gab es aber wegen der kurzfristigen Buchung nur noch zu einem horrenden Preis. Aber warum in die Lüfte entschweben, wenn altbewährte Fortbewegungsmittel wie Zug oder Bus genauso gut zur Verfügung standen? Nur: Alle Busse Richtung Moskau waren ausgebucht. Ich musste an meinem Reiseplan Abstriche machen und darauf verzichten, Moskau von Stuttgart aus direkt mit Flugzeug oder Bus zu erreichen.

Am Stuttgarter Hauptbahnhof wurde ich schnell fündig. Die bunten Prospekte eines Reisebusunternehmens versprachen jedem Fahrgast, schnell und komfortabel in beinahe jede größere Stadt im östlichen Europa fahren zu können. Die Lösung war genauso einfach wie kostengünstig: mit dem Bus nach Warschau und von dort aus mit dem Zug nach Moskau.

Zwei Tage später saß ich bereits im Reisebus und genoss den Gedanken, meinem Ziel mit jeder Minute näher zu kommen – schon am nächsten Morgen sollte ich in Warschau sein! Den Weg nach Russland – genauer gesagt an die Wolga – hatten 1765 schon meine Vorfahren von Hessen aus zurückgelegt. Anfang des 20. Jahrhunderts wanderte dann ein Teil der Familie meiner Großmutter väterlicherseits von der Wolga nach Nordamerika aus, wo sie in North Dakota ihre zweite Heimat fand. Bezeichnend ist, dass das Klima dort dem an der Wolga sehr ähnlich ist. Nur gab es statt der Wolgasteppe eben die Prärie von Dakota, wo, genauso wie an der Wolga, die wolgadeutschen Cowboys hunderttausende Hektar Neuland urbar gemacht haben.

Deshalb ging meine Reise nicht nur an die Wolga, sondern

auch in meine Familiengeschichte. Wie sieht es dort wohl aus? Bestimmt ganz anders als in meinem Geburtsort Welesowo im russischen Nordwesten, nicht weit von St. Petersburg.

Nach rund 1200 Kilometern Fahrt erreichte der Bus um 11 Uhr 30 früh die polnische Hauptstadt. Ich kam an einem riesigen Busbahnhof an, allerdings an *einem* der drei Bahnhöfe von Warschau. Jetzt sollte ich also zum Hauptbahnhof fahren, um noch eine Fahrkarte zu besorgen. Ich schulterte mein Gepäck: Koffer, Adidas-Sporttasche, Laptoptasche und Gitarre, und ging durch lange Unterführungen und Hallen, bis ich an die richtige Stelle kam. Wie gerufen, stand hier plötzlich ein Taxi.

An dieser Stelle ist eine Warnung für alle Reisenden in Osteuropa angebracht: sich nach Möglichkeit vor der Fahrt bei unbeteiligten Einheimischen zu erkundigen, was so eine Fahrt zu einem der Hauptbahnhöfe oder einer anderen beliebigen Destination denn koste. Sonst besteht die Gefahr, dass man das Mehrfache zahlt. Die polnischen Taxifahrer sind ziemlich fit im Kopfrechnen, insbesondere was den Euro anbetrifft. Mit siebzehn Euro für die Fahrt zum Hauptbahnhof kam ich noch ganz glimpflich davon. Aber ein zweiter Taxifahrer hat mich dann kalt erwischt.

Die Fahrkarte nach Moskau war schnell erstanden. In weniger als einer Stunde sollte es weitergehen. Am entsprechenden Gleis kam ich mit einer Russin ins Gespräch. Sie arbeite in Warschau, verdiene gutes Geld und sei mit sich sehr zufrieden, erzählte sie. »Aber, sagen Sie«, fragte sie mich, »von wo aus fährt denn Ihr Zug nach Moskau?« Es stellte sich schnell heraus, dass ich nicht nur am falschen Gleis, sondern auch am falschen Bahnhof war! Fast wäre mein Unternehmen schon in Warschau gescheitert! Ich musste schnellstmöglich zum Bahnhof Warszawa-Wschodnja kommen, von dem die Züge nach Moskau abfuhren. Mir blieb noch etwa eine halbe Stunde Zeit bis 12 Uhr 50.

Die Rolltreppe hochrennen, soweit dies das schwere Gepäck überhaupt erlaubte, ins erstbeste Taxi einsteigen und hoffen, dass der Fahrer im Blechmeer die richtige Fahrrinne findet und in diesem

Straßennetz voller Baustellen ohne große Verzögerungen zum gewünschten Ort fährt – was blieb mir anderes übrig?

»Können Sie mich in einer halben Stunde zu Warszawa-Wschodnja fahren? Ist er nicht weit von hier?« – »Sicher kann ich Sie fahren. Das schaffen wir schon. Steigen Sie ein!«, war die Antwort des Fahrers. Während der Fahrt fragte ich ihn einige Male, ob wir richtig wären und ob wir nicht einen kürzeren Weg nehmen sollten. Dabei wusste ich selber nicht, wo sich denn dieser kürzere Weg befinden könnte. Der Fahrer fuhr in Seelenruhe und konnte mir noch nebenbei voller Stolz und mit Genugtuung ein paar Sehenswürdigkeiten der polnischen Hauptstadt zeigen. Es versteht sich von selbst, dass diese Stadtführung für ausländische Gäste wie mich umsonst war. Dabei kam es mir zugute, dass ich die Lingua franca des Ostens, nämlich Russisch, kann. Ich verständigte mich mit dem Fahrer ohne größere Probleme, bis mir etwas auffiel: Es fehlte ein Taxameter. Die innere Unruhe stieg.

»Was wird denn die Fahrt kosten?«, fragte ich vorsichtig den freundlichen Fahrer. »Siebzig Euro«, war die Antwort. So eine glatte Frechheit hatte ich allerdings nicht erwartet! »Siebzig Euro?!«, konnte ich nur sagen. »Und das bei einer Fahrt, die nicht einmal durch die ganze Stadt geht? Dann könnte ich mit Ihnen genauso gut gleich nach Moskau fahren, weil mich die Fahrkarte nur unwesentlich mehr gekostet hat. Mehr als fünfzig kommt überhaupt nicht in Frage!« Das war immer noch zu viel, aber mich beruhigte der Gedanke, immerhin zwanzig Euro »gespart« zu haben.

So weit, so gut. Wichtig war jetzt, es rechtzeitig zum Zug nach Moskau zu schaffen. Das Taxi fuhr mich fast direkt an das richtige Gleis heran: »Sie haben noch fünf Minuten, mein Freund. Do swidanija! (Auf Wiedersehen!)« Der Fahrer blieb immerhin freundlich. Was für ein Glück, ich hatte es geschafft. Der letzte Wagen, der nächste … Da stand eine Gruppe von Schaffnerinnen. Schnell zu ihnen, die Fahrkarte vorweisen und endlich in den Zug einsteigen.

»Zeigen Sie Ihre Platzkarte!«, forderte mich die eine Dame auf.

»Welche Platzkarte? Hier, meine Fahrkarte.«

»Die Fahrkarte stimmt schon, aber hier steht nicht, in welchem Zug. Ohne eine Platzkarte kann ich Sie nicht mitnehmen.« Oh, heilige Barbara, hilf mir diese Strapazen zu überstehen, konnte ich nur in meinem Geiste ausrufen. Warum musste gerade mir das passieren? Die Fahrkartenverkäuferin hätte doch wissen müssen, dass sie mir nicht einfach eine Fahrkarte ohne eine Platzkarte verkaufen kann! Mich ärgerte, dass sie es wohl mit Absicht getan und dafür womöglich noch einen Obolus von den Schaffnerinnen erhalten hatte. So bekam nämlich die Schaffnerin eine Gelegenheit, mir einen »Gefallen« im Austausch gegen einen »Gefallen« meinerseits tun zu können. Was nun? Auf mein Recht zu pochen, machte wenig Sinn – egal wie, ich musste in den Zug. Ich erkundigte mich bei den Damen nach dem Namen des Chefs des russischen Zugteils. Gleich war er zur Stelle.

»Sergej Iwanowitsch«, redete ich eindringlich auf ihn ein, »ich darf hier nicht sitzen bleiben. Stellen Sie sich vor, ich bin doch Gast der Stadtverwaltung vom Munizipalbezirk Samara.« Und ich sagte ihm noch viel mehr darüber, wie abträglich es für die Verständigung beider Völker wäre, wenn ich hier nicht weiterkäme, und dass wir womöglich eine zwischenstaatliche diplomatische Verwicklung heraufbeschwören würden.

An seiner völlig gelassenen Reaktion war deutlich abzulesen, dass er wenig vom internationalen Ausmaß einer möglichen diplomatischen Katastrophe beeindruckt war. Trotzdem wurde er ernst und sagte mir: »Warten Sie bitte hier.« Als aber die dabei genannten fünf Minuten längst verstrichen waren und der Zug eigentlich schon längst unterwegs sein sollte, schien die Lage kritisch. Der Zugkommandant ging zu seinem polnischen Kollegen und regelte mit ihm die Sache. Da im polnischen Teil zufällig noch ein Platz frei sei, übernahm mich der polnische Kollege. Kaum war ich in den Zug eingestiegen, sah ich am Fenster auch schon das Bahnhofsgebäude langsam vorbeiziehen. Wir fuhren gen Osten.

»Welches Zugabteil hätten Sie denn gern?«, war die erste Frage des polnischen Zugschaffners.

»Sie haben doch nur einen Platz übrig für mich, dachte ich?«

»Es kommt darauf an. Sie können auch ein ganzes Abteil für sich alleine bekommen, wenn Sie vierzig Euro extra bezahlen.« Na toll, alles ist nur eine Frage des Geldes, dachte ich mir. Willkommen im »Wilden Osten«.

»Wozu bräuchte ich denn das ganze Abteil?«

»Gut, dann können Sie einen Platz in einem Abteil mit einem weiteren Mitreisenden bekommen. Ist es Ihnen recht?«, ließ er nicht locker.

»Ja, ich hätte nichts dagegen.«

»Zwanzig Euro, bitte. Brauchen Sie eine Quittung?«, war die nächste Frage.

»Ja, bitte.« Der Anstand wurde gewahrt.

Ich teilte das Abteil mit einem netten, älteren polnischen Herrn, der unterwegs zu seinem Sohn nach Moskau war. Er arbeitete dort als Ingenieur. Unwillkürlich kamen wir auf das schwierige Verhältnis zwischen Russland und Polen zu sprechen. Wer kennt diese Geschichte nicht? Die fast vollständige Auflösung des Staates und jahrhundertelange Abhängigkeit, durch die geographische Lage eingequetscht zwischen den drei Großmächten Deutschland bzw. Preußen, Österreich-Ungarn und Russland. Allerdings entstanden durch diese zentrale geographische Lage für Polen auch wirtschaftliche Vorteile. Dadurch florierten vor allem die Textilindustrie und der Handel mit Rohstoffen und halbfertigen Waren.

Am Abend kamen wir auch schon an die weißrussische Grenze. Hier erwartete uns eine mehrstündige Pause, da der Zug auf die breite Spur umgestellt wurde. Nachdem dann die Zollformalitäten ohne größere Verzögerungen erledigt waren, fuhr der Zug weiter Richtung russische Grenze. Wir passierten sie in der Nacht und ich hatte es gar nicht bemerkt.

In Moskau nach gut zwanzig Stunden Fahrt am Belorusskij (Weißrussischen) Bahnhof angekommen, ging es einfacher, da ich

mich in der russischen Hauptstadt von früher her schon gut aus-
kannte. Gleich in der Wechselstube am Bahnhof Euro in Rubel
wechseln, meinen Schulfreund Sergej anrufen, mit der U-Bahn
zum Kasaner Bahnhof am Komsomoljskaja-Platz fahren und die
Fahrkarte besorgen ...

Zwischenstation Moskau

Es gab jedoch an der ganzen Geschichte noch einen Haken: Ich
konnte unmöglich zur Weiterreise nach Samara aufbrechen, solange ich eine bestimmte Person nicht getroffen hatte. Die Adresse
lautete: Leningradskij Prospekt 39 c14. Ich nahm die U-Bahn, weil
sie um diese Uhrzeit das schnellste Fortbewegungsmittel war, um
zügig durch die von Staus und Behinderungen geplagte Megapolis
zu kommen. An der U-Bahnstation »Aeroport« stieg ich aus und
ging einige hundert Meter zurück Richtung Stadtmitte. Bald fand
ich rechterhand unter der gesuchten Hausnummer ein langes Gebäude mit einer markant gewölbten Fassade und einem meterhohen Mercedesstern im Hintergrund. Aber zuerst gönnte ich mir
eine Verschnaufpause, um nach der ganzen Odyssee zu mir zu
kommen und meine Gedanken zu sammeln, und ging in die Cafeteria *Kofeman,* was so viel wie »Kaffeegenussmensch« bedeutet. Ich
musste mich nach so vielen Jahren Abwesenheit erst an manche
russischen Worte gewöhnen oder ihren Sinn mühsam entziffern,
weil seitdem sehr viele Wortschöpfungen dazugekommen waren,
die ich nicht alle gleich verstand.

Die Cafeteria befand sich im Gebäude schräg gegenüber und
war etwas ganz Besonderes. Schon beim Eintreten hießen die fei-
erlichen, märchenhaften, fantastischen Räumlichkeiten dieser Lokalität den Gast mit einem ästhetischen Augenschmaus herzlich
willkommen. Die sehr aufwändige Innenausstattung legte von
höchsten ästhetischen Ansprüchen der Besitzer Zeugnis ab. Archi-
tektonisch lag der Raum irgendwo zwischen Malewitsch, Kan-

dinsky, Hundertwasser, Klimt und Pirosmani mit einer Vielfalt an Formen, Farben und Materialien: Marmor, Holz, Metall, Kacheln, Putz, Ziegel, Kunststoff, die Wandmalereien und Straßenlaternen mit eingeschlossen. Die Innenarchitekten hatten sich richtig Mühe gegeben, um etwas ganz Einzigartiges zu schaffen und einen zumindest fünfdimensionalen Raum zu erzeugen.

Ach ja, ich muss Ihnen noch sagen, wen ich unbedingt sprechen wollte: Gorbi, das Idol der Deutschen. Diesen schönen Status hat er zwar nicht zu Unrecht, den russischen Bürgern ist es allerdings bis heute völlig unverständlich, warum Gorbatschow in Deutschland so beliebt ist. Ich denke, dass das nicht nur an seiner Rolle bei der friedlichen Auflösung des Ostblocks und der deutschen Vereinigung liegt, sondern auch an seinem Charisma und seiner rhetorischen Gabe. Er schenkte den Deutschen die Befreiung beziehungsweise beendete die deutsche Teilung. Die Deutschen haben sie gerne bekommen – die Einheit. »Die Einheit geht schon ihren Gang – unter'm Milliardenregen ...«, sagte einmal ein Dichter, aber das ist eine andere Geschichte.

Was wollte ich von Gorbatschow? Eigentlich gleicht es einem Wunder, dass ich bei ihm so kurzfristig überhaupt an einen Termin gelangt war. Kurz vor meiner Abreise aus Stuttgart war es mir noch gelungen, in der Gorbatschow-Stiftung anzurufen und anzufragen, ob es möglich wäre, noch einen Termin bei Michail Sergejewitsch zu bekommen. »Eigentlich nicht«, war die Antwort der Dame am Telefon. »Aber vielleicht haben Sie Glück. Es steht fünfzig zu fünfzig, dass ein Termin mit einem Premierminister nicht stattfinden wird. Versuchen Sie bitte, uns von unterwegs nochmals anzurufen. Dann können wir entscheiden, ob Michail Sergejewitsch für Sie Zeit findet.«

Er fand Zeit. Sogar ganze zwei Stunden – ein fürstliches Geschenk, etwas Besseres konnte ich mir gar nicht wünschen. Der Grund dafür war leicht zu erraten: Ich hatte mit einem höchstens einstündigen Gespräch gerechnet, weil aber ein Premier mehr Zeit haben durfte als ich, konnte ich quasi seine Zeit in Anspruch nehmen. Und noch ein Umstand spielte hier eine nicht unwesentliche Rolle: Ich hatte mich als ein Autor aus Deutschland vorgestellt, der ein Buch über Russland schreibt. Und weil es bekanntermaßen bei Gorbi eine gute Tradition ist, meine Kollegen als »liebe Freunde, deutsche Journalisten« anzuschreiben, konnte ich mit dem Besten rechnen.

Also gut. Ich aß ein Stück von der süßen Kuchenkreation »Chinesische Mauer«, die aber nicht ganz so lang war wie die aus Stein. Dann trank ich noch ein paar Gläser Tee.

Es blieben noch zwanzig Minuten bis zum Termin mit Gorbi. Und obwohl das Haus, in dem das Treffen stattfinden sollte, schon in Sichtweite war, musste ich mich beeilen. Ich zahlte und ging hinaus – aus einer exotischen Oase an das Ufer eines sich vorbeischiebenden, stinkenden und lärmenden Blechmeeres auf einer mindestens fünfzehnspurigen Straße. Vielleicht waren es noch mehr, da ich mich in diesem Verkehrschaos leicht verzählt haben könnte, aber jedenfalls ist es eine Quälerei, so eine Straße in Moskau zu überqueren. Ich musste einen langen Weg zurücklegen, um zu einem Fußgängerüberweg zu gelangen. Das ist eine Stadt für Autofahrer, nicht für Fußgänger, obwohl diese zweifelsohne in der Überzahl sind.

Endlich im Foyer des Hauses angelangt, meldete ich mich bei der Rezeption. Es genügte, das Zauberwort »Michail Sergejewitsch« auszusprechen, und schon bekam ich eine nette Begleiterin, die mich ins Vorzimmer führte. »Warten Sie bitte hier«, sagte sie und lud mich mit einer Geste ein, mich zu setzen. »Sie werden gerufen.« Meine Ungeduld war sehr groß, schließlich hatte ich damals als Student in Leningrad den damaligen Präsidenten der Sowjetunion nur im Fernsehen gesehen, und jetzt, in wenigen Minuten, sollte ich ihn aus ein paar Metern Entfernung erleben und ihm Fragen stellen können. Puh! Ich konnte vor Aufregung nicht still sitzen. Vielleicht sah man mir das gar nicht an. Aber in meinem Inneren tobte ein Sturm von mindestens Stärke acht.

»Herr Scheible, kommen Sie bitte. Herr Gorbatschow erwartet

Sie.« Ich stand auf und spürte meine Beine kaum noch. »Ich grüße Sie, Herr Scheible«, Gorbatschow reichte mir die Hand. »Sie haben einen langen Weg zu uns gehabt«, sagte er mit einem charmanten Lächeln. »Wollen wir Platz am Zeitungstisch nehmen? Dort können wir uns ungezwungen austauschen.« Und er zeigte auf eine Sesselgruppe mit einem niedrigen Tisch, an dem schon eine Frau saß. »Was wollen Sie trinken: Tee oder Kaffee?« – »Danke, schwarzen Tee bitte.« – »Tanjuscha, bringen Sie bitte unserem Gast schwarzen Tee und ein paar Kleinigkeiten zum Knabbern.« Und zu mir gewandt fügte er hinzu: »Haben Sie etwas dagegen, wenn Irina Michajlowna an unserem Gespräch teilnimmt?« – »Natürlich nicht.« – »Wissen Sie«, sagte er, und seine Stimme nahm einen leicht ironischen Tonfall an, »wenn ich etwas vergessen sollte, kann meine Tochter mich gut korrigieren.« Ein Schelm, wer etwas Böses dabei denkt, dachte ich mir. Dieser Mann hat doch auch Jüngeren noch einiges voraus. »Und noch eine technische Frage. Sie werden nichts dagegen haben, dass eine Kamera läuft?« – »Kein Problem.« Wir nahmen Platz am Zeitungstisch und der Hausherr kam gleich zur Sache.

»Also, Sie schreiben ein Buch über Russland?«, begann er und schaute mich erwartungsvoll an. »Ja, richtig, ich schreibe ein Buch über Russland am Beispiel von Samara, und ohne Sie bzw. Ihre Kommentare wäre es meiner Meinung nach unvollständig. Eines der Kapitel handelt von Perestrojka und Glasnostj.« – »Wo waren Sie denn zu dieser Zeit?« – »Ich war Student an der Staatlichen Universität in St. Petersburg.« – »Ach, deswegen sprechen Sie so gut Russisch. Ich habe mich schon gefragt. Sie sind ein Russlanddeutscher?« – »Ja, ein Wolgadeutscher.« »Ach, wie interessant. Und deswegen fahren Sie nach Samara?« Ich nickte: »Genau, das ist das eigentliche Ziel meiner Reise, weil meine Vorfahren von der Wolga kommen. Ich bin auf der Suche nach meinen Wurzeln.« – »Und deshalb wollten Sie mich sprechen. Ich wüsste nicht, dass ich Verwandte in Deutschland oder an der Wolga hätte«, er schmunzelte. »Nein, natürlich nicht. Aber genau in die Zeit der Perestrojka fällt die Zeit meines Studiums, meine Studentenjahre. Und wir waren voll dabei. Wir haben Sie unterstützt.« – »Ja, ich weiß.« Er wurde ernst. »Das war keine einfache Zeit. Das ganze Land war im Umbruch. Man sehnte sich nach einem neuen Aufbruch, aber der Erfolg war mir nicht gegönnt … Oder besser gesagt …«, an diesem Punkt hielt er inne und räusperte sich, » … doch ich bin der glücklichste Mensch, den es gibt. Ich habe meine Ideen ausgelebt. Ich habe erlebt, dass mein Traum Realität wurde. Wer kann das sonst noch von sich behaupten? Sehr wenige.« In diesem Augenblick spürte ich einen Hauch vom Enthusiasmus, der von ihm ausging.

»Ich hätte hier noch etwas ganz Persönliches zu sagen«, begann ich zögerlich. »Es gab da bei mir auch einen Moment der Enttäuschung.« – »Enttäuscht? Von wem oder von was?«, fragte er, wohl wissend, was ich meinte. »Als Sie damals in der Perestrojka-Zeit nach Leningrad kamen, ich weiß jetzt nicht, welches Jahr das war – vielleicht 1988 oder sogar 1989 – und mit Werftarbeitern gesprochen haben. Sie haben damals auf die Frage, wann denn die Arbeiter endlich die Fabriken in ihre Hand bekämen, gesagt, dass das nie der Fall sein werde, weil die Kommunistische Partei die leitende und die einzige Macht sei, die das Land in die richtige Richtung führen könne. Das konnten wir damals nicht verstehen … Aber entschuldigen Sie, was erzähle ich hier denn so alles. Ich wollte Sie doch fragen, wie Sie das Ganze erlebt haben. Und vor allem: Wie denken Sie über das heutige Russland und über seine Lage in der Welt? Und was ist mit den Zielen Ihrer Stiftung, die helfen soll, Russland an Europa heranzuführen, den Weltfrieden zu stiften, humanitäre Hilfe zu leisten, die Umwelt zu schützen?« – »Stopp, stopp, stopp!« Er hob beschwichtigend die Hände, um meinen Wortschwall anzuhalten. »Wenn Sie so weiterfragen, sind wir bis morgen früh nicht fertig. Also, Ihre Frage.« – »Gut, am 28. Juni 1988 fand die 19. Allunionsparteikonferenz statt, mit der die eigentlichen politischen Reformen in der Sowjetunion begannen.« – »Das stimmt. Aber zuvor hatten wir bereits drei Mal alle Parteisekretäre in den Bezirken und Städten ausgetauscht.« – »Das war noch vor der Parteikonferenz?« – »Ja, richtig.« Er versank kurz in Gedanken, als ob er

16

noch etwas Wichtiges in seinem Gedächtnis ausgraben wollte. Ich nippte an meiner Tasse Tee und fuhr fort:

»Dreimal … Woher haben Sie denn so viele Kader beschaffen können?« – »Das Filter- bzw. Auswahlsystem der Partei funktionierte einwandfrei«, sagte er nicht ohne Stolz in seiner Stimme. »Auf das konnten wir uns verlassen. Es gab viele intelligente Leute, die wir für uns gewinnen konnten. Ich sage auch jetzt: Vielleicht müssten wir uns langsam umschauen und nicht immer die Kader von St. Petersburg nach Moskau holen. Obwohl ich auch zu meiner Zeit einige Überraschungen erleben durfte. Ich erinnere mich gut daran, als ich nach Samara kam. Da sonnten sie sich wie die Robben. Was soll das, habe ich mich gefragt«, und er schaute mich aufmerksam an, als ob er mir seine Stafette im Geiste weitergeben wollte.

»Konnten Sie nicht gegen diesen passiven Widerstand vorgehen? Sie waren doch der Generalsekretär.« – »Da ist die Realität anders, als es auf den ersten Blick scheint. Was ist die Macht und wie funktioniert sie? Ich hätte natürlich befehlen können, strikt meine Verfügung auszuführen. Aber Sie wissen doch, wie alles so in Russland funktioniert. Ich habe unentwegt darüber nachgedacht, wie unsere Leute aufgeweckt werden könnten. Denn eine richtige Demokratisierung der Gesellschaft konnte nur unter aktiver Teilnahme der Bevölkerung stattfinden.« Hier sprach der überzeugte russische Demokrat.

»Haben Sie persönlich keine Bedenken gehabt, dass diese Welle auch Sie wegfegen könnte?« – »Der Teufel weiß, was das soll! Nein, natürlich habe ich den ganzen Ernst der Lage verstanden. Auch viele im Politbüro … Nicht umsonst hat einmal ein Kommunist gefordert, mich zusammen mit Jelzin am gleichen Baum aufzuhängen. Ich hätte dazu nur die eine Bitte, erwiderte ich darauf, nämlich mich an einem anderen Baum als Jelzin hängen zu lassen.« Er lachte kurz auf und wurde gleich wieder ernst: »Natürlich war die Kommunistische Partei eine große Macht: 19 Millionen Mitglieder, das kann man nicht so einfach vernachlässigen. Die Partei war ein genial gebauter Mechanismus, jedoch nur für eine ganz bestimmte Gesellschaftsordnung, für ein totalitäres System.« Es ist erstaunlich, dachte ich in diesem Moment, welch einen Wandel dieser Mensch durchgemacht hat: vom damaligen Generalsekretär bis zum Gründer der Gorbatschow-Stiftung, die sich in einem ultramodernen Moskauer Büro befindet und für eine demokratische Ordnung und Zivilgesellschaft in Russland eintritt, ja vielleicht einer Wiederholung des Totalitarismus in Russland vorbeugt.

Auf die Antwort auf meine folgende Frage war ich besonders gespannt, da Gorbatschow als Architekt eines neuen europäischen Hauses bekannt war: »Was denken Sie über die Rolle der Europäischen Union in der Welt?« – »Die guten Beziehungen Russlands mit der Europäischen Union sind für Russland existenziell wichtig. Wir haben einen allseitigen Dialog und eine strategische Partnerschaft mit Europa bitter nötig. Die neuen mittel- und osteuropäischen Länder müssen endlich begreifen, dass sie von unserer Seite nichts zu befürchten haben.« Seine Aufregung war deutlich zu spüren, es war ihm anzusehen, dass dieses Thema seine innerste seelische Saite zum Vibrieren brachte.

»Sind Sie der Meinung, dass das heutige Russland auf dem richtigen Weg ist?« – »Ich denke, Russland geht in die richtige Richtung, aber es hat erst den halben Weg in seiner Transformation zu einer demokratischen Gesellschaft geschafft. Zum Glück sind die Zeiten der 1990er Jahre vorbei, als Russland wie ein Waschlappen behandelt wurde. Heute ist das nicht mehr möglich. Russland kann mit allen auf gleicher Augenhöhe sprechen. Was mich beunruhigt, ist die Militarisierung des Bewusstseins und der Habitus mancher Länder, eine Orientierung nur auf Macht, eine rasante Aufrüstung. Das hat unvorhersehbare Folgen. In München hat Putin die Dinge beim Namen genannt. In der Washingtoner Logik sind die militärischen Mittel der wichtigste Trumpf. Die USA sind sehr beunruhigt, dass die Europäische Union sie in den Wirtschaftskennziffern bereits überholt hat. Es gibt neue aufstrebende Ökonomien in China, Brasilien, Indien. Eine unipolare Welt ist undenkbar.« – »Hierin würde Ihnen auch der amerikanische Präsident beipflichten«, fügte ich hinzu. Es freute mich, dass unsere Einsichten auch in diesem Punkt ähnlich waren.

»Was die NATO angeht, so halte ich die Aussage des amerikanischen Verteidigungsministers, der im Fall einer militärischen Auseinandersetzung Russland und China als potenzielle Gegner der USA bezeichnet hat, für sehr problematisch. Man darf jedoch nicht übersehen, dass es auch in den USA verschiedene Parteien gibt. Ich zitiere den Amerikanern immer wieder gern die Worte ihres Präsidenten John Kennedy nach der Kubakrise von 1962: ›Wenn Sie denken, die zukünftige Welt wird eine Pax Americana sein, so irren Sie sich. Entweder wird das eine Welt für alle sein oder gar keine.‹ Ich denke, unsere Eliten müssen zu einer gemeinsamen Sprache finden. Es kann nicht sein, dass es bei den alten Klischees bleibt, ungefähr so, wie es bei meiner ersten Begegnung mit Ronald Reagan in Genf der Fall war. Nach unserem ersten Gespräch habe ich gesagt, dass Reagan ein richtiger Dinosaurier sei. Seinerseits sagte Reagan über mich, ich sei ein sturer Kommunist. Das Vertrauen zueinander zu gewinnen, war sehr wichtig.«

Nach einer kurzen Pause wechselte ich erneut das Thema, um zu erfahren, wie er zu seiner ungemeinen Popularität im Westen stehe: »Wie haben Sie die ›Gorbimanie‹ im Westen empfunden?« Es war ihm anzusehen, dass diese Frage ihm gut tat, nach so viel Unwahrheit und bitteren Vorwürfen an seine Person in seiner Heimat. Genau das war auch mein Wunsch: diesem Menschen etwas Angenehmes zu sagen, um ihm Freude zu bereiten.

»Es war erfreulich, dass meine Handlungen in der westlichen Presse nicht nur als eine ›Charmeoffensive‹ oder meine Person als ›Superstar‹ gedeutet wurde. Das hat vieles wesentlich erleichtert. Ich habe versucht, dieses Phänomen ungemeiner Popularität pragmatisch zu nehmen. Wir haben den Kalten Krieg im direkten Dialog überwunden, als die Menschen sowohl im Westen als auch in der Sowjetunion begriffen haben, dass der reale Frieden in greifbare Nähe gekommen war. Für die ganze Wende war natürlich die Unterstützung seitens der deutschen Politiker enorm wichtig. Der damalige Bundesaußenminister Hans-Dietrich Genscher mahnte den Westen, positiv auf meine Signale und auf die Veränderungen in der Sowjetunion zu reagieren.« Er hob energisch seine Rechte, um seinen Worten noch mehr Nachdruck zu verleihen.

»Michail Sergejewitsch, wie beurteilen Sie im Rückblick die Politik der Perestrojka?« Auf seine Antwort war ich sehr gespannt, da es auch mir wehtat, wie in den Massenmedien und in der »offiziellen« Geschichte die historische Bedeutung dieses Phänomens insbesondere im heutigen Russland bewusst verkannt oder gar vertuscht wurde. Es wäre auch im wissenschaftlichen Sinne interessant zu erforschen, wann und warum in der russischen Geschichte derartige massenhafte Amnesiezustände auftreten.

»Ich beurteile den Abbruch der Perestrojka als sehr bedauerlich.« Es war ihm anzusehen, dass es ihm auch nach so vielen Jahren immer noch seelische Schmerzen bereitete, darüber ruhig zu sprechen. Insbesondere in Anbetracht vieler Meinungsumfragen, nach denen angeblich nur zehn Prozent der Russen Gorbatschows historische Leistung würdigten und nur fünf Prozent Gorbatschows Persönlichkeit sympathisch fänden. Dagegen stünde etwa die Hälfte der Bevölkerung ihm gleichgültig gegenüber, ein Fünftel fände ihn gar unsympathisch und für fünf Prozent wäre er regelrecht ekelhaft.

»Es hätte uns viele Entbehrungen und Erschütterungen erspart, wenn die Perestrojka nicht abgebrochen worden wäre. Diese Politik hat Russland, ja die ganze Welt verändert. Ich muss aber auch sagen, die ›Reformen von oben‹ haben in der Sowjetunion und in der Kommunistischen Partei zu spät eingesetzt. Der Vertrauensvorschuss von 1985 bis 1990 blieb für grundlegende Wirtschaftsreformen ungenutzt. Auch außenpolitisch könnte viel mehr gemacht werden. Trotz der großen globalen Herausforderungen hat man nicht aufgehört, die alten, verantwortungslosen Spiele zu spielen. Wir müssen begreifen, dass es heute um eine neue, multipolare Weltordnung geht.«

»Wo sehen Sie«, fragte ich weiter, »die Möglichkeiten, das politische Gleichgewicht und den Frieden zu sichern?« – »Man vergisst ja schnell, was bereits an Gutem geschehen ist. Im Jahr 1990 wurde die Charta von Paris unterzeichnet, ein grundsätzliches Dokument zum Neuaufbau Europas.« Dabei holte er eine Broschüre aus einem der Bücherschränke und reichte sie mir. Mit Zufriedenheit beobachtete er mich dabei, wie ich interessiert darin blätterte.

Plötzlich stand er auf und ging mit einer einladenden Geste ans Fenster. »Herr Scheible, sehen Sie diese Stadt? Ich habe wirklich daran geglaubt, dass Moskau die Hauptstadt des Weltkommunismus war und bleiben sollte. Ich habe wirklich an den Kommunismus und an die Klassentheorie von Marx, Engels und Lenin geglaubt, an die absolute Überlegenheit des Sozialismus gegenüber allen anderen gesellschaftlichen Formationen. Und ich hätte mir nie, nicht in meinen kühnsten Träumen, vorstellen können, dass all das auf einmal weg sein könnte.« Für einen Augenblick hatte ich das Gefühl, in seinen Augen eine Art Ratlosigkeit ausmachen zu können.

»Wie beurteilen Sie im Rückblick den Kommunismus?« Vielleicht wollte ich ihn mit dieser Frage etwas provozieren, weil ich persönlich ganz und gar davon überzeugt war, dass sich die kommunistische Idee von sich aus als Irrtum erwiesen hat. Dafür hatte ich meine Argumente parat: Sie pervertiere menschliche Verhältnisse, kehre diese gerade ins Absurde um, verderbe einen selbstständigen, verantwortlichen und selbstbewussten Menschen und verwandle ihn in eine bloße Nummer ohne jegliche Eigenschaften und eigenen Willen in einer unendlichen Reihe von gleichen Subjekten.

»Ich denke, man sollte diese Diskussion nicht ideologisieren. Es geht doch nicht darum, wer den Sieg im Kalten Krieg davongetragen hätte. Hier gibt es keine Sieger und keine Besiegten. Entweder schaffen wir den Durchbruch in eine neue, sichere Welt zusammen oder gar nicht. Ohne die Perestrojka und ohne die Auflösung der Sowjetunion befänden wir uns jedoch noch heute im

Kalten Krieg. Wir haben dem Totalitarismus, der Einparteienideologie und dem allumfassenden Staatseigentum eine Absage erteilt. Das bedeutet aber nicht den Untergang des sozialistischen Wertesystems. Die sozialistischen Ideen von Solidarität, Gleichheit und sozialer Gerechtigkeit, die bis auf Jesus Christus zurückgehen, leben immer noch. Wir müssen unabhängig von den ideologisch geprägten Mustern und unabhängig von Kapitalismus oder Sozialismus nach neuen Organisationsformen der internationalen Gemeinschaft suchen.«

Meine nächste Frage war die nach einer Reformierbarkeit der Sowjetunion, an die ich ehrlich gesagt nicht glaubte. »Die UdSSR könnte immer noch existieren« – seine Stimme stockte – »unter einer Bedingung: Wenn sie reformiert worden wäre. Aber die Frage ist: War denn die UdSSR überhaupt modernisierbar? Diese Frage wird für immer unbeantwortet bleiben. Ich kann aber sagen, was mein Fehler war. Ich hätte aus taktischen Gründen nicht nach Foros fahren sollen, weil am 20. August 1991 der Unionsvertrag unterschrieben werden sollte.« Er schlug auf die Sessellehne und hielt sich an ihr fest, als ob er von ihr eine Unterstützung erwartete. Er schien wirklich daran zu glauben, dass es für eine Rettung der Sowjetunion nur genügt hätte, wenn er in Moskau geblieben wäre. Das ganze Ausmaß der Veränderungen bewies jedoch das Gegenteil – die Unumkehrbarkeit des Zusammenbruches der Sowjetunion hing ab einem gewissen Zeitpunkt nicht mehr von ihm ab.

»Laut der letzten Umfrage des Lewada-Zentrums bedauern sechzig Prozent der Bevölkerung den Untergang der UdSSR. Was sagen Sie dazu?« – »Meiner Meinung nach sollte man kritisch mit solchen Zahlen umgehen. Wenn es damals auch so viele gewesen wären, würde die Sowjetunion heute noch existieren. Und man weiß ja, dass bei solchen Umfragen viele anderen Fragen hinzukommen, auch der Kontext der ganzen Umfrage ist wichtig. Ich bin mir ziemlich sicher, dass man, hätte man noch bestimmte weitere Fragen gestellt, noch weit verblüffendere Antworten bekommen hätte. Zum Beispiel die Frage: Wollen Sie, dass Russland ein unabhängiges und wirtschaftlich starkes Land ist? Hier hätten Sie bestimmt 99 Prozent Ja-Stimmen bekommen; und das ist ausschlaggebend, weil die überwiegende Mehrheit der Bevölkerung eingesehen hatte, dass die Existenz von Russland und die Existenz der Sowjetunion ab einem bestimmten Moment nicht mehr vereinbar waren.«

Nun musste ich meinen ganzen Mut zusammennehmen, um ihm eine sehr direkte Frage zu stellen: »Woran scheiterte die Perestrojka und woran scheiterte Gorbatschow?« Sein Gesicht überflog für einen Augenblick ein Schatten – eine herbe Erfahrung, die ihn jedoch nicht verbitterte, sondern traurig machte.

»Gorbatschow scheiterte an der Unfähigkeit der Bevölkerung zur Demokratie: Angst, Aberglaube an die Omnipotenz der großen Politik, Unverständnis, wie Demokratie funktioniert – nämlich durch die Partizipation der Bevölkerung, die unfähig war, an den Wahlen (auch an geheimen) teilzunehmen. Die Menschen konnten doch die Parteiführung abwählen, haben aber davon kaum Gebrauch gemacht … Es war eigentlich zu spät für die Reform der Partei. Die Nomenklatura war unfähig und nicht bereit, die Probleme zu lösen. Die Unionsrepubliken bekamen mehr Rechte und Freiheiten. Die sozialen Reformen wurden vorangetrieben. Aber es war unser Fehler, an den 106 Milliarden Rubel Rüstungsausgaben festzuhalten, statt diese auf zehn bis fünfzehn Milliarden Rubel herunterzufahren und den Rest in den sozialen Bereich zu investieren. Das wäre möglich und für die Bevölkerung positiv spürbar gewesen. Zwar hielt sich Deutschland an sein Wort, den Abzug der russischen Armee aus Deutschland zu finanzieren, aber das war für unser riesiges Land nur ein Tropfen auf den heißen Stein.« Es war zu spüren, dass unser Gespräch allmählich zu Ende ging – die Zeit verging schnell, es blieben jedoch immer noch viele Fragen.

»Was ist Ihre Philosophie?«

»Das ist nicht nur meine Philosophie. Heute wird es den meisten klar, dass die Werte der Aufklärung für alle Gesellschaften der Welt Gültigkeit haben. Zur sozialen Gerechtigkeit und humanistischen Philosophie gibt es keine Alternative. Wir müssen unsere Lebensweise ändern. Dabei können wir uns auf Kultur und Religion stützen. Zum weltweiten ökologischen Bewusstseinswandel gehören materielle, aber auch spirituelle Werte. Und ich sage Ihnen noch etwas: Es gibt keine Rückversicherung gegen den Rückfall in die Barbarei. Deshalb muss sich ein jeder Mensch wie auch eine jede Demokratie tagtäglich aufs Neue beweisen.«

»Was ist das Entscheidende in der Entwicklung der Menschheit? Was halten Sie für den wichtigsten Motor des Fortschritts?« In Anbetracht der vielen Diskussionen vom Scheideweg unserer Zivilisation heutzutage schien diese Frage seit dem 18. Jahrhundert nichts von ihrer Aktualität verloren zu haben.

Gorbatschow fasste sich leicht an der Stirn.

»Den Zustand unserer Hirne und vor allem meines eigenen Hirns. Zunächst wurde mir im Westen kein Glauben geschenkt. Es hieß, ich sei ein Produkt des kommunistischen Systems. Natürlich war ich das. Aber ich habe mich kraft meines Willens in Bewegung gesetzt und verändert. Erst dadurch habe ich die Voraussetzungen für die äußere Perestrojka geschaffen. Deshalb müsste jeder einzelne Mensch seine Perestrojka machen. Die Veränderungen in der Sowjetunion kamen natürlich nicht von heute auf morgen. Auch ich musste zuerst meinen Weg gehen. Das Wichtigste für mich war, Sozialismus mit Demokratie zu verbinden.«

Ob es wohl ein Ereignis in seinem Leben gegeben hat, das ihn schließlich dahin gebracht hatte, wo er heute war, fragte ich mich.

»Hatten Sie ein Schlüsselerlebnis, das Ihnen klarmachte, dass das System der alten Sowjetunion und das System der KPdSU keine Zukunft haben konnte?« – »Ja. 1969 besuchte ich als junger Parteifunktionär eine Prager Fabrik. Die tschechischen Arbeiter drehten uns alle schweigend den Rücken zu. Dieser gewaltlose Protest machte mich nachdenklich. Damals kam mein Weltbild zum ersten Mal ins Wanken. Die Ideologie und die Wirklichkeit passten nicht mehr zusammen. In diesem Jahr begann meine eigene innere Perestrojka. Wenn ich ein gläubiger Mensch wäre, würde ich dieses Erlebnis eine Offenbarung oder eine Erleuchtung nennen. Mir war auf einmal vollkommen klar: Man musste die Neuauflage der Leibeigenschaft im Russland des 20. Jahrhunderts beseitigen. Die Geschichte hat keine Schuld. Wir, die Menschen, hatten Schuld, als in Russland eine beschnittene Variante der Demokratie entstand.

Wenn das Volk einen relativen Wohlstand erreicht hätte, wäre es nicht zu der sozialen Explosion gekommen. Ich denke, der demokratische Prozess geht weiter. Den gemäßigten Autoritarismus würde ich begrüßen, jedoch nicht als ein politisches Regierungssystem, sondern in einem instrumentellen Sinne, wenn die Integrität des Landes bewahrt und wenn der Wohlstand der Bevölkerung angehoben würde. Man sollte Russland retten. Wir haben die kritische Masse erreicht, die Reformen sind unumkehrbar. Aber ich bin mit dem Zustand unserer Demokratie nicht zufrieden.«

»Michail Sergejewitsch, ich denke, die anberaumte Zeit für unser Gespräch ist schon längst abgelaufen. Würden Sie mir bitte noch stichwortartig meine letzten Fragen beantworten?« – »Legen Sie los!« – »Das größte Ereignis in Ihrem Leben?« – »Raisa. Und Perestrojka.« – »Was ist ihre Schwäche?« – »Ich bin ein Demokrat.« – »Ihr Credo?« – »Ohne Blutvergießen. Ich kann die Menschen nicht anpöbeln.« – »Ihre Vorbilder?« – »Plechanow, Lenin. Aber vor allem: russische Literatur.« – »Menschliche Qualitäten?« – »Die Fähigkeit, mit den Menschen im Kontakt zu bleiben, Freundschaft.« – »Das Schlimmste für Sie?« – »Wenn die Nächsten sterben.« – »Sollte Wladimir Putin bei der nächsten Präsidentenwahl 2012 kandidieren?« – »Ich würde ihm abraten. Die innenpolitische Lage ist angespannt und besorgniserregend. Wenn ich heute mit der Perestrojka anfangen würde, würde ich wie damals sagen: ›So können wir nicht weiter leben.‹ Vielleicht habe ich mich darin geirrt, dass der Autoritarismus und die Demokratie miteinander vereinbar sind.«

»Sie haben im März 2000 die Vereinigte Russische Sozial-Demokratische Partei ins Leben gerufen. Was dürfen Russland und die Welt von Gorbatschow in Zukunft erwarten?« – »Ich strebe die

Gründung einer ›Unabhängigen demokratischen Partei‹ und somit einer neuen demokratischen Bewegung an, mit der ich bei den Parlamentswahlen 2011 antreten werde.«

Es verblüffte mich an diesem Mann immer wieder, wie er seine inneren Krisen überwinden und in sich die Kraft finden konnte, sich aufzuraffen und seine Umgebung mit neuen Ideen zu überraschen.

Als die Fernsehkamera bereits abgeschaltet war, sagte Michail Sergejewitsch noch: »Nach dem Tod meiner Frau Raisa geht das Leben zwar weiter, aber doch ganz anders …« Er verstummte für einen Moment und versank in seinen Gedanken. Ich fand es sehr sympathisch, dass er nicht schauspielerte und nicht versuchte, aus sich etwas Besonderes zu machen oder sich anders zu zeigen, als er eigentlich war: umgänglich, neugierig, freundlich, natürlich, menschlich.

»Oh, tatsächlich«, und er sah auf die Wanduhr, »wir haben die Zeit schon längst überzogen. Aber ich habe es nicht bereut. Es war hochinteressant, mit Ihnen zu sprechen. Ich wünsche Ihnen viel Glück und viel Erfolg bei der Suche nach Ihren Wurzeln und vor allem den baldigen Abschluss Ihres Buches. Versprechen Sie mir, dass Sie es mir schenken, sobald es herausgekommen ist.« »Selbstverständlich, mein Autogramm inklusive.« Er lächelte und gab seiner Sekretärin ein Zeichen. Sie brachte eine Tasche mit Prospekten und einigen seiner Bücher. »Hier, lieber Herr Scheible, einige Bücher für Sie, selbstverständlich signiert.«

Ich bedankte mich aufrichtig bei Gorbatschow, für die Bücher und für das Interview, und wir verabschiedeten uns herzlich. Schnurgerade ging ich zum Bahnhof, besorgte mir eine Fahrkarte und saß schon bald im Zug nach Samara. Am Fenster meines Zugabteils sitzend betrachtete ich selbstvergessen das vorbeiziehende abendliche Moskau und konnte immer noch an nichts anderes denken als an mein Gespräch mit Gorbi. Russland wird leben.

Reisen auf Russisch

Morgen um kurz vor acht Uhr, nach etwa achtzehn Stunden Fahrt, werde ich in Samara sein.

Im Zug von Moskau nach Samara ging meine Erwartung ganz in Erfüllung, denn ich hatte genug Zeit, Menschen kennenzulernen, die mit Samara auf die eine oder andere Weise zu tun hatten. In meinem Abteil gab es drei Mitreisende: zwei junge Männer und eine altertümlich aussehende Babuschka, also eine ältere Frau, die, wie sich bald herausstellte, nach Samara zum Begräbnis eines Verwandten unterwegs war. Nikolaj, einer der beiden jungen Männer, fiel mir gleich durch seine Betriebsamkeit auf. Kaum startete der Zug, packte er Laptop und kompliziertes Zubehör aus und begann schnell ins Gerät einzutippen. Ein eigenartiger Mann, dachte ich mir. Statt die Annehmlichkeiten der Reise zu genießen und interessante Leute kennenzulernen, nahm er überhaupt keine Notiz von seiner Umwelt und stürzte sich in die Arbeit.

Der andere hieß Marat. Er verkroch sich lieber auf seine Liege und schlief gleich ein. Dem Aussehen nach stammte er aus dem Nordkaukasus. Die Babuschka trank ihren abendlichen Tee und begab sich ebenfalls zur nächtlichen Ruhe. Nur der Computerfreak war immer noch mit seinen Sachen sehr beschäftigt und ging ab und zu nach draußen zum Rauchen. Da ich vor lauter Gedanken und Aufregung nicht einschlafen konnte, folgte ich Nikolaj bei seinem nächsten Rauchergang und begann ein Gespräch mit ihm. Er erzählte mir, dass er zwanzig Jahre alt sei, an einer Hochschule Informatik studiere und nebenbei für sein Studium mit einem Job etwas Geld verdiene. Es stellte sich heraus, dass er im Auftrag großer Kommunikationsunternehmen unterwegs war, für die er schlaue Programme schrieb, um diesen Unternehmen im Wettbewerb strategische Marktvorteile zu sichern.

Marat, das erfuhr ich am nächsten Morgen, arbeitete bei seinem Onkel, in dessen Fabriken hochwertige Messer hergestellt werden. Das nahm ich zum Anlass, ihn über die Schmiedekunst von Damaskus bis nach Japan auszufragen.

Woher habe ich dieses eigenartige Interesse? Ich machte einmal eine Reise in den russischen Norden, wo ich viele eigentümliche, urwüchsige Menschen traf. Im Zugabteil saß ich damals neben einem breiten, muskulösen und untersetzten Mann mit einem verkrüppelten Bein, der mindestens drei furchterregende Jagdmesser mit sich führte. Fast die ganze Zeit beschäftigte er sich hingebungsvoll mit seinen scharfen Kameraden: Er nahm sie auseinander, reinigte und schmierte sie, schraubte sie dann wieder zusammen und führte mit ihnen anschließend lässig einige Kunststücke vor. Das Prekäre an der ganzen Geschichte war, dass wir bis dahin kein einziges Wort gewechselt hatten und ich nicht wusste, was ich von meinem geheimnisvollen und womöglich gefährlichen Reisebegleiter halten sollte. Ich lag auf meinem Bett und beobachtete das Ganze aus sicherer Distanz, soweit dies auf vier Quadratmetern möglich ist. Wir kamen später ins Gespräch und es stellte sich heraus, dass es sich um einen hochbezahlten Ingenieur handelte, der im Auftrag von »Gasprom« viel unterwegs war. Seine Messer dienten ihm nur zum Selbstschutz, und auch wenn er in der Wildnis war, kam er ohne sie nicht zurecht. Darüber hinaus führte er zwei Koffer mit teurer Funk- und Messtechnik mit sich. Die brauchte er, um seine geodätischen Untersuchungen durchzuführen.

Aber zurück zu unserem kaukasischen Freund, der, wie sich herausstellte, ein sehr netter Mitreisender war und nach Samara musste, um einen Lastwagen für die Firma seines Onkels abzuholen. Er sagte lange kein einziges Wort und wurde oft auf seinem Handy angerufen. Augenscheinlich waren es Kontrollanrufe, weil er immer nur ganz kurz ins Gerät sprach und die Verbindung dann gleich wieder beendete. Sein Handy hielt er die ganze Nacht unter seinem Kopfkissen versteckt. Diese Umstände schienen Marat kein besonderes Problem zu bereiten. Er war daran offensichtlich gewöhnt.

Und die Oma? Sie erwies sich als eine gewiefte Organisatorin, erstklassig in Sachen »soziales Management«. Babuschkas gehen bei der Vorbereitung einer Reise immer sehr gründlich vor. Diese holte am nächsten Morgen ihr Nokia-Handy, das zwischen Wurst-, Brot-, Obst- und Gemüsepaketen versteckt war, aus dem Täschchen heraus und erledigte hochkomplexe Aufgaben, die ihre Fähigkeit zu aufwändiger Logistik unter Beweis stellten. Sie sorgte dafür, dass richtige Leute zum richtigen Zeitpunkt und an richtiger Stelle erschienen und keiner vergessen wurde. Es lief ungefähr so: »Anna Iwanowna, grüß dich. Was macht die Gesundheit? Sind alle wohlauf? Hast du den Schmaus vorbereitet? Und Elena Dmitriewna, kommt sie um 16 Uhr mit dem Auto? Was machen ihre Enkelkinder?« Der Höhepunkt war, als die alte Frau ein Meeting startete und mehrere Gesprächsteilnehmer zugleich in der Leitung hatte. Dann war der Akku leer und sie musste das Organisieren notgedrungen einstellen.

Während der langen Fahrt lernte ich im Wagenflur noch eine nette, junge Frau kennen. Sie hatte blondes Haar und trug Leggins und ein T-Shirt, das keine Zweifel offen ließ. Hier ging man auf Fang. Ich ließ mich ein wenig darauf ein und stellte ihr ein paar Fragen, die sie gerne beantwortete: Sie betreibe in Samara eine Firma für Partnersuche. Das sei ihr Geschäft. Ihre Eltern hätten ein respektables Geschäft in Moskau und erwarteten möglichst bald den Einstieg der Tochter in die Firma. Die widerspenstige Tochter dagegen wolle selbständig bleiben und nicht für ihre Eltern in Moskau malochen, wo alle verrückt nach Geld seien. Außerdem gefalle es ihr besser in Samara. So habe ich es gern! Als sie erfuhr, dass ich über Samara ein Buch schreibe, lud sie mich prompt zu sich nach Hause ein. Ihr Haus sei groß und im Inneren gebe es genug Platz. Diesen Vorschlag fand ich ausgesprochen nett, aber ich hatte bereits von Stuttgart aus eine telefonische Absprache mit Anna Baratowa, der Pfarrerin der evangelisch-lutherischen St.-Georgs-Kirche, getroffen, die mir, was nicht selbstverständlich war, ohne große Umstände ein nettes Zimmer im Studentenwohnheim der Kirche zur Verfügung stellte. Wer weiß, ob ich sonst am Ende nicht noch eine Frau aus Samara nach Stuttgart mitgebracht hätte.

It's a beautiful life ...

Nun endlich, nach zweieinhalb Reisetagen, war ich in Samara angekommen. Ich stand am Ausgang des Bahnhofs, vor mir ein riesiger Platz, über mir ein ultramodernes gläsernes Gebäude, und überlegte mir, ob ich ein herkömmliches Taxi nehmen oder mit einem Marschrutka-Taxi fahren sollte. Was wäre Samara mit seinen riesigen Entfernungen und schlechten Straßen ohne seine Marschrutka-Fahrer? Die Stadt würde mit aufgedunsenem Körper, stöhnend, mit einem doppelten Herzinfarkt und mit durch die vielen Thrombosen verstopften Venen auf dem Sterbebett darniederliegen und langsam ihr Leben aushauchen. Marschrutkas haben nichts mit Matrjoschkas zu tun, zu denen es nur eine akustische Ähnlichkeit gibt. Marschrutka – das ist ein kleiner Bus, mit dem man bis zu zwölf Personen befördern darf. Es sind Taxis, die bestimmte Marschrouten fahren und entsprechende Nummernschilder haben, wie die normalen Busse. Das ist allerdings auch das einzige Merkmal, das diese Fahrzeuge mit den herkömmlichen großen Stadtbussen gemeinsam haben. Die Marschrutkas fahren viel schneller und sind wesentlich flinker auf der Straße, da ihre Fahrer jede Manövriermöglichkeit wahrnehmen und sofort ausnutzen. Sie sprengen jegliche Norm sämtlicher Verkehrsregeln. Die vielen Löcher auf der Straße, auf die sie höllisch aufpassen müssen, sollten eigentlich den Fahrern einen Graus aus ihrem Beruf machen, nichtsdestoweniger tun sie ihren Höllenjob als etwas ganz Selbstverständliches. Bei rasendem Tempo schaffen sie es nebenbei noch, viele andere Dinge zu erledigen. Sie telefonieren mit Freunden, machen Termine aus und halten wichtige Besprechungen ab.

Mit so einem Marschrutka-Taxi fuhr ich also von dem Bahnhofsplatz zur Kujbyschew-Straße, was etwa eine halbe Stunde Zeit in Anspruch nahm und in Anbetracht der Staus und Behinderungen ziemlich schnell war. Aus dem Lautsprecher dröhnte ohrenbetäubend:

»It's a beautiful life, oh oh oh. It's a beautiful life, oh oh oh! …"

Neben dem Fahrer saß bequem ein Bekannter oder Kollege, der vielleicht gerade frei hatte und nun mit herumfuhr. Der Song passte zum sonnigen Tag und zum rasenden Fahrstil des Fahrers und strömte geballte Energie aus:

»It's a beautiful life, oh oh oh oh! I just wanna be here beside you! …"

Bereits am frühen Morgen war es ziemlich heiß. Man musste sich gut festhalten, um von den Folgen der Stöße und riskanten Manöver verschont zu bleiben. Manchen Fahrgästen im Wagen war anzusehen, dass sie sich schon lange daran gewöhnt hatten. Viele hatten einen abwesenden Gesichtsausdruck, als ob sie den sonnigen Tag, den energiegeladenen Song und die allgegenwärtige Lebensgefahr gar nicht wahrnähmen.

Mir gegenüber saß eine sympathische junge Frau mit glatten blonden Haaren und blauen Augen, ihre spitzen Ohren lugten aus dem blonden Haar hervor. Sie blickte mich einige Male aufmerksam an. Doch dann plötzlich bremste der Fahrer an der roten Ampel und lenkte mich ab. Er riss das Lenkrad scharf nach rechts und hielt ganz dicht am Gehsteig. Der Beifahrer lehnte sich halb aus der Türe und nahm einem mittelasiatisch aussehenden Verkäufer eine Melone ab. Dabei drückte er ihm einen Geldschein in die Hand und winkte geschäftig ab. Kaum machte er die Türe zu, raste der Bus schon Richtung Stadtmitte weiter. Alles war in wenigen Sekunden geschehen. Es war heiß und der Beifahrer hatte keine Zeit oder auch keine Lust gehabt auszusteigen. Ich habe zum ersten Mal in meinem Leben erlebt, dass ein Verkäufer aus einer mittelasiatischen Republik bei der Abwicklung einer Transaktion kein einziges Wort sagte, genau wie der Käufer. Man weiß ja, wie es normalerweise auf einem orientalischen Basar zugeht. Hier aber wurde der ganze Kauf sachlich und ohne Feilschen abgewickelt.

»It's a beautiful life, oh oh oh oh! I just wanna be anybody.
We're living in different ways. La-la-la-la! …«

Ein Marschrutka-Fahrer lernt, Tag für Tag und Abend für Abend den
Widrigkeiten der Straße auszuweichen. Er muss jede Sekunde in
diesem Meer aus Blech höllisch aufpassen. Die Kunstfertigkeit des
Fahrers ist eine Ehrfurchtsbezeugung an diese Blechlawine, die ständig versucht, den Bus von links und von rechts aufzureiben. Ich
hatte das Gefühl, der Bus ähnele einem Eisbrecher, der jeden Moment zwischen zwei Eisbergen zerquetscht werden könnte. Dem-
entsprechend wurden von den Wirbelsäulen der Fahrgäste besondere Qualitäten verlangt. Ohne starken Rücken wäre jedem
Mitfahrenden der Besuch in einem Krankenhaus garantiert gewesen. Was wäre der Mensch ohne einen kräftigen Rücken – nur ein
Wurm, der den zentrifugalen Kräften des Molochs hoffnungslos ausgeliefert wäre! Nur dass dieser Wurm nicht im Feuertod geopfert,
sondern in einer überdimensionalen Blechdose zermalmt wird …
Aber davor schützt der kluge Lotse, der Fahrer eben, der die Fahrgäste tagtäglich vor diesem sicheren Tod rettet. Das ist sein Job: das
Leben seiner Mitmenschen zu retten.

Das mörderische Tempo, in dem die Marschrutka-Fahrer ihre
Passagiere kutschieren, lässt sie zu wahren Matadoren der Straße
werden. Ihr rasant-rasender Fahrstil ließ mir den Atem stocken.
Bremsen, beschleunigen, scharfe Kurven gerade noch hinkriegen,
den Löchern auf der Straße ausweichen, bremsen, beschleunigen,
ab und zu schimpfen, nicht ungehalten, mit halblauter Stimme,
stoisch eben … und so den ganzen Tag. Eine bewundernswerte
Leistung.

Diese Strapazen kann man nicht ohne Humor ertragen. Hier einige Sprüche, die in den Marschrutka-Taxis an unterschiedlichsten
Stellen angebracht sind, auf der Konsole vor dem Beifahrersitz, vor
der Windschutzscheibe, über der Eingangstür und im Fahrgastraum:
– Liebe Fahrgäste, haben Sie keine Angst! Am Steuer sitzt ein er-
  fahrener Fahrer, das ist sein zehntes Marschrutka-Taxi.

- Der Wettbewerb »Wer schmeißt die Türe am lautesten zu« ist zu Ende! Alle Preise sind bereits vergeben!!!
- 10 Minuten Angst und Sie sind zuhause! Preis für diese Attraktion: 7 Rubel.
- Je leiser du sprichst, desto weiter kommst du!
- Bei einem Unfall sollte die Anzahl der Opfer derjenigen der Sitzplätze entsprechen.

Zum Glück kam es nicht zu einem Unfall. Mehr noch, beim Aussteigen bekam ich von meiner unbekannten blonden Mitfahrerin einen Zettel in die Hand gedrückt: phil63.ru stand darauf. Die Unbekannte lief jedoch ohne ein Wort zu sagen weiter. Sie war sichtlich in Eile. Ich steckte den Zettel in die Tasche und vergaß ihn zunächst wieder, da meine Gedanken jetzt bei meiner neuen Gastgeberin waren: der Pastorin Anna Baratowa. Müde, aber glücklich und unversehrt kam ich an der evangelisch-lutherischen St.-Georgs-Kirche an. Das gusseiserne Tor zum Innenhof der Kirche stand offen. Ich trat ein. Meinem Blick öffnete sich ein Bild mit sorgfältig bestellten Blumenbeeten, schattigen Wegen, die von Bäumen gesäumt waren, und frischem Grün auf dem Rasen rechts vom Hintereingang.

»Hier kann ich ruhig warten, bis jemand kommt«, sagte ich mir. Erstmal konnte ich mit einem kleinen Kätzchen spielen, das mich in der frühen Stunde gleich als Spielbeute ausgemacht hatte. Oder könnte es sein, dass es in mir ein spendables Herrchen gewittert hatte, das ihm Futter geben könnte?

Ich bekam langsam Durst und holte eine Flasche Wasser aus dem Rucksack. Verdursten wollte ich hier auf keinen Fall. In absehbarer Zeit wird schon jemand vorbeikommen, dachte ich mir.

Basar und Bauchtanz

»Samara« – was für ein Klang! Samara ist eine Stadt, aber wenn ich Ihnen das nicht verraten hätte, was könnte dieses Wort nicht alles bedeuten! Vielleicht entstand in Ihrem Kopf, als Sie dieses Wort zum ersten Mal auf dem Titelblatt dieses Buches gelesen haben, ein Bild von etwas Asiatischem oder Afrikanischem. Samara, haben Sie sich womöglich gefragt, ist das eine Stadt irgendwo in Kleinasien oder Marokko? Dieses Wort klingt orientalisch, exotisch: Basar, Bauchtanz, die Gärten der Semiramis, Sumerer … Alles wäre bei diesem wohlklingenden Namen möglich.

Westen und Osten, Europa und Asien, Abendland und Morgenland. Verständlich, dass mit Russland – dem Land, das zwischen Orient und Okzident liegt – ein »sowohl als auch« in Verbindung gebracht wird. Deswegen hatten viele Europäer lange Zeit Vorbehalte, ob man Russland überhaupt zu Europa zählen dürfe. Und nicht umsonst entstand unter den russischen Immigranten in Europa der 1920er Jahre die philosophisch-intellektuelle Bewegung der »Eurasier«, die in sich sowohl die europäische als auch die asiatische Tradition vereinen wollte.

Diese Begriffspaare bildeten lange Zeit ein Koordinatensystem für viele Europäer. Mit ihrer Hilfe steckte man die Grenzen zwischen Eigenem und Fremdem ab. Sie prägen bis heute unser Weltbild und gehen bis auf die römische Weltanschauung zurück, die den Begriff von Weltgegenden, lateinisch *plagae mundi*, prägte. Die Barbaren, das waren die Fremden hinter den Alpen: Kelten, Gallier, Germanen, Slawen. Mit der Christianisierung verschob sich diese Grenze der sogenannten Barbarenwelt weiter nach Osten. Die Welt der Ostslawen, durch den »katholischen Graben« vom restlichen Europa abgegrenzt, bildete im Bewusstsein der Europäer noch lange keinen gemeinsamen Kontinent mit Europa.

Die heute gültige geographische Ostgrenze Europas geht auf Philip Johan von Strahlenberg (1676–1747) zurück, einen schwedischen Offizier, der 1709 in russische Gefangenschaft geriet. Im

Auftrag des Zaren musste er das Land vermessen, 1722 wurde er aus der Gefangenschaft entlassen. Seine mehr als zehnjährigen geographischen und anthropologischen Forschungen, in denen er die europäische Grenze vom Don bis zum Uralgebirge verschob, veröffentlichte er im Jahr 1730. Die umfangreiche Kartensammlung von ganz Russland erregte großes Aufsehen in Europa. Die von ihm festgelegte Grenze zwischen Europa und Asien, über die lange diskutiert worden war, wurde sowohl vom Zarenhaus als auch von der Wissenschaft übernommen.

Noch Ende des 19. und Anfang des 20. Jahrhunderts war es in Deutschland üblich, Russland nicht abwertend mit dem Orient und »mongolischen Horden« in Verbindung zu bringen. Die Zeitgenossen Nietzsches, Wagners, Steiners, Rilkes, Thomas Manns oder Max Webers hätten auf die Frage »Wo beginnt der Orient?« ohne langes Überlegen gesagt: »In Russland, in Moskau.«

Die emotional-kulturell anerzogene Grenze zum Orient blieb bis zum Ersten Weltkrieg unangefochten. Für die damalige Zeit war es vollkommen selbstverständlich, von »orientalischer Prachtentfaltung« wie von einer Art byzantinischem Erbe zu sprechen, wenn von der Krönungsfeier des letzten Zaren im Jahr 1896 die Rede war. Mit dem Orient assoziierte man nicht Elend, Mongolenhorden und Entfremdung, wie es später der Fall war, sondern Pracht und Zaubermärchen aus »Tausendundeinernacht«, unermessliche Reichtümer, die Faszination einer Hochkultur. Durch den Vergleich des Begriffs »Orient« in verschiedenen Ausgaben der englischen »Encyclopædia Britannica« kann man den Wahrnehmungswandel von einem »Märchenland« zu einer »Krisenregion«, die durch Armut und Kriege erschüttert wird, sehr gut nachvollziehen. Russland – das Land in Eurasien – symbolisierte immer eine Begegnung, eine gegenseitige Beeinflussung und Befruchtung zwischen dem Osten und dem Westen. Die Stadt Samara ist dafür ein gutes Beispiel.

Wenn Sie »Samara« in Ihre Suchmaschine eingeben, kommen mehrere Millionen Verweise. Die drittgrößte Insel auf den Philippinen heißt Samar, und auch das Hotel Belvedere in Samara (Costa Rica), wo die Strände von weißem Sand sind, ist hier zu finden. Aber auch das Ensemble für orientalischen Bauchtanz aus Ägypten fehlt nicht sowie ein nobles Anwesen in Südafrika mit interessanten Urlaubsangeboten. Des Weiteren ist in den Suchergebnissen Tunesien zu finden und in diesem nordafrikanischen Zusammenhang der frankophone Song »Feat Samara – Malgrés les Sentiments 3« von »(Exlu)T-Nord«. Und fast selbstverständlich kommt unter den ersten fünf Treffern der Titel »Samara – Heimat der schönsten Mädchen?«.

Der erste Treffer, den die Suchmaschinen melden, ist jedoch in unserem Kontext der einzig »richtige«: Samara ist eine russische Stadt, die an der Mündung des gleichnamigen Flusses Samara an der Wolga liegt – am größten europäischen Fluss. Dass es der größte europäische Fluss ist, muss unbedingt gesagt werden, weil Russland ein Land der Superlative ist und das kleine Wörtchen »groß« eine enorm wichtige Bedeutung im Selbstverständnis eines jeden russischen Menschen hat.

In den Breiten Samaras gibt es weder gefährliche Tropenkrankheiten noch den Malariaüberträger, die Anopheles-Mücke. Trotzdem heißt es, man müsse auf der Hut sein, wenn man Samara besucht, man müsse auf die Funktionstüchtigkeit seiner Halswirbelsäule achten, denn die Frauen dieser Stadt würden noch jedem Fremden den Kopf verdrehen. Jeder unvorsichtige Besucher läuft Gefahr, ein Schleudertrauma zu bekommen, ohne in einen Autounfall verwickelt zu sein, weil er seinen Kopf ständig nach links und nach rechts dreht. Kann man denn in Anbetracht solcher Schönheit überhaupt noch denken? Nicht dass die Frauen das mit Absicht täten, wie manch männlicher Artgenosse denken könnte. Das geschieht einfach im Vorbeigehen, ohne das männliche Gegenüber verletzen zu wollen.

Ich könnte meine Reisenotizen über Samara auch mit dem französischen Romancier Alexandre Dumas dem Älteren beginnen. Im Jahr 1858 besuchte er die Stadt auf seiner Wolgareise und beschrieb ebenfalls die schönen Frauen von Samara. Oder auch mit Lew Nikolajewitsch Graf Tolstoi, der andere Gründe hatte, nach Samara zu kommen. Dies wäre natürlich ein lohnendes Unternehmen für einen Autor, der ganz locker an die Titanen der europäischen Literatur anknüpfen will. Aber bleiben wir auf dem Teppich und sprechen wir über das, was gerade vor mir lag: ein Hinterhof.

Eine Art Zeitmaschine

Samara hatte wie fast jede europäische Stadt vor ihrem neuen Aufschwung auch schon früher Blütezeiten gehabt. Zwischen ungefähr 1870 und 1914 wurden in der Stadt zahllose pittoreske Häuser in ungewöhnlicher Architektur gebaut. Dabei spielte die Entfaltung des neogotischen Stils in Russland wie auch anderswo eine besondere Rolle. Solche Häuser laden ein, in die Innenhöfe hineinzusehen, um den Hauch vergangener Zeiten zu spüren. Sie sind in gewissem Sinne die Orte, die am wenigsten vom Wandel der Zeit betroffen worden und lange in ihrer Urwüchsigkeit unberührt geblieben sind.

In den Innenhöfen Samaras gab es viel zu entdecken. Einer von ihnen, den ich auf meinen vielen Streifzügen durch die Stadt entdeckt hatte, lag sehr beschaulich da. In das warme Sonnenlicht eines herbstlichen Tages getaucht, erfreute er mich mit den vielen Blumenkästen auf den Fensterbänken. Ich hatte für einen Moment das Gefühl, ich wäre in einem kleinen Städtchen irgendwo im Elsass gelandet, zumindest suggerierten das die Gemütlichkeit und Beschaulichkeit dieses Hofes. In solchen Innenhöfen gibt es richtige Blickfänge, vor denen ich wie verzaubert dastand. In diesem Augenblick fand das Wiedersehen mit meiner zweiten Heimat statt.

Mein Hierherkommen war kein Zufall, sondern das Ergebnis einer Willenserklärung, eines starken Wunsches nach einem Wiedersehen mit der Heimat meiner Vorfahren, die im 18. Jahrhundert von Hessen nach Russland aufbrachen. Auf der Suche nach meinen Wurzeln befand ich mich auf der Suche nach mir und auf dem Weg zu mir. Ich musste hierher kommen, um diese Stadt, die nie von einem Krieg heimgesucht worden war, im direkten Kontakt mit den Menschen besser kennenzulernen.

Mein Wunsch ging in Erfüllung, das neue Russland für mich zu entdecken, meine Finger auf seinen Puls zu legen, um zu hören, wie es dem Land nach so vielen politischen und wirtschaftlichen Turbulenzen, nach Putschversuchen und Finanzkrise, Schockwellen und sozialer Verwahrlosung ging.

Ich setzte mich auf eine Bank und sah mich im Innenhof um: Geranien im Fenster und Blumenkästen auf den Fensterbänken auf der Außenseite. Die alten Hauswände waren mit heller Farbe übermalt und dennoch konnte man, wenn man genau hinschaute, die darunterliegenden Risse und andere Spuren der Zeit erkennen. Was hatten sie nicht schon alles gesehen und überlebt: die Revolution, den Bürgerkrieg, den Großen Vaterländischen Krieg, die Zeiten meiner Kindheit, die sogenannte Stagnation in der Breschnew-Zeit und die Perestrojka. Im verwinkelten Hof stand ein LKW, und irgendwelche Leute waren damit beschäftigt, irgendetwas auszuladen. Das Kätzchen lag in der Sonne, so wie Katzen das in der ganzen Welt zu tun pflegen, bis irgendein Hund kommt und sie verjagt.

Es lohnt sich immer, von der Straße weg in einen der vielen Innenhöfen von Samara einzubiegen. Oft findet man dort schöne, alte, hölzerne Häuser, die sich hinter der steinernen Außenfassade versteckt halten. In diesem Fall stellen die Innenhöfe die letzten Schutzräume für das Altertümliche dar, das seiner Musealisierung harrt.

In Samara gibt es noch diese Höfe, wohlgemerkt ohne Nutztiere, aber immerhin mit vielen Katzen und Hunden. Innenhöfe, die eine Art Zeitmaschine sind – du gehst hinein und gelangst in die Vergangenheit, in das 19. Jahrhundert, fühlst die Atmosphäre einer Zeit, in der es noch keine Autos gab und erst recht keine Flugzeuge, keine elektrischen Rasenmäher, keine Raketenwerfer, keine computergesteuerten Fabrikanlagen. So denkst du ex negativo doch schon wieder an das unglaubliche 20. Jahrhundert und auf wie vielfältige Weise die Vergangenheit in der Gegenwart zu finden ist, sie im Wesentlichen prägt. Und da kommt noch ein Innenhof und noch einer …

Sorglos und selbstvergessen saß ich da und spielte mit dem Kätzchen – was für ein unverzeihlicher Leichtsinn. Ich konnte nichts dafür. Der Kirchhof schloss sich um mich und bildete einen Schutzraum. Ich hatte kein Gefühl für Gefahr mehr. Außerdem, was konnte mich schon in diesem schönen, beschaulichen, sonnigen Kirchhof, der einem Garten Eden glich, bedrohen, außer dass der Hausmeister herauskäme und mir das Kätzchen wegnähme? Eine Vertreibung aus dem Paradies war in diesem Szenario nicht vorgesehen.

Der Hausmeister ließ jedoch auf sich warten und so versank ich wieder in meinen Gedanken über den Ort, an dem ich gerade war.

Russische Provinz mal anders

Die Erde, ähnlich dem Wasser, spielt, wie bei allen Ur-Religionen und Völkern in Europa sowie anderswo in der Welt, auch in der russischen Geschichte und Kultur eine zentrale Rolle. Die Erde in Russland wird als die »Mutter Erde« apostrophiert, beschworen und angebetet.

An diesem imaginären Punkt zwischen den zwei Naturgewalten »Mutter Wolga« und »Mutter Erde« ist die Stadt Samara gewachsen. Dieser Punkt ist die Quelle, aus der sich das Heimatgefühl, ja die Heimatliebe der Bürger von Samara speist. Vor diesem Hintergrund wird dann auch verständlich, worin das Geheimnis der Wiedererstehung Russlands nach dem Zerfall der Sowjetunion und dem Chaos der 1990er Jahre liegt.

Auch diesmal ließ mich die Mutter Erde nicht im Stich und schickte mir schließlich aus dem Keller eines der Nebengebäude den Hausmeister Sascha. Er führte mich in mein Zimmer im zweiten Stock hinauf, in dem ich die nächsten Wochen verbringen würde, und gab mir mit einem Schmunzeln die Wohnungsschlüssel.

Es war ein kleines Zimmer mit einem Kleiderschrank, einem altertümlichen Bett und einem Fenster, das sich beinahe über die ganze Zimmerbreite erstreckte. Zwischen dem Schrank, der an seinem anderen Ende an die Tür grenzte, und dem Fenster standen eine Kommode und ein Stuhl. Auf dem Boden lag ein alter Teppich, den ich später gründlich reinigte. Fertig, das gemütliche Zimmer war bewohnbar. In meiner unmittelbaren Nachbarschaft lagen noch zwei Zimmer für zwei Studentinnen und drei Studenten. In der Gemeinschaftsküche gab es oft abendliche Zusammenkünfte, während derer Tee getrunken und Neuigkeiten ausgetauscht wurden.

Eines Abends luden mich meine jungen Freunde zu einer Vorstellung im Theater »Samarskij Parnass« ein, in dem ein Stück eines furchtbar populären tschechischen Autors lief. Auf der Bühne wurden irgendwelche Särge herumgetragen und zersägt und irgendwelche Schädel mit einem Hammer gründlich zertrümmert. Nach der Aufführung verspürte ich den starken Wunsch, den Regisseur Wladimir Dobrow zu sprechen. Dieser war ein fülliger Mann um die fünfzig, in einem schneeweißen Anzug, mit einem freundlichen Blick und einem herzlichen Wort für fast jeden Zuschauer, der ihn zu sprechen bekam. Während ich wartete, bis ich an die Reihe kam, konnte ich mich mit einigen der Schauspieler unterhalten. Schließlich, nach über einer Stunde, war es so weit und ich konnte Wladimir über das Stück ausfragen, woraus sich ein langes Gespräch entwickelte. Es war schon ziemlich spät, und alle Gäste waren in guter Stimmung, nicht zuletzt dank des süßen Tropfens, der nach der Premiere ausgeschenkt wurde. Noch ein paar Gläser und Mitternacht war schon lange vorbei. Es war höchste Zeit, nach Hause zu gehen. Wladimir, seine Frau Swetlana, die Prima des Theaters, und ich waren jedoch in so einer ausgelassenen Stimmung, dass wir noch stundenlang hätten weiterreden können. Beim Abschied luden sie mich schließlich zu einem Schaschlik-Abend auf ihrer Datsche ein, den sie in den nächsten Tagen organisieren wollten. Dabei versprachen sie mir eine Überraschung, von der ich ganz entzückt sein würde. Ich

nahm die Einladung gerne an.

Nun zurück zu meinem Zimmer. Ich fühlte mich hier schnell heimisch. Nicht zuletzt deswegen, weil in etwa dreißig Metern Entfernung hinter dem gusseisernen Gitter der Kirche ein Zeitungskiosk von Rospetschatj stand, wo ich meine vorbestellten Zeitungen holen konnte. Es gab noch viele weitere Gründe, warum es mir dort gefiel: natürlich wegen der netten Gemeindeglieder und Kirchgänger, aber auch wegen der zentralen Lage. Die Kirche befindet sich direkt an der Kujbyschew-Straße in der Stadtmitte, etwa zweihundert Meter von der Fußgängerzone in der Leningradskaja-Straße und etwa dreihundert Meter vom Wolgastrand entfernt. Hier versammeln sich an den Sommerabenden viele Flaneure, Künstler und Jugendliche. Es wird Musik gespielt, in den Cafés und Restaurants getrunken und gegessen. An solchen Abenden erfreue ich mich am Fest des Lebens und möchte diese Freude mit anderen Menschen teilen. Aus diesem Grund gab es immer Begegnungen und Gespräche mit unbekannten Menschen, die meist sehr offen und freundlich auf meine Anfragen und Annäherungsversuche reagierten.

Außerdem bin ich ein ausgesprochener Tier- und Pflanzenfreund, dem die Nachbarschaft von Schmusetieren und Grünpflanzen gut tut. Was für eine Wohltat: das Blumenbeet vor meinem Fenster. Die Ruhe in mir. Über mir der blaue Himmel von Samara. Und noch ganz wichtig: viele neue Freunde und nette hilfsbereite Menschen. Was braucht ein Mensch mehr, um glücklich zu sein? Sommer in der Stadt. Die grüne Oase im Kirchhof schützt vor der sommerlichen Hitze und dem Staub. Die Blumen schießen aus dem Boden. Der zufällige Zuschauer erfreut sich an ihrer Pracht. Die Erde trägt noch, Gott sei Dank.

* * *

Und das sollte die russische Provinz sein? Ohne obdachlose Straßenkinder, Armut, Bettler, verkrüppelte Kriegsveteranen, Chaos, Mafia und Schießereien mit Maschinengewehren auf den Straßen? Das ist nicht authentisch, würde mir Florian, der zuletzt in Stuttgart mein lieber Nachbar gewesen war, missvergnügt vorwerfen! Allerdings muss man berücksichtigen, dass er seine Auslandserfahrungen ausschließlich auf Mallorca gesammelt hat.

Gewiss kann er aus seiner respektablen Distanz über russische Verhältnisse nicht ganz adäquat urteilen. Sein Wahrnehmungsvermögen, wie in fast jedem Land im Zeitalter der Globalisierung, ist von den Massenmedien derart verformt, dass es ihm schwerfällt, sich eine authentische Meinung zu bilden. Das ist ungefähr das Gleiche, was ich kürzlich in einer Zeitung über die Motive der Russlanddeutschen, nach Deutschland zu kommen, gelesen habe: Sie kämen, um ein leichteres Leben zu haben. Nun, manchmal habe ich das Gefühl, dass mein lieber Nachbar Florian denkt, er sei der einzige im Universum, der in einem Paradies auf Erden lebe, und dass alle anderen mit Häuten bedeckt aus den Höhlen kommen müssten. Dabei wussten die Einwohner von Samara bis zur Septemberkrise 2008 nicht, was eine Armenküche ist.

Was das Provinzielle angeht, so herrschen in Russland in der Tat etwas andere Verhältnisse als in anderen europäischen Staaten. Würden Sie eine Stadt wie Wladiwostok, die von Moskau aus 9288 Streckenkilometer Transsibirischer Eisenbahn Richtung Osten und sieben Zeitzonen entfernt ist, eine Stadt, die rege Handelsbeziehungen zu Japan, China und Südkorea unterhält, als Provinz bezeichnen? Gut, von Moskau bis Samara sind es nur bescheidene 1000 Kilometer, aber mehr hat es in ganz Deutschland vom Süden bis zum Norden auch nicht.

Wenn es heißt, Samara liege in der Provinz, so ist in dieser Feststellung meiner Meinung nach nichts Beleidigendes oder Herabwürdigendes zu sehen. Ich würde sogar sagen, es ist etwas ganz Besonderes in Russland, eine Provinzstadt zu sein und in der Provinz zu leben. Solch eine russische Provinzstadt wie Samara hat ihre Qualitäten: Unmittelbarkeit, Offenheit, Natürlichkeit. Das will doch etwas heißen! Wie man weiß: Die Hauptstädte leben von der Provinz. Man denke nur an »Paris und die französische Wüste«.

Aber wie provinziell ist eigentlich die Provinz in Samara? Das ist keine müßige Frage, weil das heutige Russland ein ganz anderes ist als das vor 20 Jahren, und die Provinz sowieso.

Als erstes fällt einem deutschen Touristen wie mir sofort auf, was in der Stadt *nicht* in Ordnung ist. Die halb verfallenen Holzhäuser und schlechten Straßen von Samara können jeden zur Verzweiflung treiben. Angesichts des intensiven Straßenbaus und vieler Baustellen bleibt jedoch zu hoffen, dass sich die Situation in Samara schnell zum Besseren wenden wird. Und hoffentlich wird dabei so viel wie möglich von der historischen Bausubstanz übrigbleiben. Die wenigen negativen Seiten der Stadt, wie sie jede andere europäische Stadt sicherlich auch hat, werden reichlich durch die vielen Annehmlichkeiten, den kilometerlangen Wolgastrand und die schöne Wolgapromenade kompensiert, wo an den sommerlichen Abenden Volksfeste stattfinden und das berühmte Schiguli-Bier getrunken wird.

Dazu kommt, nicht ganz unwesentlich, ein weiteres Moment, das dem Ganzen eine weibliche Note verleiht und nicht mit rationalen Argumenten zu erklären ist: In Samara gibt es wirklich eine unglaubliche Anzahl wunderschöner Frauen. Dies kann für mich nur einen Namen haben: die Anomalie von Samara!

In Stuttgart hatte ich noch versucht, meinen Freunden das Gegenteil zu beweisen, als sie von den Frauen Samaras schwärmten. Ich versuchte ihnen zu erklären, dass es mit Psychologie zu tun hat, dass sie, wenn sie nach Samara gehen, einen ganz anderen Blick haben, frei vom alltäglichen Stress der Arbeit und der Familie. Ich wurde allerdings eines Besseren belehrt, als ich nach ungefähr einer Woche in Samara an einer Kreuzung ratlos dastand und in jeder Richtung mindestens eine Schönheit erblickte. In diesem Moment gab ich mich mit meiner Rationalität geschlagen. Es ist und bleibt für mich ein unerklärliches Phänomen. Die Einwohner von Samara erklären es mit den Anomalien, mit den seltenen Naturphänomenen, die in der Umgebung zu finden sind. Ja, man sagt, das hätte mit den Schiguli-Bergen mitten in der Steppe und mit besonderen energetischen Strömen zu tun. Ich glaube, die Ursache könnte darin liegen, dass es hier zu einer unglaublichen Völkermischung kam. So ein genetischer Kessel mit einer bunten Zusammensetzung. Aber das bleibt nur eine vage Vermutung.

Da ich bereits reichlich Erfahrungen gemacht hatte, wie Dinge von Land zu Land unterschiedlich wahrgenommen werden, wunderte es mich nicht, dass mich eine Passantin eines Tages fragte: »Ach, was wollen Sie schon über Samara schreiben? Bei uns passiert doch gar nichts.« Das ist typisch für die Einheimischen, die das alles schon tausendmal gesehen haben. Für sie gibt es tatsächlich nichts *Neues* zu sehen. Wohl aber für einen Auswärtigen wie mich, dem alles neu und spannend vorkommt.

Dieses Verhältnis der Einheimischen zum Gewöhnlichen und Alltäglichen eignet sich gut als Beispiel für die Schärfung der Wahrnehmung. »Es ist so«, könnte man etwa anfangen, »wie wenn man in seiner Wohnung in einer Stadt X vor seinem Schreibtisch sitzt, das weiße Blatt Papier auf dem Tisch. Wenn man durch das Fenster blickt, liegt dort eine grüne Wiese, beschattet durch herumstehende Bäume, das Katerle jagt hin und wieder die Mäusle und die Vögele, aber ansonsten passiert gar nichts. Dann kommt man in eine andere Stadt, sitzt am Tisch, das weiße Blatt Papier auf dem Tisch, aus dem Fenster sind schöne Landschaften zu sehen – und es passiert abermals gar nichts. Nicht einmal ein Sturm im Wasserglas, es sei denn, man kippt es um ...«

Der Schreibende müsste in seiner Vorstellung dieses Glas Wasser umkippen, um in seinem Geiste eine Kettenreaktion hervorzurufen. Der Sinn und die geistigen Gegenstände können dann ihre Metamorphosen in Bezug auf die innere und äußere Wirklichkeit vollziehen. Im Rahmen dieses Miteinanders des Inneren und des Äußeren entsteht der Text. Ihre scharfen Kanten oder glatten Flächen berühren sich und erzeugen die geladenen geistigen Ströme, die die Fantasie anregen und die Bilder tragen. Die Wahrnehmung ist der Mittler zwischen zwei Seiten des Daseins. Das Innere hat jedoch in Bezug auf das Äußere einen viel höheren Wert, es hat eine »demiurgische« Qualität in der Relation zu unserem Dasein.

Der Schreibprozess hat also, könnte man sagen, wenig mit dem zu tun, was jetzt vor meinen Augen tatsächlich passiert, sondern vielmehr damit, was vor meinem geistigen Auge geschieht. Diesen Sachverhalt hat der norwegische Schriftsteller Knut Hamsun in einem Essay nachvollzogen. Er schrieb über die Imagination und den Krempelladen, die Rumpelkammer, die Schreibstube, den Folterkeller oder das Schattenkabinett, oder sagen wir einfach: über die Werkstatt des Schriftstellers.

* * *

Samara – eine Stadt der Kauf- und Geschäftsleute – schläft nie. In ihr brodelt und sprudelt es, sie lebt rund um die Uhr in einem unglaublichen Tempo. Das Nachtleben von Samara ähnelt dem der russischen Hauptstädte Moskau und St. Petersburg. Umgestiegen auf die teuren ausländischen Automobilmarken, machen die Bewohner von Samara eine klare Absage an die Immobilität und die ewige russische Weglosigkeit – sowohl im Geiste als auch im geographischen Sinne. Die Samarzy (die Bewohner von Samara) schleudern dieser Herausforderung die Worte Ostap Benders, eines berühmten literarischen Abenteurers in der Morgenröte der Sowjetmacht, entgegen: »Mit der Autorally gegen die fehlenden Straßen!« (Udarim awtoprobegom po besdoroschju!)

Samara ist noch in den Umbrüchen und mit riesigen Baustellen übersät. In der Stadt muss noch vieles gebaut und aufgebaut werden. Aber auch in Samara sieht man deutlich die Zukunft: gläserne Bürotürme und ultramoderne Hochhäuser mit Wohnungen und Geschäften. Die kritische Stimme in mir fragt: »Ist denn das die Zukunft von Samara?«

Samara hat und hatte vor allem *ihre* Deutschen. Sie haben für die Stadt einiges geleistet. Einer der berühmtesten Deutschen des 19. Jahrhunderts – heute würde man ihn zu den Österreichern zählen –, Baron Alfred von Wakano, baute in der Stadt die größte Bierbrauerei Russlands. Eine Art Heiligtum für die gesamte männliche Bevölkerung des Landes. Hier braut man immer noch das berühmte »Schiguljowskoe«. Ich könnte mir gut vorstellen, dass ein Denkmal für den deutschstämmigen Sohn der Stadt gar nicht fehl am Platze wäre. Man könnte mich natürlich fragen, warum ich denn so einen Drang verspüre, in den russischen Städten lauter Denkmäler aufzustellen. Russland erlebt seit den 1980er Jahren einen tiefgreifenden Transformationsprozess, in dem viele aus ideologischen Gründen zu Unrecht vergessene bedeutende Persönlichkeiten wieder zu gebührender Anerkennung gelangen.

Damit würde man ein kulturgenetisches Programm schaffen, das die zukünftigen Generationen auf die friedliche Koexistenz von russischen und deutschen Bürgern unabhängig von allen Staatsgrenzen einstimmen würde. Die Politiker und Diplomaten beider Staaten leisten nur den kleinsten Teil dieser friedlichen Arbeit. Den größten Beitrag trägt die »Volksdiplomatie«. Wobei der Grundstein zu der fruchtbaren Zusammenarbeit der Bürger beider Staaten bereits im 19. Jahrhundert mit dem Bau der deutschen evangelisch-lutherischen Kirche des heiligen Georgs in der Dworjanskaja-Straße (Adelsstraße, heute Kujbyschewa) in Samara gelegt wurde.

* * *

Auch ich, Felix Scheible, wollte zu dieser positiven kulturgenetischen Programmierung nach Kräften beitragen. Dies jedoch nicht in dem Sinne, wie manche es gerne auslegen würden, dass wir genetische Kanonen seien, die ihre Geschosse in den Gräbern der Wollust zu begraben suchen, zugespitzt ausgedrückt … Freilich wäre ich nicht Felix Scheible, wenn ich die ganze komplizierte Angelegenheit alleine bei dieser vulgären Tatsache stehen gelassen hätte und damit diesem suspekten Reduktionismus anheimfallen ließe. Wir haben ja auch noch ein kompliziertes seelisches Leben ohne libidinösen Hintergrund zu berücksichtigen, vielfältige Gefühle und Gemütszustände, und auch da ist es ja, frei nach Freud, schwer genug, Herr im eigenen Haus zu sein. Wie gut, dass meine Behausung nicht mehr als ein kleines Zimmer im Studentenwohnheim war.

Halbmond, Chanukka und Rosenkranz

Heute Abend gab es in der Gemeinschaftsküche meiner Unterkunft ein kleines Fest. Die Studenten feierten den Semesteranfang. Es herrschte ein geschäftiges Treiben. Die Studentinnen Anja und Dascha bereiteten leckeres Essen, ihre Kommilitonen Eugen und Boris holten einige Flaschen Bier im nächsten Kiosk. Für die gute Laune sorgte das fröhliche Beisammensein und Gesprächsstoff ohne Ende, da sich die Beteiligten, jeder auf seine Weise, intensiv für ein bestimmtes Thema interessierten: das friedliche Zusammenleben von Menschen aus verschiedenen Kulturen und mit unterschiedlichem Glauben.

Anja und Dascha studierten Religions- und Kulturwissenschaften, Eugen und Boris gingen der Biologie und der Erdkunde nach. Es dauerte nicht lange, bis der Austausch der sommerlichen Eindrücke in ein reges Fachsimpeln überging, da die Studenten, die sich ausgiebig mit ihren Fachthemen beschäftigt hatten, sich freuten, anderen etwas davon referieren zu können.

»Was einem jeden in Samara sofort auffällt, ist die unglaubliche Vielfalt an Kulturen und Religionen, die für fast alle Städte in den Grenzregionen typisch ist«, begann Dascha und blickte erwartungsvoll in die Runde.

»Zum Beispiel die Juden«, nahm Anja den Gesprächsfaden auf. »Achthundert Jahre lang hatten keine Menschen jüdischen Glaubens in der Samaraer Region gelebt. Aber das besagt bei weitem noch nicht, dass sie nie hier waren. Zuvor gab es vom 7. bis zum 10. Jahrhundert an der unteren Wolga ein Turkvolk, die Chasaren, die den jüdischen Glauben angenommen hatten. Aber der Großfürst des Kiever Rus zerstörte dieses chasarische Khaganat im 10. Jahrhundert.«

Boris' tiefe Stimme schallte wie ein Generalbass auf dem Glockenturm: »Ja, das stimmt, erst im 19. Jahrhundert kamen dann die ersten jüdischen Siedler in die Region. Über die Voraussetzungen kann uns Eugen bestimmt einiges erklären.« Eugen klinkte sich bereitwillig ein: »Die wichtigste Voraussetzung war die Liberalisierung der russischen Gesetze seit den 1860er Jahren. Diese erlaubte ihnen nun, die sogenannten Ansiedlungsrayons, die seit dem Ende des 18. Jahrhundert bis 1917 bestanden, in den westlichen Regionen des Russischen Reiches – im heutigen Weißrussland und der Ukraine – zu verlassen und sich in ganz Russland und seinen Hauptstädten niederzulassen. Allerdings galt dies nur für sogenannte ›nützliche‹ Juden.« »Was soll das jetzt heißen?«, ich zog verwundert die Augenbrauen hoch. »Dazu zählte man wohlhabende Kaufleute«, fuhr Eugen fort, »Universitätsabsolventen, diplomierte Handwerker sowie medizinisches Personal einschließlich Krankenschwestern und Hebammen.«

»Ach, ich könnte euch vielleicht einiges berichten«, teilte ich meinen jüngeren Kollegen mit, »worauf ich neulich in der Bibliothek gestoßen bin. Abgesehen davon, dass derartige Gesetze einem modernen Menschen barbarisch vorkommen, ist aus dieser Zeit eine Geschichte überliefert, die auch für heute ihre Aktualität nicht verloren hat. Ein angesehener jüdischstämmiger Bürger dieser Stadt mit Namen Teitel hat berichtet, dass die Juden die Region Samara zu neuem Leben erweckten. Um die Ansiedlungsrayons zu verlassen, in denen die jüdischen Bauern und Handwerker überwiegend die Mehrheit der Bevölkerung ausmachten, zeigten sich manche sehr erfinderisch. Viele ließen sich gefälschte Bestätigungen handwerklicher Ausbildungen erstellen. Eine solche Familie kam nun nach Samara. Das Prekäre an dieser Geschichte war, dass die Frau, die darüber hinaus auch noch schwanger war, ihrem schlampig gefälschten Zeugnis nach unglücklicherweise ein Dachdecker war, ihr Mann aber war als Weißnäherin ausgewiesen. Der Polizeisekretär, im Glauben an seinen Sinn für Humor, brachte sie im Dachgeschoss eines Hauses unter mit der Auflage, die Frau müsse das Dach reparieren. Teitel kostete es große Mühe, diese ›witzige‹ Verfügung außer Kraft zu setzen.

Ansonsten bemerkte Teitel, dass sich die Gouverneure von Samara, Biljbassow, Swerbejew, Brjantschaninow, sowie Polizeimeister Prawednikow, der als Student 1863 von der Petersburger Universität wegen seiner Teilnahme an den Studentenprotesten gegen restriktive Maßnahmen im höheren Bildungssystem exmatrikuliert wurde, gegenüber den Juden äußerst korrekt verhielten.« – »Man darf ja nicht vergessen«, warf Eugen ein, »Samara gehörte bis in die zweite Hälfte des 19. Jahrhunderts zu den Orten, wohin ›politisch unzuverlässige Personen und politische Verbrecher‹ verbannt wurden. Solche Orte qualifizierte man in der offiziellen Sprache als *mesta ne stolj otdalennye*, also Orte, die ›nicht sehr weit entfernt‹ sind, in der Regel im Radius von ungefähr 1000 Kilometern um Moskau. Dadurch wurde die Stadt nicht nur zu einem Schmelztiegel der Nationen und Religionen, sondern auch zu einem Sammelbecken von sogenannten Andersdenkenden, die es in Russland zu allen Zeiten schwer hatten.«

Irgendwann übernahmen die Männer das Ruder, während die jungen Frauen sich zurückzogen und sich ihren kleinen Geheimnissen widmeten. »Also Jungs, feiert nicht zu viel, wir müssen morgen frisch und munter sein!«, waren ihre guten Wünsche für unsere weitere nächtliche Konversation.

* * *

»Ich könnte euch vielleicht auch eine Geschichte erzählen?«, bot Boris freundlich an. »Oh ja, nur zu«, ermutigten wir ihn. »Also dann: In den letzten Jahrzehnten gab es in Samara einen wahrlich ungewöhnlichen Mann: Wagan Gajkowitsch Karkarjan. Er ist Armenier und war als Stadtarchitekt und Vorsitzender des Architektenverbandes eine Schlüsselfigur für die Stadtentwicklung Samaras. Außerdem ist er ein ausgezeichneter Maler und hat es zu seiner Lebensaufgabe gemacht, die alten noch stehenden Gebäude vor dem Vergessen zu schützen und ihr Bild in Zeichnungen und Gemälden festzuhalten. Das Ergebnis sind viele hundert Arbeiten und etliche Bücher über die Architektur der Stadt. Wartet einen Augenblick …« Und schon holte Boris aus seinem Zimmer ein Architekturalbum von Samara und zeigte stolz auf eine Widmung von Wagan Karkarjan, den er einmal bei einer Ausstellungseröffnung getroffen hatte.

Bevor er seine Geschichte weiter erzählen konnte, unterbrach ihn Eugen: »Ich finde es bemerkenswert, dass es in Samara fast selbstverständlich ist, dass ein Armenier eine solch wichtige gesellschaftliche Stellung erlangen konnte. Dafür gäbe es viele weitere Beispiele. Armenien pflegte seit vielen Jahrhunderten mit Russland eine freundschaftliche Partnerschaft. Infolge der Kriege zwischen Persien und Russland in den Jahren 1804 bis 1813 und 1826 bis 1828 kam Ostarmenien zum Russischen Reich. Das bedeutete für Armenien einen langen Frieden und das Ende der Verwüstungen durch die Perser. Der Beginn dieser Beziehung liegt im Jahr 1701, als Peter der Große von einem armenischen Vertreter, Israel Ori, in diplomatischer Mission aufgesucht wurde. Dem griechisch-orthodoxen Zaren wurde nahegelegt, Armenien als einen der ältesten christlichen Staaten von der persischen Herrschaft zu befreien. Dem folgte ein Erlass des Zaren, in dem die Armenier in Russland willkommen geheißen wurden. Heute gibt es in Moskau eine bedeutende armenische Gemeinde mit rund 600.000 Mitgliedern. Bei rund drei Millionen Einwohnern in Armenien selbst ist das eine bedeutende Zahl.«

An diesem Punkt konnte ich etwas, was ich gerade in der Bibliothek gelesen hatte, in das Gespräch einbringen: »Auch im 19. Jahrhundert waren Menschen armenischer Herkunft in der Stadt stark vertreten. Zum Beispiel Egor Nikititsch Annajew, ein russischer Kaufmann deutsch-armenischer Herkunft, der die evangelisch-lutherische Kirche in der Dworjanskaja-Straße (Adelsstraße) von Samara bauen ließ. Er gehörte dem römisch-katholischen Glauben an. Doch wie konnte es nun dazu kommen, dass dieser Katholik den Lutheranern eine Kirche schenkte? Zuerst einige Worte zu seinen Eltern und Großeltern: Sein Großvater war Christophor Fabrizius, russischer Untertan deutscher Herkunft, der eine Polin zur Ehefrau nahm. Seine Tochter Maria wiederum heiratete Nikita Annajew, einen armenischen Katholiken. So kam Egor zu seinem armenischen

Namen. Er wurde als Kind von Astrachan an der Wolga nach Simbirsk gebracht, bis er schließlich nach Samara ging und es dort zum Kaufmann der 1. Gilde (Grades) brachte.« »Und das war gar nicht wenig«, ergänzte Eugen, »die Kaufleute der 1. Gilde durften bereits Außenhandel treiben und Fabriken besitzen!«

»Danke dir, ein wesentliches Detail«, bemerkte ich und fuhr fort: »Egor Annajew war eine ungewöhnliche Persönlichkeit. Noch ungewöhnlicher war die Geschichte vom Bau der römisch-katholischen Kirche Herz Jesu in Samara. Im Jahr 1858 hatte Annajew einen ersten Antrag an den Gouverneur gerichtet und der Bitte wurde im August 1861 auch stattgegeben. Im folgenden Jahr konnte also mit dem Bau der Kirche auf Annajews Rechnung und nach Planung des Architekten Nikolaj N. Eremejew begonnen werden. Im Jahr 1863 kam es jedoch zu einem unerwarteten Aufstand im Großfürstentum Polen, daher war nun von einer Kirche für die römisch-katholische Gemeinde von Samara, wo viele verbannte katholische Polen lebten, keine Rede mehr. Die Katholiken von Samara mussten noch rund 55 Jahre warten, bis 1906 auch ihre Kirche Herz Jesu endlich erbaut wurde.

Die fast fertig gebaute Kirche, die für sie gedacht war, schenkte Annajew der deutschen evangelisch-lutherischen St.-Georgs-Gemeinde. Diese Notlösung erwies sich für die Gemeinde als Gottessegen, da sie eine schöne Kirche in der Stadtmitte bekam, die heute die zentrale Straße von Samara schmückt. 1865 wurde die neue Kirche eingeweiht.«

Wir tranken bereits die Reste des Biers aus und waren von den vielen Informationen schon ein bisschen angeschlagen. »Ich erlaube mir noch einige Bemerkungen zu den Lutheranern der Stadt, bevor wir schlafen gehen«, sagte nun Boris. »Die meisten Lutheraner kamen um die Mitte des 19. Jahrhunderts nach Samara. Unter ihnen war auch der deutsche Gouverneur und Lutheraner Karl Groth, der die deutsche Gemeinde gründete und ihr seit 1854 vorstand. Die Gemeinde konnte bis 1924 einigermaßen frei existieren, bis die Sowjetmacht sie immer mehr bedrängte und die Kirche nach einigen

Jahren ›auf Bitte der Werktätigen‹ endgültig schloss. Von nun an hauste hier der Verband der Atheisten, bis dann in der Kirche ein Speicher eingerichtet wurde. Nach mehr als 60 Jahren bekam die Gemeinde ihre Kirche im Jahr 1991 zurück, heute strahlt sie wieder in altem Glanz. Und jetzt gehe ich aber wirklich schlafen.«

Eugen und ich waren zwar auch schon bettreif, wir blieben aber noch ein paar Minuten sitzen. Er war aus einer äußerst harmonischen Mischehe hervorgegangen. Sein Vater war ein Muslim, dessen jüdischer Vater wiederum aus der Stadt Birobidschan, die im fernen Osten Russlands liegt, stammt, und seine Mutter war evangelisch. Deswegen zählte es auch zu seinen Herzensangelegenheiten, über die friedliche Koexistenz der Muslime, der Juden und der Christen zu sprechen: »Auch die Mitbürger muslimischen und mosaischen Glaubens haben sich während des 19. Jahrhunderts Gotteshäuser in der Stadt erbaut. Heute befindet sich die Moschee in der Sadowaja-Straße (Gartenstraße) und die Synagoge in der Saratowskaja-Straße (Saratowstraße). Obwohl die Erlasse über die Glaubenstoleranz schon im 18. Jahrhundert, unter Peter I., Peter III. und Katharina II. erschienen waren, hat es lange gedauert, bis in Samara entsprechende Gotteshäuser errichtet wurden. Das hat damit zu tun, dass die Bürger mosaischen Glaubens je nach Standeszugehörigkeit ihre Reisefreizügigkeit erst im 19. Jahrhundert allmählich erlangt hatten. Die Lage der muslimischen Mitbürger erschwerte der Russisch-Türkische Krieg 1828/1829, als gegen sie diskriminierende Gesetze erlassen wurden. In der jüngsten Vergangenheit bekamen die muslimischen Gläubigen in der Stadt sogar eine neue Moschee, eine der größten in Russland, für bis zu 7000 Gläubige!«

»Wenn ich mich richtig erinnern kann«, ich fasste mich an den Kopf, »gibt es in Samara sechs Moscheen. In Anbetracht des großen Andrangs von Gastarbeitern aus den mittelasiatischen Republiken ist das nicht verwunderlich. In diesem Sinne sind die Russen viel weiter als die Deutschen, die eine heftige Diskussion darüber führen, ob sie den Bau von Moscheen nicht eher verbieten sollten.«

Irgendwann, bereits tief in der Nacht, klinkte sich dann auch Eugen aus und ging leisen Fußes schlafen. Der abschließende Satz verhallte irgendwo im Raum zwischen Berlin und Moskau. In der Küche wurde es still. Ich blieb nun in dieser Morgenstunde alleine sitzen, dachte an mein bevorstehendes Treffen mit Wladimir und freute mich riesig ...

Die Büchse der Pandora

Diese sprichwörtliche Büchse, oder, nach den letzten Erkenntnissen, eher einen großen, irdenen Vorratskrug, öffnete einer Version zufolge Pandora, nach einer anderen ihr Gatte, der Titan Epimetheus, dessen Bruder Prometheus an einem Felsen im Kaukasus hing. Dies brachte angeblich alles Schlechte über die Menschen, es brachte aber auch die Hoffnung. Ähnlich verhält es sich mit der Vorstellung eines durchschnittlichen russischen Bürgers von dem, was seit etwa 1985 über die russische Gesellschaft mit der Demokratie hereingebrochen ist. In diesem Jahr kam Michail Gorbatschow in der Begleitung der heimtückischen Damen Perestrojka und Glasnostj, für die er schließlich unfreiwillig sein Amt als erster und zugleich letzter Präsident der Sowjetunion opfern musste. »Wer zu spät kommt, den bestraft das Leben«, hat Michail Sergejewitsch gesagt. Und ich möchte ergänzen: »Wer die Büchse der Pandora öffnet, kommt nicht ohne Folgen davon.«

Die ehemaligen Sowjetbürger machten die schmerzliche Erfahrung, dass die Bürde der Freiheit für sie viel schwerer wog als diejenige der Unfreiheit. Die Unfreiheit sublimierte sich in der Erinnerung vieler Menschen zu einem süßen Traum von etwas Besserem, die Freiheit verkam zu einer bitteren, schweren Frucht, die ungenießbar war. So ähnlich verhielt es sich wohl mit dem Erdapfel im alten Europa, als die Bauernaufstände gegen dieses neue Gemüse losbrachen, bis die Bauern verstanden, dass es gar nicht so schlecht schmeckte. Die Erfahrung zeigte, dass nicht alles, was der

Bauer nicht kennt, er auch nicht frisst. Die Bananen hatten hier wohl ungeachtet ihrer giftigen gelben Farbe im Vergleich mit den Erdäpfeln ein leichteres Spiel.

* * *

Womit anfangen? Ich fasste mich für einen Moment am Kopf. Diese Ungewissheit dauerte jedoch nicht lange. Als gelernter Literaturwissenschaftler wusste ich sehr gut, wo ich suchen musste – im Stadtarchiv bei Irina Wladimirowna, die ich kurz zuvor kennengelernt hatte. Wegen meiner wolgadeutschen Vorfahren hatte ich dort bereits geforscht und einige interessante Fakten aus dem Leben meiner Vorfahren in Samara gesammelt.

Das passt ja sehr gut zusammen, dachte ich mir. Die Nachforschungen zur Geschichte meiner Familie werden ein besonderes Licht auf das werfen, was ich von der Geschichte von Samara erfahren werde. Allerdings muss ich mich auch mit der Zeit vorher beschäftigen, wenn ich verstehen will, was meinen Vorfahren im 18. Jahrhundert hier widerfahren ist.

Samara ist eine alte russische Stadt. Seit vielen Jahren streiten jedoch die Historiker darüber, wann sie gegründet worden ist. Drei Datumsangaben sind dabei von Bedeutung. Erstmals wird eine Siedlung namens Samara in einer russischen Chronik aus dem Jahr 1361 erwähnt. 1367 findet sie sich eingezeichnet auf einer Karte der Wolga, die die venezianischen Kaufleute Francesco und Dominico Pizzigano erstellt hatten. Ob aber diese Siedlung und die Festung, die auf Befehl des Zaren Fjodor Iwanowitsch im Jahre 1586 gebaut wurde, identisch sind, ist fraglich. Das Jahr 1586 gilt jedenfalls offiziell als Gründungsjahr der Stadt.

Eine Legende besagt, dass der Metropolit von Moskau, Alexij, der im Sommer des Jahres 1357 zur Goldenen Horde fuhr, in der Gegend von Samara ausstieg, um einen Einsiedler zu besuchen, der seine Einsiedelei dort hatte, wo sich heute der Platz der Revolution befindet. Damals gehörte fast der ganze Wolgalauf, auch die Gegend, in der heute Samara liegt, der Goldenen Horde.

Alexij prophezeite, dass an dieser Stelle eine russische Stadt mit einer ruhmreichen Geschichte gegründet werde. So geschah es auch – der heilige Vater hatte recht. Deshalb gilt der Metropolit als himmlischer Beschützer und Patron der Stadt. Dass hier die Rede von der Goldenen Horde ist, ist kein Zufall, denn die Nomaden – genau wie Samara – sind von der Wolga nicht wegzudenken. Das hat die Einwohner von Samara zweifelsohne geprägt. So wie ein Moskauer sich seinem Empfinden nach in einer absoluten Mitte befindet, bewegt sich ein Einwohner von Samara in einer Grenzregion zwischen Wald und Steppe, Nomaden und Russen, Europa und Asien.

Es stellt sich nun die Frage: Was hatte denn ein russischer Metropolit bei der Goldenen Horde zu suchen? Um diese Zeit wurde der Anspruch eines russischen Fürsten auf die Krone eines Großfürsten, eines Vasallen, erst durch den Erlass des Chans, eines Souveräns, legitimiert. Diese Abhängigkeit wurde mit der Zeit eine ziemlich lose, aber eine Drohung des Chans, ihn zu bestrafen, genügte, um den russischen Metropoliten in die Hauptstadt der Mongolen Neu-Sarai zu bestellen. Alexij galt als ein Mann mit den Fähigkeiten eines Heilers. Chan Janibek, dessen Ehefrau Tajdulla unter einer Augenkrankheit litt, erfuhr davon und forderte im Jahr 1357 den russischen Großfürsten Ioann auf, den Metropoliten zu ihm zu schicken. Andernfalls, so drohte er, werde er Moskau und die ganze »russische Erde« verwüsten. Zum Glück konnte der Metropolit die Frau heilen und kehrte in aller Ehre nach Moskau zurück. Darüber hinaus wurde bereits einige Jahrzehnte zuvor ein Kirchenbezirk der russisch-orthodoxen Kirche in der alten Hauptstadt Sarai geschaffen, in dem ein Bischof residierte.

Neu-Sarai hatte zu ihrer Blütezeit bis zu einer halben Million Einwohner. Sie wurde 1395 von Tamerlan, nachdem er seinen Rivalen Toktamisch 1391 in der Gegend des heutigen Samara vernichtend geschlagen hatte, zerstört. Der Machtbereich der Goldenen Horde zerfiel in eine Vielzahl von Khanaten: Kasan, Astrachan, Krim, Sibir und viele andere mehr.

Deswegen ist es nicht verwunderlich, dass auch der Name der Stadt »Samara« ein Lehnwort aus den Turksprachen ist und so viel wie »Steppenfluss« bedeutet. In der Tat: Die Stadt liegt an der Mündung des Samara-Flusses in die Wolga. An der Grenze zur Steppe gelegen und unter dem Vorwand, die Händler vor den Überfällen der Kosaken zu schützen, wurde die Stadt als strategischer Vorposten im alten Russland zur Sicherung des Wasserweges von Kasan nach Astrachan erbaut. Ein Widerspruch in sich, weil gerade die Kosaken die Weiten des Ostens für Russland im Auftrag des Zaren erobert hatten.

Im 18. und 19. Jahrhundert wurde die Stadt zu einem bedeutenden kulturellen und wirtschaftlichen Zentrum Russlands und im Jahr 1851 Gouvernementshauptstadt. Keiner konnte sich damals vorstellen, welche Metamorphosen die Stadt – wie überhaupt fast alles nach den Ereignissen im Februar und Oktober des Jahres 1917 – erleben würde. Zwischen den Jahren 1935 und 1990 trug sie den Namen des russischen Revolutionärs Valerian Kujbyschew, bis die Stadt 1991 wieder ihren alten Namen bekam. In dieser Zeit erfuhr sie ein rasantes Wachstum: Von 20.000 Einwohnern im Jahr 1851 wuchs die Bevölkerung bis zum Ende des 19. Jahrhunderts auf 90.000 an und erreichte 1916 die Anzahl von 150.000 Einwohnern.

Die Ereignisse im Zweiten Weltkrieg, als die sowjetische Regierung 27 Botschaften und Konsulate der mit der Sowjetunion verbündeten Staaten sowie viele Künstler und Wissenschaftler aus Moskau nach Samara evakuieren ließ, machten Samara zur heimlichen Hauptstadt von Russland. Das trägt auch heute noch wesentlich dazu bei, dass die Einwohner von Samara sehr selbstbewusst sind. Heute ist die Stadt, die sich 50 Kilometer entlang der Wolga erstreckt, mit ihren ca. 1,2 Millionen Einwohnern die sechstgrößte in Russland.

Die malerische Landschaft mit dem Fluss und den Auen, den Parks und Wiesen und die Stadt mit ihren Menschen bringen jeden Besucher ins Schwärmen. Heute erleben die Stadt und ihre Bewohner eine wirtschaftliche, geistige und kulturelle Renaissance. Das erkennt man am Aufschwung der Bauindustrie und vieler Unternehmen, an den kulturellen Initiativen und einem breiten Spektrum an Bildungseinrichtungen, dem zunehmenden Tourismus und nicht zuletzt an den Gesichtern der Menschen, die diese Stadt mit Leben erfüllen.

* * *

Die Schönheit der Natur in der Gegend von Samara war nicht die einzige Ursache, warum es den Asieneroberer Tamerlan, die Kosaken oder die sowjetische Regierung während des Krieges dorthin zog. Diese Gegend hat eine einmalig günstige strategische Lage im mittleren Flusslauf der Wolga, da sich dort die Schiguliberge befinden, inmitten einer Waldsteppenregion.

An der nördlichen Stadtgrenze Samaras liegt ein markantes »Naturdenkmal«: ein von alters her mythenumwobener Hügel. Seinen Namen bekam er durch eine Legende, der zufolge der Herrscher von Zentralasien, Tamerlan, nach dem Sieg über Toktamisch ihn errichten ließ. Jeder seiner Krieger musste in seinem Helm Erdreich an die Stelle tragen. Deshalb heißt er auch Zarjow kurgan oder Zarenhügelgrab, obwohl dort kein Zar oder Nomadenherrscher begraben liegt.

Im 14. Jahrhundert war diese Region das Territorium der Goldenen Horde unter der Herrschaft von Toktamisch, eines Nachfahren von Dschingis Khan. Sein Reich umfasste fast den ganzen Wolgastrom vom heutigen Kasan bis hinab zur Wolgamündung ins Kaspische Meer. Ungefähr in der Mitte dieses Gebietes lag die Hauptstadt Toktamischs, Sarai. Toktamisch war wiederum ein enger Vertrauter und Schützling des zentralasiatischen Herrschers Tamerlan, der ihm all sein Wissen über die Herrschafts- und Kriegskunst vermittelte. Im Grunde waren es Herrscher von verschiedenen mongolischen Stämmen, die sich mit der Zeit auseinandergelebt hatten.

Das Herrschaftsgebiet von Tamerlan befand sich südlich des Kaspischen Meeres und erstreckte sich im Osten bis nach Indien und im Westen bis zum Reich der Osmanen. Tamerlan hatte die alte iranische Kultur zum Vorbild, was ihn nicht daran hinderte, Persien samt Afghanistan zu verwüsten. Die Hauptstadt seines Reiches lag im heutigen Usbekistan in Samarkand, im Zwischenstromgebiet von Amudarja und Syrdarja. Toktamisch war von der großen Vergangenheit seines Vorfahren Dschingis Khan fasziniert, heiratete eine Prinzessin aus dessen Geschlecht und meldete seinen unumschränkten Herrschaftsanspruch an. Er traf den verhängnisvollen Entschluss, Tamerlan anzugreifen. Es kam zu mehreren Schlachten zwischen den beiden, wobei sich Toktamisch unter anderem mit dem russischen Großfürsten Wasilij verbündete, bis es schließlich nicht weit von Samara zur Entscheidung kam.

Man vermutet, dass diese Schlacht an der Stelle stattfand, an der heute der Flughafen von Samara, Kurumotsch, ein ehemaliger Militärstützpunkt, liegt. Auf dieser großen Landfläche, auf der bis heute kaum Bäume wachsen, zwischen den Flüssen Kundurtscha, Sok und Wolga, die für eine Schlacht gut geeignet ist, kam es zum Zusammenstoß. Auf beiden Seiten kämpften bis zu 400.000 Krieger. Die Schlacht dauerte mit mehreren Unterbrechungen vom 19. bis zum 21. Juni 1391 und endete mit der vollständigen Niederlage Toktamischs. Damit war die Macht der Goldenen Horde gebrochen. Das entstandene Machtvakuum füllte das Großfürstentum Moskau aus, das die ständig im Streit liegenden Nomadenstämme befriedete und Festungen und Stützpunkte entlang des Wolgastroms errichtete. So kam es im 16. Jahrhundert schließlich zur Gründung der heutigen Stadt Samara.

Bier-Philosophie mit Kalaschnikow

Wladimir nahm aus dem Kofferraum seines Schiguli-Autos einige leere Drei-Liter-Flaschen aus Plastik heraus, von denen er mir etliche weiterreichte, und stellte sich an die lange Warteschlange an.

Heute sollte der angekündigte Schaschlik-Abend auf seiner Datsche stattfinden. Auf dem Weg dorthin zeigte er mir einen legendären Ort: den Bierkiosk bei der gleichnamigen Bierbrauerei Schiguli, der im Volksmund den vielsagenden Namen »Na dne« (ganz am Boden) hat, was so viel heißen will wie ein Ort für »gefallene Menschen«. Der Name rührt von dem gleichnamigen Theaterstück von Maxim Gorkij aus dem Jahre 1902 her, in dem die Landstreicher und Tagelöhner in einem Obdachlosenheim über Gott und die Welt sprechen. Das Stück war für seine Zeit revolutionär und hatte den Effekt einer explodierenden Bombe. Es ist auch kein Zufall, dass an diesem Ort so viel an die russische Literatur erinnert, weil die Poesie und der Biergenuss in Russland einfach zusammen gehören. An der Wand neben dem Kiosk, in dem das Bier aus einem Schlauch eingeschenkt wurde, das heißt direkt aus der Bierbrauerei, hing ein Plakat mit einer Paraphrase des Gedichts eines anderen berühmten russischen Dichters, Alexander Sergeewitsch Puschkin: »Man wird nie aufhören, *hierher* wieder zu kommen« (Sjuda ne sarastjot narodnaja tropa).

So viel zur Literatur. Wladimir hatte bereits die mit Schiguljowskoe gefüllten Flaschen im Kofferraum verstaut und wir fuhren mit dem »flüssigen Gold« zur Datsche.

»Wer sagt, es gebe in Russland keine demokratische Erfahrung, liegt falsch«, begann Wladimir pointiert. »Alle leidenschaftlichen Biertrinker in Russland, und das ist beinahe die Hälfte der Bevölkerung, verfügen über eine lange demokratische Tradition, ihre Stimme für das Bier abzugeben. Man kann mit großer Sicherheit davon ausgehen, dass ein jeder Biertrinker dem Spruch ›in cerevesia veritas‹ vollkommen zustimmen würde. Ein jeder Biertrinker ist in Russland, wenn man so will, ein eingeübter Demokrat.«

Darin hatte er recht. Es verwundert nicht, dass in der Bierhauptstadt von Russland schon im Jahr 1918 eine unter vielen neuen Parteien diejenige der Alkoholiker war. Die Wahlkandidaten der Alkoholikerpartei agitierten bereits im November 1917 für die Wahlen in die Konstituierende Versammlung und erließen entsprechende Deklarationen:

»Bürger und Bürgerinnen!!! Gebt eure Stimme der Wahlliste Nr. 18! Unsere Devise lautet: ›Alkoholiker aller Länder vereinigt euch!‹« oder »Nur im Rausch findest du deine Ruhe«. Zu den Forderungen der neuen Partei gehörten unter anderem der uneingeschränkte freie Verkauf vom Alkohol sowie das Recht auf allgemeinen, direkten, gleichen und geheimen Genuss von Alkohol in einer jeden Form und aus einem jeden beliebigen Behälter.

Konsequenterweise war – Kommunismus hin oder her – eine der vielen politischen Parteien und Bewegungen, die nach dem Zerfall der Sowjetunion entstanden waren, die Partei der Bierliebhaber. Sie ließ sich im Jahr 1994 offiziell registrieren mit dem Ziel, die humanistisch geprägte Weltanschauung der Biertrinker in die Bevölkerung zu tragen. Im Dezember 1995 bekam diese Partei bei der Wahl des russischen Parlaments, der Duma, 428.727 Stimmen und nahm damit den respektablen 21. Rang unter den damals 43 politischen Parteien ein. Bei der letzten Dumawahl 2007 hatte man es dann nur noch mit übersichtlichen zehn Parteien zu tun. Auch die Bierliebhaber hatten sich in der Zwischenzeit wieder ins Privatleben zurückgezogen.

»Sagen Sie bitte, ist es wahr, dass in Deutschland neulich ein Kongress der Marxistisch-Leninistischen Sozialdemokratischen Partei stattgefunden hat?«, fragte mich eines Tages eine überzeugte Kommunistin mit hoffnungsvoller Stimme. »Nein, ich habe nichts davon gehört, und ich glaube, wenn es so eine Partei in Deutschland gäbe, fände sie nicht viele Anhänger.« »Nein, das glaube ich Ihnen nicht«, erwiderte sie ganz fest. Wie im Guten, so ist auch im Schlechten Deutschland ein Hoffnungsträger für Russland geblieben.

* * *

Die Schaschliks und das Bier schafften die besten Voraussetzungen für einen wunderschönen Abend im Grünen. Wladimirs Datsche lag an der Stadtgrenze nicht weit vom Wolgaufer. Der Tisch stand im Schatten einer riesigen Eiche hinter dem Haus im Garten. Wladimirs Frau Swetlana und Tamara, eine Freundin der beiden, deckten bereits den Tisch mit frischem Grün und bereiteten den reichen Schmaus zum Bier. Ich stand mit Wladimir am Grill. Gekonnt drehte er die Schaschlikspieße in regelmäßigen Abständen um. Die untergehende Sonne schickte ihre letzten Lichtboten, die uns durch die Äste und das Laub der riesigen Eichen angenehm labten.

Der warme sommerliche Abend stimmte uns geradezu schwärmerisch. Und so dauerte es nicht lange, bis wir auf abgründig tiefe philosophische Themen zu sprechen kamen. Wladimir setzte bei der geheimnisvollen *russischen Seele* und dem Wesen des russischen Menschen an. Er sprach so selbstsicher und bestimmend, als ob er die Philosophen aller Zeiten tief durchdrungen hätte, und vermittelte den Eindruck, er würde nur in Aphorismen sprechen.

»Der russische Mensch«, sagte er, »mag keine Veränderungen. Deshalb sucht er nicht besonders intensiv nach Möglichkeiten, aus Krisen herauszukommen. Sie verschwinden ja von alleine. Das ist nicht nur eine Vermutung, sondern eine Überzeugung, die sich aus geschichtlicher Erfahrung speist. Deswegen gibt es in seinem Leben auch keine richtige Wahl, weil man immer das Gleiche bekommt. So wie in unseren Märchen eben. Gehst du links, verlierst du dein Ross, gehst du rechts, verlierst du dein Leben, gehst du geradeaus, wirst du ausgeraubt. Es gibt im russischen Leben ja im Grunde keine richtige Alternative. Deshalb hat man eine bequeme Regel postuliert: Bevor etwas passiert, mache ich lieber gar nichts.«

»Ach, Wladimir«, entgegnete ich energisch, »Ihr Pessimismus kann einen jeden zur Verzweiflung bringen. Der Mensch ist doch dafür verantwortlich, was um ihn herum und mit ihm selbst passiert!« Wladimir war jedoch nicht mehr zu bremsen: »Der Mensch ist für gar nichts verantwortlich. Heute wissen wir wieder, dass die göttliche Macht die Geschicke der Welt lenkt. Der Weltgeist durchdringt alles und ist gleichzeitig in allem und nirgendwo. Im Grunde ist es ein Nichts, das das Wesen des Chaos ausmacht.«

Es war Wladimir anzusehen, dass er mit dem Anfang unseres Gesprächs sehr zufrieden war. Er gab ein hohes Diskussionsniveau und Tempo vor. Das brachte mich auf keinen Fall aus dem Gleichgewicht, sondern spornte mich nur noch mehr an. »Göttliche Macht!? Aj aj«, ironisierte ich. »Unser Philosoph ist religiös geworden? Die Russen glauben mehr an das Schicksal als an einen Gott. Das Fatum ist ihr Gott und die Schicksalsergebenheit ihr Altar, auf dem sie Menschen als Opfer bringen. Auf Gott ist in unseren Breiten kein Verlass, von ihm haben wir bis jetzt wenig gesehen, geschweige denn etwas zum Essen bekommen. Gott betet man zwar an, man erwartet jedoch nicht besonders viel von ihm. Es kommt, wie es kommt, Russland hat auch schlechtere Zeiten überlebt, schlimmer kann es sowieso nicht kommen.«

»Religiös zu sein ist noch kein Verbrechen gegen die Menschheit«, Wladimir schaute mich freundschaftlich und beschwichtigend an: Noch schlief der Vulkan, meine Sensoren registrierten jedoch bereits die ersten Vorboten des argumentativen Vulkanausbruchs, die sich in kleinen verbalen Erdbeben zu erkennen gaben: »Religiös zu sein heißt nichts anderes, als das Bedürfnis zu haben, einen spirituellen Hunger zu stillen, falls ein solcher vorhanden ist«, fügte er hinzu und drehte energisch die Spieße wieder um. So ging es eine Weile weiter.

Bald waren die Schaschliks fertig und wir begaben uns zum mit Bierflaschen reichlich bestückten Tisch hinüber, an dem uns bereits die Damen erwarteten. Zu unserer Zufriedenheit ließen sie uns in keiner Weise spüren, dass sie uns vermisst hätten, und widmeten ihre Zeit auch weiterhin anderen Themen des Daseins.

* * *

Es nimmt nicht wunder, dass an fast keinem Biertisch die tiefgründigen Gespräche über das Sein und das Nichtsein, über das Leben und das Sterben, über die Liebe und den Hass fehlen dürfen. So auch diesmal bei uns Bier-Philosophen von Samara, bei denen bereits drei große leere Bierflaschen unter dem Gartentisch standen.

»Was die geheimnisvolle russische Seele anbelangt«, holte Wladimir mächtig aus, »so ist für sie das irrationale Kriterium von

Gut und Böse das höchste Prinzip, während ein westlicher Mensch statt der Seele die Ratio in seinem Koordinatensystem ganz nach oben stellt.« Hier war also der erste vorwarnende Stich des Gegners zu spüren.

»Sie glauben doch nicht im Ernst, dass der westliche Mensch, was Sie auch immer darunter verstehen, keine Seele und nur die Ratio besitzt?«, parierte ich.

»Das habe ich nicht behauptet. Mir geht es um Augenmaß, Proportion und Wohlgestalt; um die Wahrscheinlichkeit des einen oder des anderen. Mit dem Rationalen beim westlichen Menschen meine ich, dass er versucht, möglichst alles rational aufzufassen und zu verstehen. Bei unseren Menschen verhält es sich dagegen genau umgekehrt. Bei ihnen ist die Vorstellung vom Moralischen wie auch vom Rechtlichen sehr verschwommen, wenn sie denn überhaupt vorhanden ist. Und falls ja, versteht es jeder, sie auf seine eigene Weise anzuwenden. Der eine zum Beispiel ist fähig, einen Menschen umzubringen oder eine ganze Fabrik zu stehlen, der andere dagegen kann nicht einmal einer Fliege etwas zuleide tun, geschweige denn sich ein fremdes Feuerzeug aneignen.«

Ich witterte meine Chance und startete den Gegenangriff: »Sie polarisieren unmöglich. Schwarz und Weiß, Gut und Böse …«

Allerdings bekam mein Eifer sogleich einen Dämpfer: »Keinesfalls, ich versuche nur zu systematisieren. Das Besondere ist ja dabei, dass ein jeder dieser Antipoden versucht, seine Handlungen ins rechte Licht zu rücken. In beiden Fällen ist die russische Seele und nicht der Verstand Alpha und Omega seines Wertesystems – einerlei, ob in der Philosophie oder im Alltag. Die Seele ist das Maß aller Dinge, sie gibt die Grundregel einer jeden Handlung. Die Seele hat jedoch eine animalische Grundlage. Und wo bleibt der Geist? Wo bleibt der Gott in dieser gottlosen Welt?«

Mir blieb nichts anderes übrig, als in Deckung zu gehen und nach einer weiteren Schwachstelle in der Argumentation meines Gesprächspartners zu suchen: »Der Gott bleibt dort, wo er hingehört – im Himmel«, sprach in mir ein notorischer Widersacher.

»Die Kosmonauten waren dort oben und haben bereits festgestellt: kein Gott weit und breit im unendlichen Universum. Es ist kalt und leer. Hehe. Voll von kosmischem Staub, schwarzer Materie und schwarzer Energie.«

Für einen Moment legten wir die verbalen Waffen nieder und schlossen, ohne dabei ein Wort zu verlieren, einen kurzzeitigen Waffenstillstand. In der anschließenden Pause schauten wir in den nächtlichen bestirnten Himmel und mussten die gewonnenen Gedanken erst einmal reichlich mit Bier begießen, um unseren heißen Wahrheitsdurst zu löschen.

»Sie lachen zu früh, mein Lieber«, setzte Wladimir wieder ein. »Wer sagt denn, dass wir das Göttliche mit dem bloßen Auge erkennen können? Diese Kosmonauten mögen gute Naturwissenschaftler sein, aber in ihrem naturwissenschaftlichen Weltbild sind sie blind. Sie sehen nur das Unwesentliche, weil das Wesentliche nicht mit bloßem Auge zu erkennen ist. Das ist, sagen wir, das Privileg eines geistigen Auges. Gewiss, gewiss, auch die russische Seele befindet sich ewig in einem instabilen Zustand. Im einen Moment erlaubt sie dem russischen Menschen eine Sünde, im nächsten Moment widersetzt sie sich. In jedem Fall jedoch bejaht die Seele die Handlungen ihres Besitzers.«

»Ja, Sie haben genau den Nerv des Problems getroffen«, ich tätschelte ihm die Hand. »Die Schlüsselkonzepte der russischen Kultur sind überhaupt der Kollektivismus, der Egalitarismus und die erwähnte russische Seele. Das ist die explosive Mischung, aus der die russische Geschichte und das russische Leben bestehen. Das ist die Ursuppe der Revolutionen und der Katastrophen, die Russland ereilt haben. Von dieser Ursuppe haben die Deutschen gekostet und wollten lange nicht davon lassen, wurden süchtig danach. Das Faszinosum Russland hat sie sehr intensiv beschäftigt. Der Blick von Dostojewski hat sie hypnotisiert. Nietzsche, der die neue Philosophie vom Menschen postulierte und damit alle Denker des 20. Jahrhunderts ohne Ausnahme beeinflusste, war von Dostojewski fasziniert. Im Niemandsland zwischen

Russen und Deutschen wurde die europäische Geschichte eingequetscht.

Vielleicht ist Ihnen nicht klar, wie sehr sich Ende des 19. Jahrhunderts die Russen für die Philosophie Friedrich Nietzsches
begeisterten, der einen existenziell wichtigen Zusammenhang im
Wesen eines jeden Menschen feststellte: den Zusammenhang zwischen einem rational geprägten Naturwissenschaftler und einem
fühlenden Menschen. Wir könnten einen solchen Wissenschaftler
einen Künstler nennen. Er gab dem mit Logik und Vernunft begab-
ten Menschen die Möglichkeit, in seinem trockenen Dasein das
Schöpferische mit dem Emotionalen, Intuitiven und Schönen zu
vereinbaren.

Nietzsche befreite die Menschheit von dem Zwang, immer logisch denken zu müssen. Er zeigte, dass ein philosophischer Text
gute Literatur sein kann, was weder der Literatur noch der Philosophie schadet. Bezeichnend ist, dass diese Begeisterung und Neugier
gegenüber dem Anderen gleichermaßen von beiden Kulturen, von
der deutschen und von der russischen Seite, ausgestrahlt wurde.
Und in ihrem tiefen Inneren sind die Russen sowieso alle Hegelianer. Sie glauben an irgendwelche Ideen, die die Geschichte bestimmen, sie lenken ... Wenn man so will, sollte der *neue Mensch* in der
Sowjetunion so eine Art ›Übermensch‹ werden, frei von Lüge, Be-
trug, Grausamkeit, Diebstahl, Faulheit, Trunksucht. Der revolutionäre Dichter Wladimir Majakowski prophezeite im Jahr 1916:
›Und er, der Freie, nach dem ich schreie, der Mensch, er kommt,
ich bürge dafür.‹ Und Leo Trotzki behauptete im Jahr 1924: ›Der
Mensch wird unvergleichlich stärker, klüger, feiner werden ... der
menschliche Durchschnitt wird sich bis zum Niveau eines Aristote-
les, Goethe, Marx erheben.‹ Konsequenterweise waren die sowjetischen Biologen in den 1920er Jahren führend auf dem Gebiet der
Eugenik. ›Logisch‹ aus der Sicht der sowjetischen Führung war es
deswegen, an eine Ausrottung sozial ›feindlicher Klassen‹ und von
›Schmarotzern‹ zu glauben. In diesem Kontext wird auch die Forde-
rung Lenins verständlich oder zumindest etwas verständlicher:

›Gebt mir zehn Millionen Köpfe und ich mache Russland glücklich.‹«

Wladimir zündete eine Zigarette an und machte einen tiefen Zug: »Ihr Gedankengang ist insofern plausibel, als dass die Mängel im rationalen Denken russischer Menschen einen Missstand im Moralischen verursachen.«

Jetzt verwirrte er mich doch ein wenig: »Was meinen Sie damit?«

»Der russische Mensch kann einem westlichen Menschen äußerst unmoralisch vorkommen, nicht weil er schlecht ist, sondern weil er davon, was Gut und Böse ist, so wie es im Westen verstanden wird, überhaupt keine Ahnung hat. Bei uns wird der ewige Kampf zwischen Gut und Böse ausgefochten, weil wir keine klaren Grenzen zwischen den beiden haben. Was ist Sünde, und was ist erlaubt? Bei uns wird doch alles, was in den Verordnungen und Gesetzen steht, ja selbst die Verfassung, gebrochen. Sogar die elementarsten Verkehrsregeln werden Tag für Tag ignoriert. Alle Regeln werden vom russischen Menschen verletzt und missbraucht – im Namen eines lebendigen Daseins, wohlgemerkt.«

Wladimir zog dabei genüsslich an seiner Zigarette und schaute mich mit dem Gesichtsausdruck eines durchtriebenen Schlawiners an. Dies konnte mich keinesfalls einschüchtern: »Also ich denke, Sie gehen zu weit. Wenn es so wäre, wie Sie es behaupten, dann könnte man doch keinem mehr glauben. Dann würde doch alles im Chaos untergehen.«

Auf einmal unterbrach Swetlana unsere Diskussion: »Meine Herren, bevor ihr im russischen Chaos verschwindet«, und sie schupste mit kecker Leichtigkeit ihren Mann Schulter an Schulter, »wollen wir auf unseren deutschen Freund trinken.« Wir hoben unsere Gläser und tranken. Ich bedankte mich und prostete den Damen zu.

Wladimir ließ sich jedoch von unserem Gesprächsthema nicht ablenken und wollte den Gutmenschen in mir versuchsweise niedermachen, um ein Exempel seiner Überlegenheit zu statuieren:

»Chaos hatten wir auch zu Genüge – in den 1990er Jahren. Das Grundübel liegt ja in dieser amorphen Masse der russischen Seele, die alles umfasst und alles verwirft, alles versteht und alles ad absurdum führt. Sie ist ein Schwarzes Loch, das die Vernunft verschlingt und am anderen Ende den Wahnsinn ausspuckt. Gewöhnlich bejaht ja der russische Mensch sowohl die guten wie auch die schlechten Seiten seines Charakters. Er macht es sich zu bequem. Er möchte ja keinen stören. Lasst ihn doch in Ruhe, und er wird auf seinem Sofa hundert Jahre schlafen. Sie kennen doch die Geschichte von Oblomow und Stolz. Gewiss, wir haben schlechte Straßen und viele Idioten, insbesondere in der Regierung! Ja, wir trinken viel zu viel Alkohol, aber wer kann schon so feiern wie wir?! Ja, man kann uns nicht verstehen, wir verstehen uns ja selber nicht. Und wie funktioniert unser Denkapparat, wenn es nötig ist? Besser als jeder Computer!«

Ich konnte ihm darin nur beipflichten, wollte jedoch die Regel unseres Duells nicht verletzen und fuhr fort: »Wie jetzt? Zuerst sprachen Sie über das Chaos der russischen Seele und behaupteten, der russische Mensch sei mit seiner Irrationalität bar jeden Verstandes, und dann der Computer – eine streng logisch funktionierende Maschine?« Ich versuchte, ihn in Widersprüche zu verwickeln.

»Das ist es ja eben, was die Deutschen an den Russen so fasziniert hat. Unbegreiflich, wie dieser chaotische Russe auf Ideen kommt, auf die er, der rational denkende Deutsche, mit all seinen Akademien und Diplomen nicht kommt. Schon was von der Chaostheorie gehört?«, ließ er nicht locker.

»Worauf wollen Sie hinaus?«, fragte ich angespannt. »Zuerst Schwarzes Loch, jetzt Chaos. Wollen Sie mir jetzt etwas über den Stein der Weisen erzählen? Verschonen Sie mich bitte mit der Kunst der mittelalterlichen Alchemie und Mystik.«

Ich spürte – der redegewaltige Vulkan wollte mich unter einer meterhohen Ascheschicht begraben, um die Abgründe der irrationalen Tiefe einer russischen Seele zu offenbaren: »Genau. Das ist es – Alchemie und Mystik! Sie haben ja keinerlei Ahnung, aber Sie kommen irgendwie immer wieder auf das richtige Thema. Das ist der Beweis. Darauf will ich auch hinaus. Wir sind 500 Jahre nach der wissenschaftlichen Revolution wieder an einem Punkt angekommen, über den sich schon die Alchemisten ihre Gedanken gemacht hatten. Wie verhält es sich mit der Weltordnung und dem Weltchaos, wie bestimmt die geistige Energie andere Energiearten und morphogenetische Felder? Wir sind wieder an dem Punkt angekommen, wo sich die Materie auflöst und in reine Energie übergeht, und umgekehrt. Zwei konträr verlaufende Denkrichtungen und Weltauffassungen sind auf der anderen Seite des Kreises aufeinander getroffen. Die theoretischen Atomphysiker können mit den Theologen sprechen, und das Interessante ist: Sie verstehen sich auch noch dabei. Sie sind bei der Auffassung angelangt, dass wir keine klare Linie zwischen der sogenannten ›toten‹ und ›lebenden‹ Materie sowie zwischen der Materie und dem Geist ziehen können. Alles ist in allem. Alles ist eins. Da haben Sie ihren russischen Menschen in seiner tiefenpsychologischen und philosophischen Dimension. Das färbt auch auf die Moral ab. Wo keine Grenze zwischen Materie und Geist existiert, gibt es auch keine klare Grenze zwischen Gut und Böse. Der Kreislauf hat sich geschlossen.«

Wladimir schien keinen Bedarf mehr an einer Weiterführung dieses Themas zu haben und nahm genüsslich einen großen Schluck aus seinem Bierglas. Dabei war ihm anzusehen, dass er die Flüssigkeit, die er im Laufe eines hitzigen Tages verloren hatte, wieder wettmachen wollte.

»Sie wollen doch nicht sagen, dass wir keinen Verstand mehr brauchen?«, versuchte ich am Ball zu bleiben und ihn von der anderen Seite aus seiner irrationalen weltanschaulichen Festung herauszulocken.

Der Aschenbecher vor Wladimir quoll von Zigarettenstummeln bereits über: »Das habe ich nicht behauptet«, sagte er. »Ich frage Sie nur im genannten Kontext: Sind Sie überhaupt imstande zu sagen, was vernünftig und was unvernünftig ist? In Europa hat man doch seit der Französischen Revolution die Vernunft ganz nach oben gestellt. Man versuchte durch und durch vernünftig zu sein und zu handeln. Von nun an sollte der mündige Mensch sich seines Verstandes bedienen und nur nach den Regeln der Vernunft leben und so ins Reich des Glücks gelangen, und schon sind wir im Paradies auf Erden. Sehr verlockend, nicht wahr? Das, was früher nur das Vorrecht eines Gottes war, fiel in den Schoß des Menschen. Man muss nur alles ganz genau berechnen, extrapolieren und projizieren. Wie viele Wellentheorien haben wir schon in der Wirtschaftswissenschaft seit Kondratjew? Sie wissen ja, dass das ganze Experiment mit der Vernunft in Auschwitz sein Ende fand. Ein logisches Ende, wohlgemerkt. Und alles nach den höchsten Prinzipien der Vernunft und den allerletzten Errungenschaften der Naturwissenschaften, die die Welt bis in den letzten Winkel erklären sollten, wo die Dunkelheit, das Unerklärliche, das Irrationale keinen Platz mehr haben durften. Ich meine nur, dass alles nach Augenmaß geschehen muss. Alles hat seine Berechtigung. Die Vernunft und die Unvernunft, die uns Fehler machen lässt, ohne die keine Entwicklung möglich wäre; das Rationale – die Autobahn der Entwicklung, und das Irrationale – das Schwarze Loch, das eine kosmische Maschine ist, die einen ultimativen Sprung ins Ungewisse ermöglicht, die uns mehr in Bewegung hält als unendlich viele Autobahnen zusammengenommen.« Über seine Stirn rollten Schweißperlen, seine große Anstrengung war ihm anzusehen.

»Ist Ihnen schwindlig, mein Lieber? Wollen Sie ein Glas Wasser haben?«, fragte ich bereits besorgt um ihn.

»Mir geht es ausgezeichnet! Mir geht es viel besser, als Sie denken. Und ich denke viel klarer, als Sie denken. Prost! Denken Sie an das Undenkbare. Der positive Hauptheld aller russischen Märchen ist ein dummer Iwan, und insbesondere seine dummen Handlungen, nicht die wohl überlegten, verhelfen ihm zu seinem Glück. Er soll nicht, er darf sogar kein kluger Kopf sein, um zu seinem Glück zu gelangen. Im Gegenteil, es sind gerade seine inadäquaten Aktivitäten, die ihm zu einem adäquaten Ergebnis verhelfen. Er findet das beste Pferd, eines, das Zauberkräfte hat. Er heiratet eine Prinzessin und bekommt den Zaren zum Schwiegervater, er lebt in Saus und Braus. Alle Natur scheint ihm zu helfen: die Pferde, die Fische, die Vögel, der Wind, ja selbst das Schicksal.

Dumm soll er sein, um glücklich zu werden. Zusammen mit dem Verrückten und dem Gedankenlosen nimmt er einen der vordersten Plätze auf dem Bankett der Dummheit ein. Aber betrachten wir genauer, ob Iwan wirklich dumm ist. Ist das vielleicht nicht eher eine Art tiefster Weisheit, die in den Abgrund der Welt gesehen hat? Ich gebe Ihnen hier einen Tipp, eine Struktur, die Ihrem vernunftbegabten Wesen einen Halt bietet.

Im russischen Wertesystem von Seele und Leib gehört der Verstand zu dem niederen Bereich des Leibes, das Intellektuelle und Leibhafte wird dem Seelischen und Geistigen entgegengesetzt. Hier sieht man, dass wir im Unterschied zum angelsächsischen Kulturarchetyp ganz andere Prioritäten haben. Duscha, unser russisches Wort für Seele, und Soul haben eine ganz verschiedene Gewichtung. In der russischen Werteskala stehen die Seele und die Spiritualität ganz oben. Die Seele steht eindeutig über der Vernunft und dem gesunden Menschenverstand. In der angelsächsischen Welt dagegen stehen die Vernunft und der Verstand ganz oben auf der Werteskala. Deswegen wird dem Körper nicht die Seele, sondern der Verstand entgegengesetzt. Können Sie mir folgen?«, unterbrach er sich selbst und schaute mir tief in die Augen.

»Können Sie jetzt bitte von Ihrer metaphysischen Höhe auf die Erde herunterkommen?«, entgegnete ich ihm und schloss sogleich noch eine Provokation an: »Ha, da habe ich Sie erwischt. Sie sprechen doch in Dualismen. Was macht denn die Krise eines modernen, vernunftbegabten Menschen aus – sein durch den Dualismus durch und durch geprägtes Bewusstsein und die Art zu denken. Können Sie mir erklären, was das soll?«

Wladimir gab mir augenscheinlich eine Verschnaufpause: »Mit Vergnügen. Es gibt nichts Leichteres. Lassen Sie uns jetzt alles Gesagte auf den russischen Menschen übertragen. Wenn er versucht, seine Lebensgrundlagen rational zu gestalten, geht er zugrunde. Überhaupt macht der russische Mensch alles auf einer informellen, einer menschlichen Grundlage, wenn er einem einen Gefallen tun will. Und das bedeutet oft, dass er auf seine Rechte oder Pflichten verzichtet beziehungsweise zusätzliche Verpflichtungen einem anderen gegenüber auf sich nimmt. Man glaubt dem Wort, wo man normalerweise einen juristischen Vertrag abschließt. Das bedeutet auch, dem anderen einen Gefallen tun oder darum zu bitten. Wobei man normalerweise nicht für sich selbst, sondern für andere bittet.«

»Aber ich bitte Sie«, begann in mir eine skeptische Stimme wieder Oberhand zu gewinnen, »über die Kunst der Gabe, vielmehr über die Fähigkeit, die Gabe zu empfangen, haben gerade die abendländischen Philosophen, denen Sie die ganze Zeit mit Ihrer emotionalen Keule das Genick zu brechen versuchen, intensiv nachgedacht. Sie müssen nicht immer das Fahrrad neu erfinden, mein Hochverehrter.«

»Sie haben recht«, hisste plötzlich ein innerer Parlamentär in Wladimir die weiße Flagge, da er augenscheinlich des verbalen Waffengangs überdrüssig war. »Es geht mir aber um den Bezug, um die Relation zu der emotionalen Komponente. Unter einer Bitte versteht sich auch das Einbeziehen des Adressaten in eine bestimmte Art von *persönlicher Beziehung*, indem man von einer jeden Seite eine bestimmte Erwartung an ›menschliche Gefühle‹ hat. Dabei verletzt man ab und zu die Unabhängigkeit des anderen – er wird in eine Abhängigkeit versetzt, wenn auch die Grenzen des Intimen verletzt und nicht nur bestimmte Handlungen, sondern auch bestimmte Gefühlslagen erwartet werden. Da kann zuweilen auch eine Kalaschnikow als schwerwiegendes Argument eingesetzt werden. Charakteristisch ist dabei, dass eine Bitte ein alltäglicher Akt und das Verb ›bitten‹ ein zentraler Bestandteil des russischen Diskurses sind.«

»Also, wenn ich Sie richtig verstanden habe, geht es um ein bestimmtes Handlungsmuster?«

»Jawohl«, lächelte Wladimir zufrieden. »Nach diesem Handlungsmuster werden die Mitmenschen nach ihren menschlichen Kriterien und nicht auf Grundlage einer Verordnung oder eines Gesetzes eingeschätzt. Oft tut ein Mensch nicht das, wozu er verpflichtet ist, sondern das, wozu er nicht verpflichtet ist. Im Allgemeinen ist das Kriterium der Menschlichkeit unscharf umrissen. Von daher versteht ein jeder den anderen rein intuitiv. Aber genau das ist die Grundlage bei der Wahl eines Freundes und überhaupt derjenigen, mit denen du verkehrst.«

»Auch zwischen Mann und Frau?«, wollte ich genau wissen.

»Ich spreche jetzt vom Menschen als einem sozialen Wesen und nicht von einem Tier. Es ist allgemein bekannt, dass die russischen Worte für Freundschaft bzw. Freund, druschba und drug, nicht adäquat mit dem englischen ›friend‹, ›friendly‹ zu übersetzen sind. Ein Freund ist derjenige, der dein vollkommenes Vertrauen hat, mit dem du ein Herz und eine Seele bist. ›Kommunizieren‹ bedeutet im Russischen nicht einen bloßen Informationsaustausch, sondern auch einen emotionalen Akt, um Empathie und Sympathie gegenüber dem anderen aufrechtzuerhalten. Darin liegt vor allem der hohe Wert, den die Russen einer Unterhaltung beimessen. Ein Gespräch ist ein zielloses und manchmal auch sinnloses Unterfangen, das nur dafür da ist, um seinem Gegenüber und sich selbst das angenehme Gefühl der Sympathie, der Freude und des Vergnügens zu vermitteln. Der entgegengesetzte Typ von Unterhaltung aber ist ebenfalls von sehr emotionaler Natur. Das ist der Versuch herauszufinden, was denn dein Gesprächspartner von dir hält und ob er dich achtet. Das heißt auf Russisch: ›wyjasnjatj otnoschenija‹. Wenn die Gesprächspartner einander ungemütliche oder sogar unhöfliche Sachen sagen. Ein russischer Mensch ist sehr stark von der Meinung der anderen abhängig. Hier haben Sie Ihren Kollektivismus.«

»Sie sprechen in Paradoxen«, sprach in mir der Logiker. »Wie lässt sich Kollektivismus, der zum Individualismus in einem Widerspruch, ja ihm feindlich gegenüber steht, mit dem reichen inneren

Leben vereinbaren, das nur innerhalb eines Individuums stattfinden kann und nicht in einem Kollektiv?«

»Das eine schließt das andere nicht aus. Einen Widerspruch kann hier nur ein rational geprägter Mensch sehen, der alles genau definiert und mit dem Skalpell seiner Vernunft etwas Kompliziertes in seine einfachen Bestandteile zerlegt. Ob dadurch nicht ein Gleichgewicht verlorengeht? Ob hier nicht eine einmalige Komplexität zerstört wird? Aus einem Teil können wir nicht auf das Ganze schließen: ›pars pro toto‹ gilt nur in bestimmten Fällen. Ein jeder Mensch versucht doch Tag für Tag, mit dem Kollektiven und durch das Kollektive zu leben. Ohne das Kollektiv, in dem er sich reflektiert und wieder zu sich findet, kann ein Mensch überhaupt nicht leben. Er ist in einem sozialen Netz gefangen. Diese tief empfundene Wahrheit spiegelt sich in der Idee der Sobornostj wider, der spirituellen Gemeinschaft, die in beratender Harmonie die Allgemeinheit gestaltet.«

»Und was sagen Sie zu den negativen Zuschreibungen seitens des Westens?«, fragte ich, da ich mich persönlich betroffen fühlte.

»Nicht viel anderes, als ich Ihnen bereits angedeutet habe. Also, ich würde sagen, die westlichen Zuschreibungen stimmen, wenn sie eine rein handlungsspezifische Seite ansprechen. Sobald es um die inneren Bezüge geht, verkehrt es sich ins Entgegengesetzte. Die Charakterzüge, die für einen westlichen Menschen negativ besetzt sind, können in den Augen eines russischen Menschen durchaus positiv aussehen. Dummheit, Faulheit, männlicher Chauvinismus und Verbrechen, wie sie als solche einem Fremden erscheinen mögen, verwandeln sich so in besondere Weisheit, beschauliche Betrachtung bzw. Toleranz, in das Verständnis des biologisch gegebenen Unterschieds zwischen einem Mann und einer Frau und schließlich in die Wertschätzung eines informellen menschlichen Umgangs.«

»Na dann, lieber Wladimir, trinken wir auf die Weltharmonie. Prost!«

Die dichtende Kranführerin

Der Moment rückte immer näher, an dem die damals im Theater versprochene »entzückende Überraschung« von Wladimir in Erfüllung gehen sollte.

»Nun möchte ich dir, mein Freund«, sprach Wladimir weiter, »endlich unsere Dichterin etwas ausführlicher vorstellen. Tamara schreibt wunderschöne Gedichte. Sie hat einmaliges Talent, lehnt es aber seit Jahren kategorisch ab, ihre Gedichte zu veröffentlichen. Vielleicht schaffst du es, sie dazu zu überreden.

Und stell dir vor, sie arbeitet als Kranführerin am Güterbahnhof von Samara. Ihre Aufgabe ist es, die Arbeit der Kräne und das Beladen der Güterzüge am Bahnhof von Samara zu koordinieren. Tausende von Tonnen werden tagtäglich hin und her bewegt – mit den stählernen Armen der Kräne; Hunderte von Güterwaggons werden hin- und hergeschoben. Einer allmächtigen Göttin gleich – es genügt nur eine kleine Handbewegung und es wird Übermenschliches geleistet.«

»Lieber Wladimir, du sprichst selbst wie ein Dichter. Kran ist übrigens ein altes Wort für Kranich – für den Sonnenvogel, den poetischen Vogel«, setzte ich ein.

»Was soll ich tun, wenn ich Tamara sehe, werde ich schwärmerisch! Das ist es eben. Ob sie auf dem Kran sitzt oder in ihrer Poesie schwebt – sie bleibt auf der dichterischen Höhe. Das hat sie geprägt, so dass sie sich fast einem jeden Mann überlegen fühlt. Die Technik, das Symbol des Männlichen par excellence, hat sie sich untertan gemacht. Das ist ihre Domäne in Samara, zumindest auf dem Güterbahnhof. Desto mehr steht sie in einem ständigen Wettbewerb mit den Weltraumraketen, die in dieser Stadt gebaut werden. Sie dichtet ihre Welt zusammen. Tamara, lass uns doch dieses Gedicht hören, das über ›viele Körper‹!«

Tamara begann halblaut mit einer tiefen, angenehmen Stimme, deren Timbre eine langjährige Raucherin verriet, zu deklamieren:

Das alles liegt schon viele Körper weit zurück.
Und trotzdem … der besten Inszenierung kann ich mich
entsinnen:
Der Herbst im Werden, Garten – schon halb nackt,
Die leeren Bänke – eine Augenweide.
Das Blut beeilte sich, die Venen zu erweitern.
Und wir beeilten uns und legten unsere Opfergaben
zu ihren Füßen – unserer Liebe.
Die junge Linde stand uns treu als Zeuge bei.
Dem Gesetz von Newton gehorchend, ließ sie
ihr grünes Kleid zur Erde fallen.
Etwas Besseres fiel ihr nicht ein.
Wer könnte schon so unbeteiligt bleiben
von dem Umstand.
Uns warnend, in der Ferne, es leuchtete gefährlich eine
Überschrift:
»Brandgefahr!«
Und ich,
unwillig,
sah darunter stehen:
»Nicht besteigen –
Lebensgefahr«.

Ach wie berauscht war ich, wie im Traum –
alles vom schönen Schein umhüllt …
Doch plötzlich Quietschen von den Rädern, und Blau-
lichter …
Du liefst von mir weit weg und schriest: »Die Bullen!!!«
Die erlebt man selten, diese Augenblicke.
Desto länger bleiben sie im Gedächtnis haften,
noch lange danach.

»Ja, das ist typisch Tamara«, sprach Wladimir wieder. »Von Ihm ist oft die Rede – fast ausschließlich. Die Sehnsucht nach der Zweisamkeit – exklusiv, in der Einsamkeit des Daseins.«

Swetlana schaute Tamara an und in ihren Augen standen teils Tadel, teils Mitleid mit ihrer alten Freundin, aber auch große Kenntnis von allen ihren vergangenen und womöglich noch zukünftigen unglücklichen Liebesversuchen, wie es bei guten Freundinnen oft der Fall ist: »Meine liebe Tamara, an deiner Widerspenstigkeit wäre sogar ein Lemur gescheitert, wenn er ein Mann wäre und so viel Geduld hätte wie dieses nette Tierchen. Schau zum Beispiel, was mit Alexej passiert war, der in diesem Gedicht als Protagonist gelten darf. Um zu beweisen, dass er dich liebt, kletterte er auf das große Kreuzfahrtschiff ›Sergej Esenin‹, das an diesem unglückseligen Tag am Samarakai anlegte, und schrieb auf die Außenseite des Steuerhauses: ›Tamara, ich liebe dich‹. Nach diesem Liebesbeweis musste er fünfzehn Tage in Gewahrsam schmachten.«

Tamara zog an ihrer Zigarette und hüllte sich in eine Rauchwolke: Sie schwieg und ließ sich besingen oder höchstens in Bildern verewigen, aber nicht kritisieren. »Eine Dichterin hat immer recht«, fügte Wladimir besänftigend hinzu. »Oder eine Frau«, ergänzte ihn Swetlana.

Unersättlich nach ihren Gedichten, bat Wladimir Tamara weiterzulesen. Sie setzte willig mit einem neuen Gedicht ein:

Adagio religioso:
Ich wollte küssen deinen Mund –
Und küsste – in die Ewigkeit vorbei.
Die Leichtigkeit des Daseins und
der Leichtsinn, der alles sein lässt.
Nach Ewigkeit gesehnt – ist es denn möglich,
noch mehr zu verlieren?
G-e-t-r-e-n-n-t-!

Den Kuss zu halten – war umsonst die Mühe.
Das, was ich hielt zu fest – blieb nur der Abdruck dessen,

ein Zeichen und ein Spiel, Komödie – umsonst.
Das alles heilt ja eine offene Wunde kaum – den Mund,
zwingt es bitter zu bereuen.
Versinken ließ ich deine Seele
in den fremden Netzen.
Dafür bleibt mir nur das eine übrig – das Singen.
Aber will ich das überhaupt?

meno mosso:
Den Wein und weinen, weinen und den Wein.
Die Tränen mischen mit dem bitteren Saft.
Sich selbst nur ebenbürtig und der Gabe treu.
Diese Treue duldet nicht die Paarung.
Den Schlag von deiner Hand gewahrt, den wehrte ich nicht ab.
Und meine Hände hob ich nicht, um dich zu trösten.
Stolz bin ich.
Mein Schicksal ist's womöglich,
so allein zu leben …

Es entstand eine lange andächtige Pause. Ich hatte das Gefühl, dass ich mich auf diesen Versen wiegend allmählich in eine neue Dimension hinüberbewegte, jenseits der Grenze von »Wir«: die Deutschen, und »Sie«: die Russen. Die Weltseele und der Weltgeist weilten hier zwischen uns, verbanden sich in einem Kraftfeld von ungeahnten Energien. In eine neue historische Dimension. Und schon strömt der historische Fluss der Geschichte von Samara der Gegenwart zu. Das Geschehene wird nochmals geschehen.

»Unser deutscher Freund«

Am gleichen Abend verabredeten Tamara und ich uns für das nächste Treffen. Da sie erfahren hatte, dass ich – »So ein netter Mann!« – noch oder gerade wieder alleinstehend war, war sie fest dazu entschlossen, mich einer ihrer guten Freundinnen vorstellig zu machen – dass diese eigenartige Formulierung, die Tamara wählte, viel treffender war als das banale »vorstellen«, sollte ich nur zu bald erfahren. Wir verabredeten uns in einem Strandcafé. Beim ersten Anblick stockte mir das Herz – Lilli, die Freundin von Tamara, war von einer berückenden Schönheit. Ihre schwarzen Augen funkelten, als sie mich im Gespräch anblickte. Ihr lockiges halblanges Haar war mit einigen Haarspangen zu einem charmanten Durcheinander geformt. Als sie mir beim Abschied ihre weiße graziöse Hand reichte, war ich vollends entzückt.

Gleich verabredeten wir uns fürs Wochenende bei Tamara, die uns versprach, ein richtiges Fest mit einem üppigen Schmaus vorzubereiten.

Die zwei Tage verflogen im Nu. Zur ausgemachten Stunde stand ich ganz schön aufgeregt mit drei Rosen in der Hand vor der Tür und klingelte. Tamara öffnete und lief gleich wieder in die Küche, in der die letzten Vorbereitungen liefen. Sie schickte mich ins Wohnzimmer, in dem sich der Tisch unter den vielen Delikatessen beinahe bog. Lilli kam etwas später, so dass ich noch etwas Zeit hatte zu beobachten, wie meine Hände vor lauter Vorfreude auf unser Wiedersehen immer mehr zu kribbeln anfingen.

Als wir endlich am Tisch Platz nahmen, saß Lilli linker Hand von mir, eine weitere Freundin zu meiner Rechten, Tamara mir gegenüber und ihr Freund Grigorij weiter rechts von mir. Nach einigen Runden Wodka griff ich zur Gitarre und sang etwas Wehmütiges. Der Rausch stieg mir zu Kopf, dadurch fühlte ich mich noch leichter und aufgelöster. Tamara las ihre aufregenden Gedichte – ein herrlicher Abend.

»Küsst euch!«, forderte sie uns plötzlich heraus, mich und Lilli anschauend. Es schien, als ob uns Tamara schon am gleichen Abend zusammenbringen wollte. Dabei beschlich mich das Gefühl, das sie mich prüfen wollte, was ich denn als Mann tauge. Ich beugte mich zu Lilli hinüber und versuchte sie zu küssen – sie schreckte jedoch zurück. Bei so einer überstürzten Aktion musste der erste Annäherungsversuch natürlich schiefgehen, es musste gleich etwas schrecklich Peinliches passieren.

Ich stand auf, hob Lilli auf die Arme und sagte laut: »Ich trage dich bis ans Ende der Welt, meine Schöne!« Dabei versuchte ich noch einmal, sie auf den Mund zu küssen, was sie vermutlich gar nicht so toll fand. Dass sie auch noch nicht unbedingt »meine« Frau war, sollte mir in wenigen Minuten klar sein – verliebt, berauscht, verloren im warmen verführerischen Parfümduft dieser schönen Frau. Ihre schüchterne Schönheit fand ich aufregend. Es entstand plötzlich eine unangenehme Stille. Ich ließ Lilli wieder herunter und sie setzte sich wieder an ihren Platz.

Sie schaute mich etwas benommen an. Das Blut schlug ihr in den Kopf, ihre Wangen waren purpurrot. In ihren Augen stand eine verwirrte Verwunderung darüber, zu welchen Ausreißern »unser deutscher Freund« bereit war. Dies entsprach in keiner Weise der Vorstellung von einem gewöhnlichen Deutschen: ordnungsliebend, gefühlskalt, zurückhaltend. Es sah so aus, dass sich meine Gastgeber gar ganz bitter enttäuscht fühlten, einen »falschen« Deutschen vor sich zu haben. Ungeachtet dessen endete der Abend mit einem herzlichen Abschied und warmen Umarmungen, wie es sich in Russland gehört. Zu alledem gab es noch eine gehörige Überraschung und die absolute Krönung des Abends: Lilli gab mir einen zärtlichen Abschiedskuss.

Ich würde es lieber unerwähnt lassen, welche seelische Qual mich am nächsten Morgen aufsuchte: Es war ein böses Erwachen. Ich machte mir schwere Vorwürfe. Über meinem Bett kreiste eine schwäbische Wolke, die ich annähernd als »A Bogg ond a Goiß, machad anandr hoiß« ausdeuten könnte. Ich bereute alles und schämte mich ins Bodenlose. Doch schon wenige Stunden später wünschte ich mir nichts mehr, als Lilli zu sehen. Wir trafen uns im Kaffee »White Cup« in der Kujbyschew-Straße. Und schon wieder scheiterte ich mit meinen überstürzten Aktionen.

Ich lud sie zu mir auf eine Tasse Tee ein, wobei ich vorsorglich kurz zuvor einen großen Korb mit einer Vielzahl von kleinen Törtchen besorgt hatte, um Lilli zu verwöhnen. Sie lehnte mein Angebot jedoch entschieden ab. Dabei führte ich doch nichts anderes im Schilde als ein Gespräch, bei dem wir über Gott und die Welt reden und einander besser kennenlernen konnten.

»Ja, ja, hast du dir nicht dabei gedacht, dass du die junge Frau um ihren guten Ruf hättest bringen können?«, meldete sich nun meine innere Stimme zu Wort, »vielleicht hat sie nichts in ihrem Leben außer ihrer Schönheit, die sie einem Mann schenken will, der das verdient hat?« »Ja, da hast du genau den Punkt getroffen: Sie entwirft und verkauft Modekleider und bietet sich – wenn auch vollkommen unbewusst – durch ihre innere konsumorientierte Haltung selbst an.« »Wer hat dir überhaupt das Recht gegeben, darüber zu richten, vielleicht ist das das Einzige, was sie hat. Hübsch zu sein ist doch kein Verbrechen«, hackte die Stimme auf mir herum, »du kamst und du wirst gehen, und sie sollte in Samara bleiben. Wer hätte sie dann gegen die Vorwürfe schützen sollen, dass sie ein ›unehrliches Mädchen‹ wäre?« – »Eigentlich wollte ich sie unbedingt ins Bett kriegen – zufrieden? Willst du mich jetzt in Ruhe lassen?«

Doch zurück zu meinem Date mit Lilli. Sie lehnte also mein verführerisches Angebot ab und verabschiedete sich von mir. Als wir uns trennten, schien sie keinerlei Wert auf eine nächste Verabredung zu legen. Sie saß bereits ganz abwesend im Bus und schaute gar nicht mehr in meine Richtung. Es wollte mir gar nicht in den Kopf, dass ich ihr vielleicht einfach gleichgültig war. Oder hatte sie einen anderen Mann, der auf Knien um ihre Hand bat? Und wer weiß, woran sie dann dachte: an schöne Häuser, dicke Autos, eine Jacht, einen Urlaub im Ausland oder gar an eine Kreuzfahrt, womöglich eine Weltumseglung!

Ich blieb an der Bushaltestelle stehen, bis der Bus wegfuhr, und wanderte dann wie berauscht durch die Straßen der nächtlichen Stadt. Ungeachtet aller Zweifel und seelischer Qual – ich war bis über beide Ohren in diese Frau verliebt. Meinen Zustand könnte ich durchaus als Glück bezeichnen. Zuerst war mir nicht einmal klar, was mit mir passiert war. Ich genoss den Anblick dieser Frau, ich freute mich, wenn ich sie traf, es bereitete mir Genuss, in ihre Augen zu schauen, ihre Lippen zu beobachten, während sie sprach. Meine Gedanken kreisten unentwegt um sie. Auf der Leningrader Straße spielten Straßenmusiker. Ich ließ mich auf einer Bank nieder und hörte ihnen eine Weile zu. Sie spielten Jazz. Ich wusste nicht mehr, wie lange ich auf der Bank saß, stand schließlich auf, warf einen Geldschein in das Futteral und begab mich zu meinem Zimmer in der Nekrasowaskaja Straße. Dort angekommen, griff ich zum Handy und schrieb Lilli eine SMS: »Gute Nacht, Lilli ...« Am gleichen Abend, es war allerdings fast Mitternacht, versuchte ich noch, sie telefonisch zu erreichen. Am nächsten Morgen bekam ich eine SMS von ihr: »Aber bitte, bloß keine Telefonate in der Nacht – ich will mich ausschlafen ...« Daraufhin antwortete sie nicht mehr, sie war wie verschwunden. Diese Ungewissheit quälte mich, gab mir keine Ruhe. Langsam ahnte ich, dass Lilli mich einfach nicht liebte und alle meine Annäherungsversuche zum Scheitern verurteilt waren. Vielleicht war es ihrerseits nur ein Spiel, wie es manche Frauen eben tun. Aus purer Lust zu spielen, um sich wieder und wieder darin zu bestätigen: ihre Zauberkünste funktionieren noch.

Nach einigen Tagen schickte sie mir doch eine kurze Nachricht: »Morgen um 16.20 im Strukow-Park« stand da. Dort, wo sich übrigens die Revolutionäre von Samara 1918 versteckt hatten. Vielleicht war das ein schlechtes Omen. Als wir uns trafen, spürte ich auf einmal die Kälte, die von Lilli ausging. Als ob mir alle ihre Worte zu verstehen geben wollten, sie hätte kein weiteres Interesse, sich mit mir in Zukunft zu treffen. Diese Wende war für mich gar nicht zu begreifen. Das war in diesem Augenblick auch nicht nötig.

Alles kam mir mit einem Mal vor wie eine Fata Morgana, die immer wieder aus meinem Sichtfeld verschwand und sich immer weiter von mir entfernte, egal wie schnell ich versuchte, sie zu erreichen. Die Loslösung kam wie von selbst. Wir verabschiedeten uns verhalten, und ich ging schnurstracks in die Gebietsbibliothek.

Dort warteten auf mich andere Schätze. Und in meinem Kopf kreiste eine weitere schwäbische Weisheit: »Ma muass in manchen saura Apfel beißa, bevor ma en siaßa verwischt.« Ich fühlte mich auf einmal beruhigt und gar nicht mehr gequält, im Unterschied zu den letzten Tagen, die ich in einer quälenden Ungewissheit durchwatet hatte.

Vorsicht – die Schamanen der Straße!

In meinem losgelösten Zustand brauchte ich nicht mehr die heilenden Künste der Schamanen zu Hilfe zu rufen, deren Dienste der verwundete Beuys womöglich bei den Krimtataren in Anspruch genommen hatte. Ansonsten sind die Schamanen in Russland auch dieser Tage sehr gefragt. Sie werden zum Beispiel bei diversen Flughäfen angestellt, um mit ihrer Kunst die Vögel von den Landebahnen fernzuhalten. Dadurch verringert sich die Zusammenstoßgefahr mit den kleinen gefiederten Wesen, die die Flugzeugturbinen lahmlegen. Das soll auch statistisch belegt worden sein.

In Samara wird das anders gehandhabt. Ein kleines Beispiel dafür geben die Straßen der Stadt, die heute weit von der faktischen Straßenlosigkeit im 19. Jahrhundert entfernt sind. Die meisten Straßen sind asphaltiert. Manche von ihnen haben aber so viele Löcher, dass eine Fahrt sehr anstrengend werden kann. Immer wenn ich die lange Straße von der Kreuzung Sowjetarmeestraße / Neue Gartenstraße zur Staatlichen Ökonomischen Universität in der Straße Akademiemitglied Pavlov fuhr, gab es einen großen Stau an einer Stelle, die mit schwerem Gerät umstellt war und in deren Mitte sich ein von Blechplatten umgebener Graben befand. An dessen Rand lagen schokoladenfarbige, gebrochene Asphaltstücke. Ein Schild am Zaun informierte die Bürger über einen Schaden: Es ginge um einen Wasserrohrbruch und dessen zeitintensive Reparatur. Diese dauerte in der Tat mindestens schon seit einem halben Jahr an. Es bleibt unklar, ob die Einwohner der umliegenden Häuser wirklich ein halbes

Jahr ohne Trinkwasser durchhalten mussten oder ob die mit der Reparatur beauftragte Firma kein anderes Schild hatte auftreiben können. Dieses Verkehrshindernis war seit Monaten eine nervende und zeitraubende Sehenswürdigkeit auf dieser Straße.

Aber manchmal geschehen wahre Wunder: Eines Tages stand neben der Baustelle ein Bagger, der den Graben noch tiefer aussehen ließ. Ein Schimmer der Hoffnung über den Fortschritt der Bauarbeiten kam auf. Als malerisches Detail der Komposition erschienen eines Tages auch noch Bauarbeiter, die am Rande der Baustelle standen und rauchten. Offensichtlich ist dieser Berufsstand in Russland am stärksten durch die meditativen Praktiken des Fernen Ostens, insbesondere der Zen-Schule, beeinflusst worden. Nur ein wahrer Meister schafft es, in einer einzigen Pose mehrere Stunden auszuharren.

Oder ist es womöglich eine Art Religion, in deren Ausübung die Bauarbeiter einer unbekannten unterirdischen Gottheit dienen und ihr zu Ehren dauernd Weihrauch in Form von Marlboro-Zigaretten verströmen, um sie so zu besänftigen? Von daher, denke ich, haben sich die gequälten Autofahrer schon an dieses Straßenbild gewöhnt und empfinden die Baustelle womöglich gar als Attraktion, da in diesem Stadtteil außer Plattenbauten sowieso nicht viel Besonderes zu sehen ist.

Es ist auch bemerkenswert, dass die Straßen am besten renoviert sind, die parallel zur Wolga verlaufen und am schnellsten ins Grüne führen. Womöglich gibt es hier Parallelen zur Rubljowka-Chaussee in Moskau, auf der die Neureichen zu ihren Datschen fahren. Es hat womöglich mit der mystischen Neigung einer jeden russischen Seele zu den parallel verlaufenden und der Abneigung gegen die quer verlaufenden Straßen zu tun. Apropos Mystik: In der sucht man in Russland oft Zuflucht, wenn etwas nicht funktioniert. Sie muss helfen, die letzte Begründung zu liefern. Es ist also der Wurm drin, wenn die Mystik am Werk ist. Ohne Einblick in solche tieferen Gründe und Abgründe der Stadtentwicklung wäre es für den gesunden Menschenverstand nicht zu begreifen, warum man in der Stadt, in der man Raumschiffe baut, nicht imstande ist, ein Wasserrohr in weniger als einem halben Jahr zu reparieren.

Rendezvous mit einer Elfe

Nach den vielen Liebesstrapazen mit Lilli fand ich plötzlich wieder den Zettel, den mir die blonde Frau vor einiger Zeit im Marschrutka-Taxi gegeben hatte. Ich schaute mir die Adresse im Internet an und konnte es nicht fassen, warum ich das nicht schon früher getan hatte. Ihr feines Gesicht und ihre neugierigen, großen blaue Augen gingen mir nicht mehr aus dem Sinn. Die Kombination phil63.ru stand für eine Internetseite der philosophischen Fakultät der Staatlichen Universität Samara. Welche Freude, nun wurde ich endlich fündig! Ich wusste es, die Philosophen von Samara mussten einfach irgendwo in dieser Stadt sein. Über die einfachen Sachen tiefsinnig sprechen – das können sie am besten. Welch ein Genuss! Die Texte zur Metaphysik einfacher Gegenstände: ein Knopf, ein Handschuh, eine Pfeife, eine Tür, ein Spiegel, ein altes Foto. Nun, das ist es vielleicht: über banale Dinge schreiben zu können. Und wenn man schon über einen Knopf eine ganze Abhandlung schreiben kann, was kann man dann wohl über einen so facettenreichen Gegenstand wie die Stadt Samara und ihre Einwohner schreiben? Bestimmt eine ganze Menge!

Auf der Internetseite fand ich einige Beiträge von Aljona – so hieß die junge Frau –, die ich anhand ihres Fotos identifizierte. In ihren Texten zeigte sie ihren Scharfsinn mit einem gewissen Hauch von Ironie. Schnell fand ich ihre E-Mail-Adresse und schrieb ihr. Dass sie mir den Zettel in der Marschrutka gegeben hatte, hieß ja, dass sie das wünschte. So entstand zwischen uns ein reger Briefverkehr, in dem wir über alles mögliche Gedanken wechselten. Es war natürlich, dass wir fast augenblicklich eine gemeinsame Sprache fanden. Zum Glück war die Wahl eines Gesprächsthemas mit Aljona – im Gegensatz zu meinen Gesprächen mit Lilli – kein

Problem. Es verhielt sich gerade umgekehrt – wir konnten gar nicht aufhören zu schreiben, so viel mussten wir uns mitteilen.

»Man sagt in Russland: Moskau ist nicht Russland und Russland ist nicht Moskau«, schrieb ich ihr einmal. »Nicht einmal St. Petersburg ist Russland«, antwortete sie. »Was ist dann Russland?« – »Ich würde sagen: die russische Provinz. Weil die Seelenlandschaften der Menschen, die in dieser russischen Provinz leben, die Orte sind, in denen sich Russland befindet«, schrieb sie zurück. Das gefiel mir. »Übrigens, das Gebiet Samaras zeigt auf Verwaltungskarten die Gestalt eines Herzens«, fügte sie hinzu. Ich machte prompt einen Vorschlag: »Was hältst du davon, uns heute zu treffen? Ich möchte die Seelenlandschaften der Menschen von Samara besser kennenlernen.« – »Hättest du eine Idee?« – »Ja, bei Frau Müller könnten wir gut essen, und gemütlich ist dort auch.« – »Okay, wenn du meinst. Ist das ein deutsches Restaurant?« – »Richtig.« – »Du musst mir allerdings versprechen, deine kulturelle Topographie kardinal zu ändern, wenn du die russische Provinz besser kennenlernen willst. Du musst vollends in das Leben des Landes und seiner Menschen eintauchen und manchen Gewohnheiten entsagen«, schrieb sie. »Ich bin einverstanden. Na dann bis heute Abend«, antwortete ich. Dabei dachte ich mit einem Schmunzeln an mein Abenteuer mit Lilli.

* * *

Gehen wir heute chinesisch oder japanisch essen? Vor zwanzig Jahren hätte diese Frage in Samara einen jeden am Verstand des Fragenden zweifeln lassen. Heute ist es ganz normal.

Die chinesische Bedienung in Samara, die aus Rostow am Don kommt, oder ein thailändischer Koch in Stuttgart, der eigentlich in der Nähe von Düsseldorf beheimatet ist, sind keine exotische Seltenheit mehr, sondern zur weltweiten Selbstverständlichkeit geworden. Die Chinesen und die Thailänder oder andere Ausländer müssen schon längst nicht mehr unbedingt aus dem Mutterland stammen.

Natürlich sind auch die Kneipen und Restaurants in Samara

etwas Besonderes. Man findet hier eine große Palette von ganz unterschiedlichen Lokalitäten, mit eigentümlichen Namen wie *Das schlaue Brötchen* (Chitryj pontschik). Für bodenständige Kundschaft gibt es *U Pal Palytscha* (Bei Pal Palytsch*)* oder *Schili-byli* (Es war einmal ...), wo man Hausmannskost auf eichenem Tisch serviert bekommt.

Und falls einen die Sehnsucht nach Deutschland packt, kann man gar nichts falsch machen, wenn man zu *Frau Müller* geht. Das ist eine Restaurantkette in Russland. Wenn man dort mit *deutschem* Sauerkraut, *bayrischer* Weißwurst und *fränkischem* Bier konfrontiert wird, müsste man ein Herz aus Stein haben, um frei von nostalgischen Gefühlen zu bleiben. Selbstverständlich tragen die Bedienungen auch bayrische Trachten und haben deutsche Vornamen wie Klaus oder Hans. Mit dem Aufenthalt im Restaurant wurden zudem jedem Gast Grundkenntnisse vom Reinheitsgebot, von deutschen Biersorten oder »alles über Schnaps« vermittelt.

Das Restaurant bei Frau Müller ist wirklich ein Ort, wo die deutsche Küche daheim ist und wo man sich schnell heimisch fühlt. Es ist doch ein seelisches Bedürfnis fast eines jeden Deutschen, sich heimisch zu fühlen – jedenfalls ist es eines meiner Bedürfnisse. Hier konnte ich mir wenigstens einigermaßen in dem sicher sein, was ich aß.

Als die Speisekarte gereicht wurde, hatten wir guten Grund zur Erheiterung. Die Namen der Gerichte belegten den Sinn der Restaurantleitung für Humor. Sie reichten vom brisanten »Münchener Abkommen« (Fleischplatte) bis zum »Schengener Abkommen« (Käseplatte). Auch die letzten Errungenschaften des Gender-Denkens muss man nicht missen, denn die warmen Gerichte schmückten sich mit der Überschrift »Überraschung für die Frau«. Unter dem Gericht »Messerschmitt« verbarg sich nach allen Regeln der Tarnkunst ein Hähnchenflügel. Und das Gericht »Herzensangelegenheiten« entpuppte sich als Hühnerherzen im Teigmantel. Ich überlasse es dem Leser herauszubekommen, was sich unter den Gerichten »Mannesstolz« und »Freude der Frau« verbergen könnte.

Nach den Bestellungen prosteten wir uns zu und tranken auf unsere Freundschaft. Und wieder konnten wir nicht aufhören zu reden oder uns aneinander sattzusehen. In der Gesellschaft von Aljona fühlte ich mich so wohl wie selten zuvor, zudem schmeckten die Hühnerherzen im Teigmantel, die ich aus symbolischen Gründen bestellt hatte, gar nicht so übel. Und … ich versank in Aljonas azurblauen Augen.

Es war schon ziemlich spät, als wir irgendwann Richtung Stadtmitte in die Galaktionowskaja Straße zum Rockklub *Podwal* (Keller) fuhren. In einer Rauchwolke spielte man dort Billard auf mehreren Tischen. Die gewölbten Decken und Wände aus gebranntem rotem Ziegel gaben den passenden architektonischen Rahmen für die rustikalen jungen Burschen an den Tischen. Auch am benachbarten Tisch saßen einige von ihnen und betrachteten uns etwas misstrauisch, da wir Deutsch sprachen, weil Aljona Lust hatte, ihr Deutsch zu üben. Irgendwann gerieten wir mit den Stammgästen ins Gespräch: »Und erzähl mal, Alter, wie ist es denn so in Deutschland?« Ich erfand schnell eine Legende: Ich käme nicht aus Deutschland, sondern aus Samara. Meine Begleitung dagegen sei aus Deutschland gerade angeflogen, um mich zu besuchen. Wir hätten uns in Köln bei einer Fachkonferenz kennengelernt, wären bereits verlobt und wollten heiraten. Der alte Graf jedoch könne und wolle nicht seine Tochter an einen Russen verheiratet sehen. Er erlaubte ihr nur für einen Tag nach Russland zu fliegen, um ihrem Geliebten mitzuteilen, dass sie sich von ihm lossage, weil sie eine Partie mit einem der jungen Habsburger machen sollte. Der alte Graf glaubte immer noch, dass seine Tochter ihm bedingungslos in allem gehorchte und es nicht wagen würde, die Standesgrenzen zu verletzen. Aber zum ersten Mal in ihrem Leben hatte es sich seine Tochter anders überlegt. Wir wollten ohne Erlaubnis ihres Vaters in Samara heiraten! »He, voll cool, Alter! Darauf wollen wir trinken. Prooost auf das Paar!!! Hoch lebe die deutsche Gräfin vom Rhein!«, brüllten die unbändigen Russen.

Wir gingen wie benommen hinaus und wandelten durch die nächtlichen Straßen, bis wir stehenblieben. Ich neigte mich zu ihr und küsste sie auf die Lippen. Sie erwiderte meinen Kuss und schmiegte sich an mich. Ich wusste es ganz sicher – wir waren ab jetzt ein Paar.

»Ich bin vielleicht eine Elfe«, sagte sie plötzlich mit geheimnisvoller Stimme und schaute mich mit weit geöffneten Augen an. Ich hatte das Gefühl, dass mich ein Mysterium erwartete. Dann wechselte sie plötzlich das Thema, als habe sie Angst bekommen, in ihrem innersten Kern verletzt zu werden: Sie war noch nicht bereit, mich mit den tiefsten Winkeln ihrer Seele vertraut zu machen: »Versprich mir, dass du die Geschichte von Samara in- und auswendig studierst. Das ist mir wichtig, wenn du willst, dass wir zusammen bleiben. Schließlich musst du ganz genau wissen, worauf du dich einlässt.« Sie lächelte ein wenig verlegen, da sie wohl nicht sicher war, wie ich darauf reagieren würde. »Mit größtem Vergnügen!«, erwiderte ich. Denn diese Bedingung entsprach ja genau dem, was ich sowieso gerade dabei war zu tun.

* * *

Vor uns lag ein Innenhof in der Frunsestraße 77. »Weißt du eigentlich, warum ich nach Samara gekommen bin?«, fragte ich sie. »Um die schönen Frauen von Samara kennenzulernen?«, sie schmunzelte. »Es ist zwar nicht unwesentlich, aber der eigentliche Grund, warum ausgerechnet Samara zum Gegenstand meiner Forschungsreise wurde, ist meine Familiengeschichte, über die ich vorhabe, ein Buch zu schreiben. Ich musste unbedingt an die Wolga, um der Geschichte der Deutschen in Russland nachzuspüren und endlich die Wahrheit über meine Familie väterlicherseits zu erfahren. Meine Verwandtschaft lebte an der Wolga. Die Großmutter erzählte mir, dass sie ein wohlhabendes Leben mit ihrem Mann in Samara geführt hätte. Das ist der Beweis dafür«, und ich zeigte auf das Fachwerkhaus: das einzige in Samara, das im Hintergrund dieses Innenhofes zu sehen war.

»Schau dir dieses Fachwerkhaus an. Das ist das Haus meines Vorfahren, des deutschen Bäckers Johann Scheible, der hier mit seiner Familie lebte. Sie hatten ein schweres Schicksal. Nach der Revolution versuchte man ihn als einen ›deutschen Kapitalisten‹ zu vertreiben. Er blieb jedoch hartnäckig, da ihn viele Menschen auch als einen Wohltäter sehr gut kannten, bis im Oktober 1918 die Tscheka kam und mit ihm kurzen Prozess machte: Er wurde nach einer Woche im Keller der Allrussischen Außerordentlichen Kommission erschossen. Man erzählte, das geschah auf Geheiß des Vorsitzenden der Tscheka von Samara und einiger einflussreicher Mitglieder der Kommission.«

Die Verwunderung war Aljona ins Gesicht geschrieben. Sie hätte sich nie im Leben vorstellen können, dass ich, ein Mann aus dem weit entfernten Deutschland, so viel mit ihrer Stadt zu tun hatte!

»Wagan Karkarjan, der frühere Generalarchitekt der Stadt, hat mir in einem Gespräch vor einigen Tagen zum ersten Mal von dem Haus erzählt und mich darauf aufmerksam gemacht. Er schenkte mir auch eine seiner wertvollen Zeichnungen von diesem Haus. Karkarjan drückte dabei seine Hoffnung aus, dass dieses unter dem Denkmalschutz stehende Haus endlich eine ihm gebührende Restaurierung erfährt. Dieses Gebäude ist nicht nur in Samara, sondern in der ganzen Wolgaregion einmalig: ein phantasievolles Fachwerkhaus deutschen Stils mit einem Türmchen und einem spitzen Dach. Im Hof davor sieht man oft Schüler, Kunst- und Architekturstudenten, die es abzeichnen. Heute leben im Haus immer noch mehrere Familien, obwohl es eigentlich sanierungsreif ist. Das Beste wäre, wenn das Haus Teil eines Freilichtmuseums in einem restaurierten historischen Viertel von Samara würde. Im Moment ist das noch Zukunftsmusik. Es gibt zu viele dringendere Probleme, bei denen die Stadtverwaltung Feuerwehr spielen muss, vor allem bei der gegenwärtigen Wirtschaftskrise, durch die die Steuereinnahmen stark rückläufig sind.«

Wir näherten uns dem dunklen Haus, um es in allen Details zu betrachten. Es kam mir mit einem Mal so vor, als ob Johann, mein Ur-Großvater, nach Hause kam und an die Türe klopfte. Die Fenster leuchteten gemütlich in der Dunkelheit. Eine jüngere Frau, meine Ur-Großmutter, machte ihm auf. Mein Vater war noch nicht geboren …

Ich kam wieder zu mir: »Das Haus ist ein Beleg dafür, dass es früher in der Stadt ein reiches deutsches Kulturleben gab. Ein anderer Beweis ist die evangelisch-lutherische St.-Georgs-Kirche. Ursprünglich wurde sie für die römisch-katholische Gemeinde gebaut, zu der ein Katholik deutsch-armenischer Herkunft namens Annajew gehörte, der den Bau auf eigene Kosten betrieb.«

»Weißt du eigentlich, dass ich lutherisch bin und in der St.-Georgs-Kirche getauft wurde?«, fragte mich Aljona plötzlich. Jetzt war ich an der Reihe, nicht schlecht zu staunen. »Wie das denn!?«, konnte ich nur ausrufen. »Meine Mutter stammt von den wolgadeutschen Mennoniten ab. Unsere Vorfahren kamen nach Samara jedoch viel später als deine, vermute ich. Erst im Jahr 1859 wanderten sie aus Danzig an die Wolga aus. Vielleicht kannten sich unsere Ur-Großväter sogar. Die Familie mütterlicherseits besaß in Samara einige Mühlen.«

Wir hielten inne. Ich musste das alles erst richtig verarbeiten. Inzwischen kamen wir an das Wolgaufer und schauten lange schweigend auf den mächtigen Strom. »Wann kamen deine Vorfahren an die Wolga?«, fragte sie mich mit vor Neugier weit geöffneten Augen.

»Im Jahr 1765 wanderten sie aus Hessen aus. Als sie an die Wolga kamen, gelang es meinen Vorfahren als einzige Familie schon in der ersten Generation aus ihrem Dorf Kraft / Werchnjaja Grjasnucha in die Kreisstadt Kamyschin überzusiedeln, wo sie einen Gasthof führten. Später gingen sie in die Gouvernementsstadt Samara und waren dort sehr erfolgreich.

»Ach, jetzt weiß ich, woher das kommt, dass du so umtriebig bist«, Aljona lächelte.

»Sie betrieben hier mehrere Generationen lang eine eigene Bäckerei und gehörten damit zur wohlhabenden Schicht der Stadt.

Der Familienlegende nach schenkte mein Urgroßvater seinem besten Gesellen ein Haus in Samara. Es half ihm jedoch nichts, wie schon gesagt, wurde er, als die Kommunisten an die Macht kamen, als ›Kapitalist‹ ohne Gerichtsverfahren erschossen.« Wir schwiegen eine Zeit lang.

»Meinem Großvater erging es nicht viel besser: Er starb 1947 vor Erschöpfung im stalinistischen Zwangsarbeitslager bei Tjumenj im GULAG. Mein Vater starb mit 34 Jahren durch einen Unfall – es gibt bei uns in der Familie wohl eine Neigung, eines unnatürlichen Todes zu sterben. Aber im Ernst: Ich will es nicht mehr den Umständen überlassen, mit meinem Leben russisches Roulette zu spielen.«

»Mein lieber Felix, ich will so sehr, dass du glücklich bist.« In ihren Augen standen Tränen. »Und was schlägst du vor, um diesen Zustand zu erreichen?« – »Ich werde dir meine Liebe schenken.«

Was sollte ich da noch sagen? Die Worte waren jetzt überflüssig. Eng eingehakt schlenderten wir noch lange durch die Straßen der nächtlichen Stadt. Tief in der Nacht begleitete ich Aljona nach Hause. Ihr Haus stand an der Kreuzung der Nekrasowskaja und der Samarskaja Straße: ein putziges zweigeschossiges Gebäude aus dem 19. Jahrhundert. Ich gab ihr einen Kuss und wir versprachen einander, uns öfter zu sehen.

Stock und Knüppel

Ungeachtet meiner wunderbaren Herzensangelegenheiten durfte ich mein Projekt, ein Buch zu schreiben, nicht allzu sehr vernachlässigen.

Doch das war hier nicht zu befürchten, weil die Geschichte der Deutschen an der Wolga schon längst zu einer Leidenschaft geworden war, von der ich nicht mehr lassen konnte. Je mehr ich darüber erfuhr, desto mehr faszinierte und verwunderte sie mich zugleich. Sie fesselte mich so, dass ich mit meiner Lektüre gar nicht aufhören wollte.

Die große Gebietsbibliothek hatte fast alles, was ich brauchte. Ihre Mitarbeiter sorgten fleißig für Nachschub, so dass meine Forschungen schnell vorangingen. Ich verlor mich nur allzu gerne in den riesigen Räumen der Bibliothek, die durch ihre angenehme Atmosphäre in diesen heißen Tagen die nötige Abkühlung schenkte.

Vereinzelt gab es Deutsche in Russland schon seit der Zeit des Kiever Rus (9. bis 13. Jahrhundert). Später entstanden deutsche Kolonien (Sloboden) in den russischen Städten, besonders in den Hauptstädten Moskau und ab 1703 in St. Petersburg. Die Intensivierung der Beziehungen zwischen dem russischen Kaiserreich und den deutschen Staaten zur Regierungszeit Peters des Großen seit dem Ende des 17. Jahrhunderts führte zu einer neuen Einreisewelle deutscher Fachleute: Wissenschaftler, Handwerker, Kaufleute und Künstler. Die Manifeste der Kaiserin Katharina II. vom Dezember 1762 und Juli 1763 gaben entscheidende Impulse für die Massenauswanderung von Deutschen an die Wolga, Dnjepr und Newa (1764–1774). Und der Erlass Alexanders I., des Enkels von Katharina II., aus dem Jahre 1803 hatte die Einwanderung der Deutschen ins Schwarzmeergebiet zur Folge.

Aufgrund der damaligen politischen Zersplitterung Deutschlands und wegen der einschneidenden Folgen des Siebenjährigen Krieges (1756–1763) waren es vor allem Deutsche, die nach Russland kamen. Viele andere europäische Länder verboten ihren Bürgern die Auswanderung, weil sie im eigenen Lande oder zur Besiedlung der Kolonien gebraucht wurden.

So kamen von 1763 bis 1775 knapp 30.000 deutsche Siedler an die Wolga und wurden am rechten und linken Ufer des Flusses – der Berg- und der Wiesenseite – in 104 Kolonien (Dörfern) angesiedelt. Besondere Siedlungen entstanden in Sarepta (Herrnhuter Brüdergemeinde) und später, zwischen 1854 und 1873, »am Trakt«, wo Mennoniten aus der Ukraine und Westpreußen eine neue Heimat fanden.

Nach schweren Anfangsjahren prosperierten die Kolonien etwa seit dem ersten Viertel des 19. Jahrhunderts. Die deutsche Bevölkerung blieb allerdings weitgehend unter sich, heiratete untereinander, hatte eigene Kirchen, Schulen, Vereine, Zeitungen, Verlage, Sitten, Gebräuche und ihre eigene Sprache. Bis in die 1930er Jahre hinein wurde das deutsche Leben an der Wolga vor allem von der Landwirtschaft geprägt. Die industrielle Entwicklung stand damit in enger Verbindung: Produktion von Landmaschinen, vor allem aber die Mühlen- und Sarpinkaindustrie. Letzteres, das Weben der Sarpinka, eines Baumwollstoffes mit beigemischtem Leinen für die Herstellung von Unterwäsche, Strümpfen, Socken und Tüchern, wurde aus der Kolonie Sarepta übernommen. Neben diesen drei dominierenden Industriezweigen gab es zahlreiche Unternehmen, die landwirtschaftliche Produkte weiterverarbeiteten, etwa Brauereien, Tabak- oder Senffabriken.

Mit dem Übergang zur Sowjetherrschaft bekamen die deutschen Kolonien starke soziale und wirtschaftliche Einschnitte zu spüren, und die Tätigkeit der deutschen Unternehmer an der Wolga fand ihr Ende.

Die Prosperität der wolgadeutschen Kolonien in den Gouvernements Saratow und Samara drückt sich deutlich in Zahlen aus. Ihre Anzahl stieg von 106 Kolonien im Jahr 1767 auf knapp 170 im Jahr 1865, und am Ende des 19. Jahrhunderts gab es bereits 190 Kolonien mit rund 407.000 Deutschen.

Dabei bildeten sich in den verschiedenen Siedlungsgebieten je nach Einwanderungszeit und Herkunftsregion spezielle Merkmale heraus, die die wirtschaftliche Entwicklung mit beeinflussten. Das war vor allem die Erbteilung, was die Verkleinerung und Zersplitterung der Grundstücke mit sich brachte und zur partiellen Verarmung führte. Im Vergleich mit den russischen Bauern jedoch galten die Deutschen als wohlhabend bis reich.

Konfessionell teilten sich die Russlanddeutschen wie folgt: an der Wolga 35 Prozent katholisch und 65 Prozent evangelisch-lutherisch, am Schwarzen Meer und in Südrussland jeweils 45 Prozent Katholiken und Protestanten sowie 10 Prozent Mennoniten.

Mit der »Beseitigung« der Privilegien deutscher Kolonisten im Laufe der sogenannten bürgerlichen Reformen verschwanden seit den 1860er Jahren die überholten ständischen und nationalen Grenzen. Die Deutschen wurden zu gleichberechtigten russischen Bürgern mit gleichen Rechten und Pflichten. Ein Recht war beispielsweise das Wahlrecht zum ersten russischen Parlament, der Duma, im Jahr 1905. Eine Pflicht war der Einsatz zahlreicher Russlanddeutscher im Ersten Weltkrieg an der Front.

Trotzdem kam es mit Kriegsausbruch in vielen russischen Städten zu Pogromen gegen die Deutschen. Die russischen Nationalisten schlugen hysterische Töne gegen die »deutsche Gefahr« an – ähnlich wie andersherum die Deutschen – und wiesen eindringlich auf das schnelle Bevölkerungswachstum der Russlanddeutschen sowie auf die Vervierfachung ihres Besitzes am Grund und Boden von zwei auf acht Millionen Hektar hin. Damit war das Schicksal der Deutschen im Zarenreich besiegelt: Entweder sollten sie sich assimilieren oder auswandern. Die Stimmung, die bislang die Nützlichkeit der Deutschen anerkannt und ihren Fleiß und ihre Gesetzestreue geschätzt hatte, schlug um.

Daher ging mit dem Ersten Weltkrieg bei den Russlanddeutschen ein Bewusstseinswandel einher: Viele waren überzeugt, dass ihre persönliche Unversehrtheit und die Unantastbarkeit ihres Besitzes nur in Deutschland gewährleistet wären. Bis dahin hatten nur wenige Russlanddeutsche ernsthaft über eine Rückwanderung nachgedacht, weil sie ihre wirtschaftlichen Existenzgrundlagen nicht aufgeben wollten. Der russische liberale Politiker Miljutin warnte seine russischen Zeitgenossen vor dem weiteren Fortgang: »Meine Herren, ich warne euch: Der russische Bauer beginnt mit den Deutschen und endet mit eurem Land.« Diese Aussage sollte sich in wenigen Jahren bewahrheiten.

Die Geschichte der Deutschen in Russland kann grob in zwei Hälften unterteilt werden. Bis zum Ausbruch des Ersten Weltkrieges prosperierten die deutschen Kolonien wirtschaftlich und kulturell. Es gab ein entwickeltes Gemeinwesen, Schulen und Kirchen.

Nach 1905 betätigten sich die Deutschen auch politisch und bildeten eine Gruppe innerhalb der bürgerlichen Partei der Konstitutionellen Demokraten (Kadety) in der Russischen Duma. Die kulturellen und sozialen Aktivitäten der rund 100.000 Deutschen, die in den russischen Städten lebten, waren beispielhaft für das gut funktionierende Gemeinwesen. Das Jahr 1914 bildet von daher eine starke Zäsur, mit der der Niedergang der wolgadeutschen Kolonien eingeleitet wurde. Durch die Kriege mit Deutschland wurden die Russlanddeutschen in eine komplizierte Lage versetzt. Sie wurden in der Presse und in der Kriegspropaganda zu einem inneren Feind stilisiert und gerieten unter den Generalverdacht, »deutsche Spione« zu sein. Mit dieser Last im Gepäck steuerten sie, ohne es zu ahnen, auf noch viel größeres Unheil zu.

* * *

Meine Recherchen gingen zügig voran. Je weiter ich jedoch in der Geschichte des 20. Jahrhunderts vorankam, desto mehr mischte sich zur anfänglichen Begeisterung über die Geschichte der Deutschen an der Wolga und ihre Errungenschaften eine bittere Note bei. Was für ein Ungemach, was für ein Unglück traf sie schließlich, und nicht nur sie.

Die zwei Weltkriege im 20. Jahrhundert und der soziale Kahlschlag des Kommunismus hatten katastrophale Folgen für die Russlanddeutschen. Laut der Volkszählung des Jahres 1939 ging die Zahl der Deutschen nach den sogenannten Diskriminierungsgesetzen ab 1870, nach dem Ersten Weltkrieg, dem Bürgerkrieg (1918–1920) und den Verfolgungen während der Sowjetzeit von 1,8 auf 1,2 Millionen zurück.

Die Hoffnung vieler Deutscher, dass sich die Lage nach der Revolution von 1917 verbessern werde, verflüchtigte sich schnell mit den ersten Requirierungen und Strafexpeditionen in der Wolgaregion. Soziale Unruhen und Aufstände folgten. Unter dem Mantel der nationalpolitischen Selbstständigkeit, die im Kontext der Nationalitätenpolitik der sowjetischen Regierung stand, wurden die

Deutschen, wie überhaupt die ganze Bevölkerung, instrumentalisiert, um bestimmte politische Ziele der Sowjets zu erreichen.

Am Anfang der nun folgenden deutschen Autonomie stand kein Geringerer als der spätere Regierende Bürgermeister von West-Berlin, Ernst Reuter. Noch in russischer Gefangenschaft wurde er zum aktiven Kommunisten und Internationalisten und leitete als Volkskommissar seit April 1918 im Auftrag des Volkskommissars für Nationalitäten, Josef Stalin, das »Kommissariat für deutsche Angelegenheiten im Wolgagebiet«. Damit wurde die Sowjetisierung der Wolgadeutschen verfolgt. Reuters Tätigkeit endete mit der Verkündung der deutschen Autonomie am 19. Oktober des gleichen Jahres. Nun gab es die Autonome Sozialistische Sowjetrepublik der Wolgadeutschen.

Reuter fuhr dann mit Karl Radek nach Deutschland, um auch dort die Revolution voranzubringen. Allerdings wandte er sich bald vom Kommunismus ab. Sein innerer Konflikt mit den deutschen Kommunisten und ihren unmissverständlichen Direktiven aus Moskau war zu groß geworden.

Die Kriegszeit, die im Juni 1941 mit dem deutschen Überfall auf die Sowjetunion begann, bedeutete für die Russlanddeutschen nichts Gutes. Am 28. August erfolgte ein Erlass, der zehntausende Deutsche in der deutschen Wolgarepublik als »Spione« und »Diversanten« brandmarkte und eine Deportation aller Wolgadeutschen nach Sibirien verfügte. Er lautete unter anderem: »Entsprechend glaubwürdigen Nachrichten, die die Militärbehörden erhalten haben, befinden sich unter der in den Wolga-Rayons lebenden deutschen Bevölkerung Tausende und Zehntausende von Diversanten und Spionen, die nach einem aus Deutschland gegebenen Signal in den von den Wolgadeutschen besiedelten Rayons Sprenganschläge verüben sollen.«

Dass es die Wolgadeutschen besonders hart traf, lag auch daran, dass das Schwarzmeergebiet zu dieser Zeit bereits von der deutschen Wehrmacht besetzt worden war. Vom 3. bis zum 20. September 1941 wurden 365.800 Wolgadeutsche in Arbeitslager nach Sibirien und in die kasachische Steppe deportiert, wo sie unter unmenschlichen Bedingungen und unter schlimmsten Entbehrungen Zwangsarbeit verrichten mussten. Dabei wurden die Familien getrennt: Männer von den Frauen, die Kinder von den Eltern. Das gleiche Schicksal ereilte die Deutschen der Halbinsel Krim und einen Großteil der Deutschen in der Ukraine und dem Südkaukasus. Dieses Vorgehen gegen die Russlanddeutschen wird mit vollem Recht als Völkermord bezeichnet, unter dessen Folgen sie bis heute leiden.

Die Sowjetzeit bedeutete für die Wolgadeutschen vor allem Repressalien, Requirierungen, Enteignungen und Diskriminierungen jeglicher Art. Die mit dem Zweiten Weltkrieg einhergehende Verfolgung nach nationalen Kategorien verschlimmerte das Leben der Deutschen in der Sowjetunion drastisch. Beispielsweise durften sie bis in die 1980er Jahre hinein mit Ausnahme von Germanistik, Geschichte, Kunst und einigen »Orchideenfächern« nicht studieren. Nur wenigen gelang es, bis in die Akademie der Wissenschaften oder in hohe politische Ämter zu kommen.

Ihre Lebensgrundlage wurde in kürzester Zeit mehrere Male nacheinander vernichtet. Das führte in den letzten Jahrzehnten des vergangenen Jahrhunderts zu einer verstärkten Assimilierung. Vor allem wurde es lebensnotwendig, Russisch, das wichtigste Kommunikationsmittel in der ehemaligen Sowjetunion und somit entscheidend für den sozialen Aufstieg, als erste Sprache zu lernen.

Während und nach dem Zweiten Weltkrieg gab es drei Kategorien von Deutschen in Samara: Kriegsgefangene, Russlanddeutsche und technische Spezialisten aus Deutschland. Die etwa 15.000 Kriegsgefangenen arbeiteten im Kalktagebau am Krasnaja Glinka. Die Russlanddeutschen leisteten ihre Arbeit in den Sonderlagern und in der Bauindustrie, und die technischen Spezialisten aus Deutschland waren im Betrieb Nr. 2, in dem Flugzeugmotoren gebaut wurden, tätig.

In der Zeit von Perestrojka und Glasnostj wurde in der Presse und in der Öffentlichkeit das gegenüber den Russlanddeutschen begangene Unrecht intensiv diskutiert. Der Oberste Rat der UdSSR fasste am 14. November 1989 eine Deklaration »Über die unrechtmäßigen und verbrecherischen repressiven Maßnahmen gegen die deportierten Völker und über die Sicherung ihrer Rechte«, die Regierung der Russischen Föderation folgte mit dem Erlass vom 26. April 1991 (Ergänzungen 1. September 1993). Das »Gesetz zur Rehabilitierung der unterdrückten Völker« bezeichnete die Deportation der Russlanddeutschen als gesetzlos und verbrecherisch.

Diese Erlasse hatten einen hohen ideellen Wert, was alleine schon ein großer Fortschritt war, haben jedoch zu keinen konkreten Ergebnissen geführt. Und vor allem kam es nicht zur Wiederherstellung der ehemaligen deutschen nationalen Autonomie. Eine ideelle Rehabilitation ohne spürbare politische und finanzielle Unterstützung, ohne eine Wiedergutmachung des erlittenen Verlustes, genügte nicht.

* * *

Je länger meine Freundschaft mit Aljona andauerte, die für mich schon längst viel mehr bedeutete, begannen mich Fragen zu beschäftigen, wie es nun mit uns weitergehen sollte. Bleiben oder gehen? Wo gehöre ich hin? Diese Fragen beschäftigten mich immer stärker und ich konnte keine endgültige, keine hundertprozentige Entscheidung treffen. Beide Schlussfolgerungen – »Wir gehören nach Deutschland, weil das unsere historische Heimat ist« oder aber: »Wir bleiben in Russland, weil unsere Vorfahren dieses Land mit aufgebaut haben, weil hier unsere Heimatdörfer liegen« – haben ihre Berechtigung.

Das erklärt sich aus der Geschichte der Deutschen innerhalb und außerhalb von Russland. Sie speist sich aus der Geschichte beider Länder. Sie ist facettenreich, multilingual und nicht allein auf einen speziellen »deutschen« oder »russischen« Nenner zu bringen.

Die Deutschen haben nicht nur Negatives zu berichten. Sie gehörten in Russland bis 1914 und mit Abstrichen weiter bis 1941 in Wirtschaft, Wissenschaft, Kunst, Kultur und nicht zuletzt in der Politik und am Zarenhof zur Elite des Landes, die maßgeblich die Geschicke der russischen Gesellschaft und den Verlauf der russischen Geschichte selbst beeinflusst hat. Von daher haben auch die Russlanddeutschen das zu verantworten, was nach 1917 in Russland passierte. Bloß sollte man sich davor hüten, über »Kollektivschuld« zu sprechen. Lieber über die konkreten Machthaber – bis hin zu den russischen Zaren.

Mit dem Ausbruch des Ersten Weltkrieges begann der Untergang des deutschen Lebens in Russland. Während und nach dem Zweiten Weltkrieg wurden die Russlanddeutschen wegen ihrer Nationalität viele Jahre lang unberechtigterweise zu den »Landesverrätern« und »Faschisten« gezählt. Es waren quasi »tote Seelen«, weil es sie offiziell eigentlich nicht geben durfte. Bis zum Zerfall der Sowjetunion blieb die Geschichte von mehr als zwei Millionen Deutschen weitgehend ein Tabuthema. Deshalb war es auch kein Wunder, dass man nicht nur in Deutschland, sondern auch in der Sowjetunion fast keine Ahnung hatte, woher die Deutschen kamen. Viele glaubten, das seien Kriegsgefangene aus den zwei Weltkriegen.

Das 20. Jahrhundert hat eine tiefe Zäsur nicht nur für Europa, sondern für die ganze Welt bedeutet. Zwei Revolutionen in Russland und zwei Weltkriege, in denen Deutschland und Russland am meisten gelitten hatten, haben das Leben der Deutschen in Russland grundsätzlich verändert. Die jahrzehntelange Diskriminierung in der Sowjetunion führte schließlich zur Massenauswanderung nach Deutschland. Nun ist mit etwa 2,5 Millionen der größte Teil nach Deutschland zurückgekommen. Sie bleiben jedoch eine sehr spezielle gesellschaftliche Gruppe, die ihre stark ausgeprägte Identität in beiden Ländern verwurzelt sieht. Ihre deutsche Sprache, Kultur und ihre historische Orientierung erleichtern ihnen ihre Integration in die Aufnahmegesellschaft wesentlich. Es wäre jedoch verkürzt, nur über die Integrationserfolge zu sprechen. Einen Durchschnittsmenschen gibt es nur in der Statistik. Im richtigen Leben gibt es Menschen, die erfolgreich oder weniger erfolgreich sind oder, warum auch immer, ein missglücktes Leben haben. Aber auch diese Unterteilung ist nur eine grobe Verallgemeinerung.

»Wir sind ein Volk!«, lautete der Spruch der begeisterten Menschenmengen in der ehemaligen DDR während der deutschen Wiedervereinigung. »Ihr seid ein Volk!«, schallte es ihnen entgegen. Das legt ein Zeugnis über ein anderes Selbstverständnis der bundesdeutschen Öffentlichkeit ab. In der kollektiven Erinnerung der Bundesdeutschen hat sich nach dem Zweiten Weltkrieg die Überzeugung fest eingeprägt, dass das *völkische* Selbstverständnis nichts Gutes verheißt.

Logisch, dass es sich mit den Russlanddeutschen, die sich tendenziell als eine Volksgruppe verstehen, ähnlich verhält. Dabei lässt sich der Begriff der »Volksgruppe« durch »soziokulturelle Gemeinschaft« ersetzen. Das soll den Verdacht einer »Deutschtümelei« entschärfen, zum besseren Verständnis der Russlanddeutschen führen und ihren Besonderheiten Rechnung tragen. Sie haben ihre Zweisprachigkeit, Deutsch und Russisch oder eine andere Sprache aus dem Herkunftsland, ihre eigene Küche, eigene Feiertage und vieles andere mehr mitgebracht. Multikulturalität heißt in diesem Kontext gelebte Vielfalt. So zeichnet sich die russlanddeutsche Lebenswelt nicht zuletzt dadurch aus, dass sie einiges an Widersprüchen in sich trägt.

Aber man darf auch nicht vergessen, dass viele Russlanddeutsche sich bei ihrer Ankunft hier wie Schiffbrüchige gefühlt haben, denen man mit wohlwollend misstrauischen Blicken des Mitleids begegnete. Dahinter stand eine Denkweise wie: »Arme Leutchen, was haben sie sich auch in unsere postmoderne, hochkomplexe Gesellschaft verirrt. Am besten wären sie dort geblieben, wo sie hergekommen sind, mit ihren Babuschkas und Mamotschkas, hier haben sie doch nur Probleme.« Darauf haben manche Russlanddeutsche aus der Not eine Tugend machen wollen, indem sie ihre russische Herkunft zu einer folkloristischen Angelegenheit mit Samowar und Matrjoschkas hochstilisieren. Für viele andere ist eine tiefe Verbundenheit mit der russischen Kultur und russischen Sprache selbstverständlich. Für die Literaten Wladimir Eisner und Waldemar Weber etwa ist diese Nabelschnur mit der russischen Kultur lebensnotwendig. Und alles das hat seine Existenzberechtigung. Zum Glück müssen wir, Deutsche aus Russland, nicht unter dem Druck einer Monokultur schmachten, sondern können die Vorteile einer offenen und multioptionalen Gesellschaft genießen. Wir bleiben verschieden und das ist gut so. Wir haben die Wahl.

* * *

Die vielen Bücher, die mir der wissenschaftliche Leiter der Gebietsbibliothek Alexandr Wasiljewitsch beim letzten Gespräch empfohlen hatte, zogen mich gänzlich in ihren Bann. Als ich eines Abends meinen Kopf vom Schreibtisch hob, war es draußen schon halb dunkel. Das Handy klingelte. Aljona rief mich an und fragte, wie es mir gerade gehe und wo ich mich in letzter Zeit herumgetrieben habe. Mein Gott! Es waren schon drei Tage vergangen, seit Aljona und ich uns gesehen haben. Ich kam wieder zu mir. »Aljona, wollen wir uns heute Abend in *Jolki-Palki* (Stock und Knüppel) treffen?«, fragte ich sie. »Na, endlich gehen wir einmal in ein richtiges russisches Restaurant!« – »Ja, das ist richtig! Ich habe mir Mühe gegeben, dir zu zeigen, dass ich lernfähig bin.« Wir alberten ein bisschen herum. »Hast du denn nicht vergessen, was du mir versprochen hast?«, fragte sie mich zum Schluss. »Aber sicher nicht«, erwiderte ich. »Ich habe meiner Verwandtschaft von dir erzählt«, und sie wartete einen Moment ab. »Alle waren davon ganz begeistert, dass ich dir eine solche Aufgabe gestellt habe. Jetzt halte dich fest – dein zukünftiger Schwiegervater hat seinem zukünftigen Schwiegersohn auferlegt«, es war deutlich zu hören, dass sie ihr Lachen kaum unterdrücken konnte, »die Geschichte von Samara zu studieren und bei ihm eine Prüfung abzulegen.«

Das mit dem Schwiegersohn überraschte mich dann doch etwas, obwohl ich an die Streiche von Aljona schon relativ gut gewöhnt war. Sie war manchmal so schalkhaft und verspielt wie das

Kätzchen in meinem Kirchhof. Da der Umstand, dass Aljona in letzter Zeit ungewöhnlich oft spät nach Hause kam, vor der Familie nicht lange verborgen blieb, hatte sie schließlich erklären müssen, sie habe einen Freund, in den sie sehr verliebt sei. Dies war von nun an ein Hauptthema der Gespräche in der Familie, da solche Ereignisse in Russland immer sehr ernst genommen werden. Auf dem jungen Mann aus Deutschland lag nun eine große Verantwortung für dieses elfenhafte blauäugige Mädchen.

Außerdem ist es wichtig, zu erwähnen, dass Aljonas Vater Professor für russische Geschichte an der Uni war und deshalb großen Wert auf meine historischen Kenntnisse in Bezug auf Samara legte. Wohl auf – ich werde diese Bräutigam-Prüfung bestehen.

Hundehochzeit

Meine historischen Nachforschungen wurden von Zeit zu Zeit durch Einladungen unterbrochen, die eine willkommene Abwechslung anboten. Eines Abends war ich zu Gast bei meinen Freunden Boris und Nastja. Boris ist Schauspieler im Theater »Samarskij Parnass«, in dem ich oft war und mich mit den Schauspielern traf. Wir sind in der Zwischenzeit richtige Freunde geworden. Nastja ist ehemalige Balletttänzerin und unterrichtet an einer Ballettschule. Das Hochhaus, in dem sie wohnen, liegt an der Straße des 22. Parteitages. Ungeachtet des stolz klingenden Straßennamens werden in der Gegend eigentlich keine Massenkundgebungen oder Versammlungen abgehalten.

Unser spannendes Gespräch wollte kein Ende nehmen und so blieben wir bei einem Gläschen Wein bis tief in die Nacht in der Küche sitzen. Als sich die Müdigkeit zur späten Stunde jedoch immer mehr bemerkbar machte, luden meine Gastgeber mich ein, bei ihnen zu bleiben.

In der Nacht wurde ich plötzlich durch einen höllischen Lärm geweckt. Es hörte sich an, als ob mindestens zwanzig Hunde untereinander in Streit geraten wären. Ich lief zum Fenster, um es zu schließen, und sah unten eine bunte Gesellschaft von Hunden, die entweder eine Hundehochzeit feierten oder die Reviergrenzen unter sich klärten, was sich aber wegen der späten Stunde nicht näher feststellen ließ.

* * *

Diese auf den ersten Blick harmlose Episode beschäftigte mich jedoch noch länger. Aus Mitleid für die armen Tiere sehe ich mich gezwungen, dieses Thema etwas ausführlicher zu behandeln. Herrenlose Hunde sind in Samara keine Seltenheit. Mehr noch, sie sind eine echte Sehenswürdigkeit dieser Stadt. Dabei sind einzelne Hunde kaum anzutreffen, es sei denn, sie wurden aus der Hundegemeinschaft ausgestoßen. Sie leben alle in Rudeln und haben klar abgesteckte Reviergrenzen. Wehe dem zugelaufenen Hund, der aus Versehen die unsichtbare Grenze verletzt. Am Bahnhofsplatz wurde ich Zeuge einer Jagdszene. Während ich bei Brötchen und Kaffee saß, sah ich, dass in nächster Umgebung der Würstchenbuden zwei Hunde darauf warteten, etwas Essbares zu erwischen, und alles, was um sie herum passierte, genau im Auge behielten. Plötzlich wurden sie aufmerksam, liefen aufgeregt Richtung Straße und entfachten in Sekundenschnelle eine Treibjagd. Sie stürmten los und vertrieben einen fremden Hund.

Dabei geben diese Hunde meistens das Bild völlig harmloser Wesen ab, denen es nur darum geht, etwas Nahrung zu bekommen und nicht von den Menschen verscheucht zu werden. Ihre Ohren und Schwänze hängen nach unten und ihre Augen zeigen eine Mischung aus Harmlosigkeit, vorsichtiger Güte und einer Prise Angst. Ab und zu hört man nachts aufregende Konzerte der heulenden und bellenden Hunde, die zu verschiedenen Anlässen – von Hundehochzeit bis zu Zoff – in Scharen über die nächtlichen Straßen streifen. Tagsüber dagegen spielen sie die Harmlosen, als ob sie mit ihrem ganzen Äußeren dem Stärkeren, dem Menschen, signalisieren wollten: »Lassen Sie mich bitte in Frieden, ich bin völlig harmlos und ungefährlich und beiße nicht.« Das verleitet viele Mitbürger und vor allem Kinder zum Leichtsinn. Sie nähern sich den Tieren, um sie zu streicheln, und vergessen dabei, dass es im Grunde wilde Tiere sind, die in der Stadt ihr von den Menschen mehr oder weniger unabhängiges Leben führen. Für sie ist die Großstadt ihr Revier und sie leben nach eigenen Gesetzen. Wer ihre unsichtbaren Grenzen verletzt, die manchmal nur wenige Meter oder gar Zentimeter von der menschlichen Welt entfernt verlaufen, kann damit rechnen, dass die Hunde ihren Lebensbereich zu schützen versuchen und aggressiv werden. Die Folgen stehen in den Tageszeitungen: Laut Statistik werden täglich zwischen sechs und fünfzehn Menschen von den herrenlosen Hunden gebissen. Dabei kann man die Hunde manchmal durchaus verstehen: Sie werden selbst oft zu Angegriffenen seitens der Jugendlichen, vor denen auch Katzen nicht sicher sein können.

Dies gibt oft Stoff für Berichte – das Thema birgt eine gehörige Portion Zündstoff für öffentliche Debatten. So war einmal in einer Zeitung zu lesen, dass einer der Bürgermeister eines Stadtbezirks im Stadtrat verzweifelt ausrief: »In meinem Stadtbezirk nagen die streunenden Hunde an den Kindern wie an Knochen!« (U menja w rajone detej grysut kak mosly!)

* * *

Aber nähern wir uns diesem Problem noch von einer anderen Seite. Die herrenlosen Hunde sind ein interessanter Beweis für den Sieg der realen Demokratie in Russland, was ja von den westlichen Demokratien mitunter bezweifelt wird. An einem Sonntag ließen sich zwei Gäste auf der Terrasse des Restaurants »Paradies«, im Hotel »Asimut«, das auf der Kreuzung von Frunse und Leningradskaja Straße liegt, nieder, um sich etwas zu erholen. Alexej Petrowitsch, wie sich der Herr im Karoanzug vorstellte, und sein Kollege Stepan Afanasjewitsch, der wiederum seine Vorliebe für graue Farbtöne zur Schau trug, ließen sich auf ein Gespräch mit mir gerne ein, wobei ich meinerseits nicht viel zu sagen brauchte, da meine neuen

Bekannten von sich aus sehr gesprächig waren. Offenbar arbeiteten sie für eines der bekanntesten Hochglanzmagazine der Stadt. Ich hörte ihnen gerne zu.

Alexej Petrowitsch erwies sich als ein hitziger Redner, er sprach mit sichtlicher Empörung in der Stimme: »Man muss ein Blinder sein, wenn man behauptet, dass Russland eine Demokratie ist. Sie ist in Russland einfach unmöglich. Alles wird durch Geld entschieden. Das ist im Moment die einzige reale Macht, die es in dieser Welt gibt. Dazu kommen noch eine hohe Kriminalitätsrate und vor allem das kriminelle Bewusstsein unserer Bürger. Präsident Medwedew hat das vorsichtig ausgedrückt: Bei unseren Bürgern hat sich alles Mögliche, nur nicht ein Rechtsbewusstsein herausgebildet. Von daher ist alles in der Hand von Banditen. Zwar ist es im Vergleich mit den 1990er Jahren jetzt etwas ruhiger geworden, aber vom Prinzip her hat sich wenig geändert. Sehen Sie, neulich wurde eine Staatsanwältin angeschossen und schwebt nun in Lebensgefahr. Und diese relative Ruhe kommt nur daher, dass man die Einflusssphären bereits verteilt hat. Diese konsolidierte Macht hebt jetzt den Blick über die Grenzen hinaus und versucht, die Einflusssphären im globalen Maßstab zu erobern. Von welcher Demokratie kann hier die Rede sein, frage ich Sie? Uns regieren Kriminelle. 2003 gab es in Russland mehr als eine Million unaufgeklärte Straftaten. 2008 sind es nach den Worten von Wladimir Putin mehr als zwei Millionen!«

»Ach, lieber Alexej Petrowitsch«, entgegnete ihm Stepan Afanasjewitsch. »Sie übertreiben wie immer maßlos! Jetzt hat sich die Situation doch grundsätzlich geändert. Die Menschen, die etwas Geld haben, wollen für sich und ihre Kinder ein Mindestmaß an Sicherheit haben. Sie wollen nur in einer zivilen und rechtlich gesicherten Gesellschaft leben, weil sie jetzt etwas zu verlieren haben. Sie wollen, dass ihre Kinder ruhig zur Schule gehen und sicher sein können, nicht entführt zu werden. Sie wollen vom Gesetz geschützt werden. Das führt im Allgemeinen zur Stärkung der Judikative. Die Zeit der Mafiosi mit den dicken, goldenen Halsketten ist endgültig vorbei. Hören Sie doch auf, nur durch Ihr Schlüsselloch auf den Welthorizont zu blicken. Reißen Sie die Türe ihrer beschränkten Wahrnehmung auf und sehen Sie die Welt mit anderen Augen. Die Welt ist anders geworden. Hören Sie endlich auf, alles nur noch als eine negative Erfahrung aufzufassen! Wozu mit nichtssagenden Zahlen argumentieren, wenn das Lebensgefühl ein anderes geworden ist! Am Beispiel von Samara sieht man sehr deutlich, wie Russland seine schwierige Wiedergeburt erlebt, die Konsolidierung der Kräfte, aus denen das ›Neue Russland‹ hervorgeht, das nach dem extremen sozialen Experiment des 20. Jahrhunderts wieder zu sich findet. Die Möglichkeit der Wahl ist das Grundmerkmal des neuen Russlands. Eine unvollkommene, eine schwierige, aber immerhin eine Wahl, die neue Horizonte eröffnet, da der Bürger selbst imstande ist, für *die* Gesellschaft etwas zu tun, die er sich wünscht und die ihm nicht unbedingt aufgezwungen wird.«

Alexej Petrowitsch wollte etwas erwidern, doch Stepan Afanasjewitsch fuhr ungehindert fort: »Das Chaos der 1990er Jahre kam mit dem Zusammenbruch der Sowjetunion als Folge eines ruinösen sozialistischen Wirtschaftens und des rücksichtslosen Raubbaus an der Natur, an den Menschen und ihrer Seele. Die 1990er Jahre sind das Ergebnis von jahrzehntelanger Rechtswillkür und Vetternwirtschaft. Vielfaches Unrecht und ein antidemokratisches Gesellschaftssystem, die Schatten der Vergangenheit und die bösen Geister, die lange von den Sowjetideologen und Hohepriestern des Zentralkomitees in der Rumpelkammer der verheimlichten Geschichte aufbewahrt wurden, kamen ans Tageslicht und begannen, unter den Lebenden zu wüten. Tun Sie Buße, mein Lieber, tun Sie Buße. Befreien Sie sich von den Monstern der Vergangenheit und blicken Sie in Ihre Zukunft. Sehen Sie unsere hoffnungsvolle Jugend an. Letzten Endes sind die 1990er Jahre das Resultat des Verlusts der Werte, ihrer permanenten Pervertierung in der Sowjetzeit.«

Alexej Petrowitsch saß eine Weile schweigend da. Ihm war anzusehen, dass er seinem Gesprächspartner nicht viel entgegensetzen konnte. Schließlich sagte er mit ruhiger Stimme: »Vielleicht haben Sie recht, aber es gab wenigstens eine *Ordnung*.« Stepan Afanasjewitsch sprang bei diesen Worten beinahe auf vor Empörung: »Ordnung? Welche Ordnung? Ordnung der Rechtlosigkeit! Jetzt gebe ich Ihnen ein Beispiel dafür, dass in Russland die Demokratie schon ein Teil der Realität ist. Es ist Ihnen sicherlich schon aufgefallen, dass in Samara Tausende herrenlose Hunde leben, um die 14.000. Was besagt das?«

Vielleicht fiele es an dieser Stelle auch einem erfinderischen Geist nicht so leicht ein, welche Verbindung es zwischen einer politischen Ordnung und herrenlosen Hunden geben sollte. Nicht aber im Fall von Alexej Petrowitsch. Er gab sich nicht so leicht geschlagen und versuchte auf die Frage, egal was es koste, eine befriedigende Antwort zu geben.

»Das legt natürlich Zeugnis vom Chaos und grenzenlosem Verfall ab! Anarchie und Sündhaftigkeit der menschlichen Natur – das sind unsere Plagen!« Stepan Afanasjewitsch gab sich mit dieser Antwort nicht zufrieden: »Versuchen Sie dieses Problem etwas differenzierter zu betrachten, ohne Ihre Neigung zu Mystik und verallgemeinernden Aussagen«, sprach er etwas ruhiger, »die Tatsache, dass in Samara rund 14.000 herrenlose Hunde leben und im Stadtparlament jahrelang darüber heftig diskutiert wird, was mit den Hunden denn geschehen soll, ob sie kastriert oder eingeschläfert werden sollen oder ob ihnen ein Mittel verabreicht werden soll, das sie unfruchtbar macht, besagt nämlich, dass in Samara – und in Russland insgesamt, es sieht bei den Hunden in Moskau auch nicht viel anders aus – das Zeitalter einer demokratischen Gesellschaftsordnung angebrochen ist.

Zu Sowjetzeiten wären sie schon längst gefangen und eingeschläfert worden. Mit den Andersdenkenden verfuhr man ähnlich. Ich erkläre Ihnen, was ich damit meine. Die Anzahl der herrenlosen Hunde steht in einem direkten Verhältnis zur Entwicklung der Demokratie – je höher die Zahl dieser Hunde, desto mehr ist die Demokratie gefestigt. Diese Hunde sind so etwas wie die heiligen Kühe von Kalkutta. Nur – im Unterschied zu den Kühen meditieren sie auf öffentlichen Plätzen, in Parks und auf den Straßen unserer lieben Stadt. Sie schlafen mitten auf dem Gehsteig. Sie liegen ganz entspannt und vollkommen gelöst herum. Wenn sie nicht schlafen, suchen sie nach etwas Essbarem oder kommunizieren lautstark ihre Probleme. So viel zur Demokratie.

Aber seien Sie doch ehrlich, haben Sie wirklich nostalgische Gefühle gegenüber der alten Ordnung der Sowjetzeit, trauern Sie den langen Warteschlangen der Mangelgesellschaft nach? Wollen Sie wieder in den Gulaschkommunismus zurück? Das kann doch nicht Ihr Ernst sein!«

»Das natürlich nicht«, stimmte Alexej Petrowitsch kleinlaut zu. Offensichtlich empfand er diesen Streit als sehr schmerzhaft und wollte nun nicht mehr dagegenhalten: »Sie sollten ja wissen, dass ich das Studium in der Philosophischen Fakultät seinerzeit abgebrochen habe. Ich konnte diese ideologische Farce, diese ständige Lüge nicht länger ertragen. Was den Leuten, die der für immer vergangenen Sowjetzeit nachtrauern, fehlt, das ist die regelmäßige ideologische Hirnwäsche. Diese virtuelle Realität der sowjetischen Gesellschaftsordnung, dieses illusorische Bild vom Kommunismus war ein süßer Traum, der mit der Realität gar nichts zu tun hatte. Es hat jedoch für viele Leute gereicht, um glücklich zu sein. Obwohl, bei Licht gesehen, diejenigen, die damals in der Gemeinschaftsküche gemeckert haben, auch heute noch meckern. Ich möchte Folgendes sagen: Die heutige Realität zeigt, dass nicht jedem diese errungene Freiheit schmeckt. Diese Freiheit nützt nur denjenigen, die das Geld haben; und Geld ist Macht, und diese Macht wenden sie gegen die Schwachen und Armen – die Welt wird nie gerecht und vollkommen sein.«

Aus welchem Grund auch immer – Stepan Afanasjewitsch war an diesem Abend zu keiner Beschwichtigung bereit und fuhr mit seiner scharfen Kritik an der sowjetischen Vergangenheit fort: »Ich frage mich: Haben Sie überhaupt eine Ahnung davon, was in Europa und speziell in Deutschland nach dem Zweiten Weltkrieg passiert ist? Deutschland lag in Trümmern darnieder, die Wirtschaft vollkommen vernichtet. Es hat seine Lehren aus den Katastrophen des 20. Jahrhunderts gezogen. Die Deutschen haben mit Hilfe der Amerikaner gelernt, was Demokratie heißt. Sie haben die totalitäre Ideologie des Nationalsozialismus überwunden und eine der erfolgreichsten Demokratien der Welt aufgebaut. Das heißt, die Demokratie wird nicht geerbt, sondern schwer erarbeitet.

Russland dagegen konnte von den neuen Entwicklungen nicht profitieren, weil es im Bann der sowjetischen Ideologie stand. Nun hat es 1991 endlich seine Chance bekommen. Es ist jetzt unabhängig vom imperialen Wahn und kümmert sich nun viel besser um seine Bevölkerung als zuvor, als es immer gleich um die ganze Welt ging. Russland ist zum ersten Mal in seiner Geschichte selbst als Staat unabhängig geworden. Darüber hinaus darf man eines nicht vergessen: die Last der sowjetischen Geschichte, die Folgen der Misswirtschaft. Die mentalen Probleme der russischen Bürger wiegen schwer. Russland hat nicht unter so günstigen Bedingungen seine Reformen gestartet wie Deutschland nach 1945, und es hat auch keine massive finanzielle Unterstützung von Amerika erfahren. Mehr noch, nach dem Konzept des Internationalen Währungsfonds und der Weltbank aus dem Jahr 1989 hätte die russische Wirtschaft Bankrott anmelden sollen, was eine komplette Demontage der Wirtschaft bedeutet hätte. Das kann keinem Land gut bekommen. Die sozialistische Wirtschaft Chinas war nicht weniger marode. Die Chinesen haben jedoch eine etwas maßvollere Politik betrieben und damit einen großen wirtschaftlichen Erfolg erzielt.

Aber ich möchte Ihnen noch etwas anderes sagen: Unsere infantile geistige Haltung, die ständig unsere martialischen Drohgebärden in ihr Gegenteil umschlagen lässt, verleitet uns, die Ursachen allen Übels nicht bei uns, sondern immer bei den anderen zu suchen oder gar neue Feindbilder vom Westen zu schaffen. Kein anderer, sondern wir selbst sind verantwortlich dafür, was in Russland und mit Russland geschieht, weil nicht die anderen, sondern wir selbst darüber entscheiden, mit wem und in welcher Form wir zusammenarbeiten wollen. Jetzt hat der Staat viel Geld, weiß aber nicht wohin damit und deponiert 600 Milliarden Dollar bei amerikanischen Banken, statt mit diesem Geld ein eigenes Bankensystem aufzubauen. Und jetzt ist mit der Weltwirtschaftskrise sowieso alles für die Katz!«

»Die deutsche Demokratie hat ebenfalls einige anders gewichtete Defizite!«, griff ich ins Gespräch ein, um die angespannte Situation etwas zu lockern.

»Wir brauchen nicht zwei unterschiedliche Demokratien zu vergleichen, weil sie sehr wenige Berührungspunkte haben, vor allem in der geistigen Haltung der Bürger«, fuhr Stepan Afanasjewitsch mit der Entschlossenheit eines Nashorns fort. »Niemand hat Russland das aufgezwungen, was in den 1990er Jahren passierte, weder ›Onkel Sam‹ noch Europa. Das haben wir selbst gewählt und selbst gemacht. So ist der ›russische Kapitalismus‹ gekommen.«

»Nun wollen wir, meine Herren«, sah ich mich prompt in der Rolle eines Moderators, »zum eigentlichen Thema unserer Diskussion zurückkommen und herausfinden, wo der Hund begraben liegt. Wie es mir scheint, spiegelt das Problem mit den obdachlosen Hunden die neue sozialpolitische Realität wider. Die Rechtsverhältnisse in Russland haben sich grundsätzlich geändert, die Rechtssubjekte stehen in einem völlig neuen Verhältnis zueinander, die Rechtsperson als solche bekam im Vergleich zur Sowjetzeit eine neue Stellung. Der große Unterschied zu damals ist, dass die Rechtlosigkeit früher unter dem Mantel der sowjetischen Ideologie verborgen war, heute dagegen auch beim Namen genannt werden kann. Das Sprichwort: ›Der Hund bellt, die Karawane zieht weiter‹ kann man in diesem Zusammenhang nicht mehr ohne weiteres gelten lassen. Die Karawane wird auch zuweilen angehalten und gefragt, wohin sie zieht.«

Damit schienen beide Parteien zufrieden zu sein, was auch in meinem Sinne war. Ich wollte mit meinen vielen Fragen an die Menschen von Samara ja keinen Unfrieden stiften.

Schostakowitsch und die »Cheese People«

Zur Abwechslung ging ich mit Aljona einmal Wasserpfeife rauchen. Sicherlich wird es auch für die zukünftigen Gäste der Stadt interessant sein, zu erfahren, welche Lokale es hier gibt, wobei ich auf keinen Fall eine vollständige Liste geben kann, sondern nur einen Bruchteil davon.

Speziell interessierte es mich, wo man in Samara eine Wasserpfeife rauchen kann, die auch in dieser Stadt in Mode gekommen ist. Da scheiden sich allerdings die Geister von Samara: Manche rauchen zuhause, manche in einem Restaurant mit asiatischer oder östlicher Küche, in speziellen Bars mit entsprechenden Accessoires, in einer Cafeteria, Sport-Bar oder in Nachtclubs. Dabei kann sich die Umgebung sehr unterscheiden: vom Fußballspiel auf einem überdimensionalen Monitor über ein Interieur aus Tausendundeiner Nacht bis zu einer Bar mit Rockmusik im Hintergrund. Der Inhalt einer Wasserpfeife kann Wasser sein, aber auch Milch oder Wein. Eine »einfache« Wasserpfeife im Restaurant *Marrakesch* oder im Club *Lady-Ray* kostet mit Wasser 600 Rubel, mit Wein oder Milch 750 Rubel, die exotischen Varianten mit Kognak oder Absinth 800 Rubel. Es ist auch eine Steigerung auf 1400 Rubel möglich, wenn man sich eine Wasserpfeife mit frischem Obst wünscht. Zum Vergleich: Eine durchschnittliche Monatsrente in Russland beträgt etwa 5000 Rubel. Wenn man sich für keine der genannten Lokalitäten entscheiden will, kann man es auch authentisch haben. In diesem Fall ist das Restaurant *Buchara* mit einem speziellen Zimmer für Wasserpfeifenraucher und auf Wunsch mit einem Bauchtanz zu empfehlen. Hier bekommt man für den ganzen Abend eine echte Wasserpfeife aus Buchara für gerade mal 1100 Rubel, umgerechnet also für etwa 30 Euro. Etwas günstiger ist der Genuss einer Wasserpfeife bei *Samarchan, Wachtanguri* oder *Safran*. Nicht unerwähnt in meiner Restaurantgalerie dürfen die schon erwähnte Lokalität *Elki-Palki* und die auf Wasserpfeife spezialisierte Bar *Vrednych privytschek* (Schädliche Gewohnheiten) bleiben. Zum Schluss sind die Cafeterias *White Cup* auf der Kujbyschev-Straße und *Gololed* (Eisglätte) zu erwähnen.

Während unserer Wasserpfeifentour lernten Aljona und ich einen Mann kennen, der wiederholt die Bedienung zu sich rief und immer eine neue Musik bestellte. Dabei zeigte er sich sehr spendabel. Als es schon ziemlich spät war und wir gerade nach Hause aufbrechen wollten, lud er uns plötzlich in seinen eigenen Nachtklub »Meteliza« ein, was »Schneesturm« heißt. Das klang auf jeden Fall vielversprechend.

Unterwegs fuhr er wie ein Henker, vielleicht um uns zu zeigen, wie gut er seiner Meinung nach fahren konnte. Es war nicht ratsam, diesbezüglich Wünsche zu äußern, um den Wagenherrn nicht in seinem Stolz zu kränken.

Der Nachtklub war sehr geräumig und mit vielen Sälen und Bartheken ausgestattet. Der Hausherr führte uns durch sein Reich und zeigte nicht ohne Stolz seine Besitztümer. Heute Nacht sollte hier, so der Chef, eine bekannte Band aus Deutschland auftreten. Wir kamen jedoch nicht in den Genuss, sie zu hören. Jedes Mal, wenn wir an einer Bartheke vorbeigingen, lud unser neuer Bekannter uns mit breiter Geste auf ein Getränk ein, so dass wir schon arg aufpassen mussten, uns nicht zu betrinken. So gut die Drinks auch schmeckten, fanden wir es doch unangenehm, dass der Klubchef seine Mitarbeiter jedes Mal leicht schikanierte und mit ihnen im Stil »aber dalli« sprach. Wir suchten bald nach einer Gelegenheit, uns zurückzuziehen, und als der Hausherr einmal weggerufen wurde, suchten wir das Weite.

Nicht dass wir unhöflich waren, aber manchmal will man einfach tun, was man will, zumal wenn man auch noch müde und etwas angetrunken ist. Als wir das nächste Mal den Klub aufsuchten, um uns bei dem Klubbesitzer zu bedanken, wusste keiner uns zu helfen, wo wir unseren neuen Bekannten finden könnten. Keiner kannte auch seinen Namen. Er war einfach verschwunden. Und ich hätte von ihm noch so gern ein paar Geschichten über die Mafia erzählt bekommen. Von daher blieb mein Wunsch unerfüllt und dieses Buch bekam ein Kapitel weniger. Der Leser muss wohl oder übel mit der »Russenmafia« in Hamburg oder sonst wo in Deutschland vorlieb nehmen.

* * *

Ein anderes Mal begaben Aljona und ich uns in den Klub »Papierne Luna« (Bumaschnaja luna) auf der Leningradskaja Straße. Als wir dort ankamen, lud uns gerade der halbdunkle Klubraum mit einem schwachen Licht von bunten Scheinwerfern im Bühnenraum zum Eintreten ein. Dieser Klub ist bei der Generation NEXT, wie die Indigokinder, die Generation der 2000er Jahre, sich selbst nennt, sehr beliebt und stieg in wenigen Jahren zu einem beliebten Treffpunkt der jungen Rock- und Popszene auf.

An dem Abend spielte die kultige Samara-Band »Cheese People«. Den Tipp hatte uns Natascha gegeben, eine gute Freundin. Natascha kannte ich von früher aus Stuttgart, wo sie für einige Zeit eine Theatergruppe als Dolmetscherin begleitet hatte.

Als wir ankamen, war »Natascha s Uralmascha« (Natascha vom Uralmasch, wörtlich: Maschinenwerk auf dem Ural), wie sie sich oft selbst nannte, mit ihren beiden Freundinnen Alexandra und Galina schon da. Sie kam auf uns zu und umarmte mich: »Hi, Felix, schön, dass du heute da bist. Wo treibst du dich denn so herum? Ich habe dich schon vermisst.« Ich begrüßte sie herzlich und stellte auch Aljona vor: »Das ist meine Freundin und sie ist der Grund dafür, warum ich mich lange Zeit nicht gemeldet habe. Ich habe mich vollends verloren.« »Ach, du Don Juan, und mir hat er nicht einmal einen Kuss gegeben«, sie lächelte und wirbelte mir mit ihrer Hand den Schopf auf.

Natascha gehörte bereits zu der jüngeren Generation, die nach der Perestrojka aufgewachsen war. Geboren 1985 – ihre Kindheit fiel also in die 1990er Jahre –, erzählte sie mir aus ihrer Perspektive, was ihr aus dieser Zeit am meisten in Erinnerung geblieben ist. In den Läden gab es auf einmal viele leckere Limonadesorten und Kaugummi zu kaufen, was für ein kleines Mädchen viel wichtiger ist als alle ökonomischen Probleme zusammen. Ihr Opa bekam in seinem Werk Lebensmittelpakete, deren Inhalt aus bunten Konservendosen bestand.

Mit einem Mal wurde diese bunte Mädchenwelt durch eine schreckliche Nachricht erschüttert. Der Tod des Journalisten Wladislaw Listjew im Jahr 1995 bedeutete für die kleine Natascha einen tiefen Einschnitt. Das Begräbnis wurde zu einem öffentlichen Ereignis. Zehntausende Menschen begleiteten die Trauerprozession. Alle Fernsehsendungen wurden am 2. März unterbrochen und den ganzen Tag wurde nur das Porträt des Journalisten mit der Unterschrift: »Wladislav Listjew ermordet« gezeigt. Der russische Präsident Boris Jelzin teilte die Nachricht vom Tod des Journalisten höchstpersönlich im Fernsehen mit. Dieses Ereignis blieb im Gedächtnis der damals zehnjährigen Natascha haften. Der zweite Krieg in Tschetschenien 1999 kam ihr nicht mehr so ungewöhnlich vor, wie es 1994 der Fall war, sondern eher als eine alltägliche Erscheinung im Hintergrund. Filme mit Silvester Stallone bildeten dazu einen passenden Rahmen.

Und ihr Kontakt mit dem Westen? Ja, den gab es auch. William aus den USA zum Beispiel, den sie im Jahr 2002 für eine Zeitung interviewt hatte. Er machte damals ein Auslandssemester in Samara. Dann kamen auch die ausländischen Bands. Los Scalameros aus Stuttgart, die neuen Musikrichtungen Ska und Reggae. In der Nähe von Samara findet jährlich eines der größten Musikfestivals Russlands statt – das »Gruschinski Festival«. Dort sah sie einen netten Trompeter, mit dem eine junge Frau auf Englisch sprach, aber Natascha konnte kein Englisch. So ein Pech. Plötzlich war der Wunsch da, Englisch zu lernen, um mit anderen Menschen aus anderen Teilen der Welt kommunizieren zu können. Dann kamen zwei russische Jungen aus den USA in den Ferien nach Samara zurück, die hat sie ebenfalls interviewt. Sie luden sie nach Amerika ein. Der innere Drang nach der weiten Welt wurde immer größer. Es folgten die ersten Auslandsreisen. 2002 natürlich in die USA – fast jeder Russe fühlt sich von den USA angezogen: »Das ist doch wie Russland: sehr groß und vielfältig!« Das Land der »unbegrenzten Möglichkeiten«, wie es Russland für die Europäer im 19. Jahrhundert einmal war. Damals war Natascha achtzehn Jahre alt und ging als Gastarbeiterin nach Maryland. Sie arbeitete als Verkäuferin in einem Geschäft und als Bedienung in einer Cafeteria. Dort hat es ihr am meisten gefallen, weil sie immer so viele Leckereien probieren konnte.

Eine andere Weltregion, die eine starke musikalische Ausstrahlung hatte, war die Karibik und vor allem Jamaika. Es kamen neue Moden: Dreadlocks, mechanisch verfilztes Haar, bei dem die Haare durch vielfach wiederholtes Kämmen gegen die Haarwuchsrichtung aufgeraut werden, Reggae, Rastafari – eine aus dem Christentum hervorgegangene Religion. Das war die Jamaikanisierung Europas und Russlands auf musikalischem, religiösem und ästhetischem Gebiet. In Russland kamen neue Subkulturen und Szenen auf. Hippies, Gothic, entstanden Anfang der 1980er Jahre aus dem Punk- und New-Wave-Umfeld. Im Laufe der 1990er Jahre kam es dann zu ihrer Entfaltung im Rahmen der Dark-Wave-Bewegung. Die Gothic-Subkultur bildete den Knotenpunkt der Schwarzen Szene. Dann kam Music for Indigo Kids (darkwave) auf und auch Emo, aber Emo war nicht so stark verbreitet. Ich als Laie verstand in dieser ganzen Informationsfülle, die mir Natascha hier vermittelte, nur Bahnhof, versuchte aber das Beste daraus zu machen.

Die Generation der »traurigen Kinder« vom Anfang der 2000er Jahre, melancholisch, depressiv – verlorene Kinder, wie Natascha sie nannte. Die vier Monate in den USA waren für sie eine Offenbarung und eine Absage an das Warten auf einen imaginären Prinzen. Sie hatte verstanden, dass sie ihr eigenes Leben selbst gestalten und aufbauen musste. 2007 schloss sie ihr Anglistikstudium ab.

Ihre Weltsicht war von nun an gespalten. »Du bist nicht dort«, sagte sie, »aber auch nicht hier.« Innerlich hatte sie sich verändert, fand aber das vor, was sie immer hatte: den »grauen Alltag«. Es folgte eine Depression: »Du kannst nicht so leben wie früher, nichts ist wie früher. Bewusstseinswandel. Vergleich. In Amerika weiße

Schuhe, nette Umgangsformen – ›Have a nice day‹ – und dann kommst du in diese unwirtliche Umwelt, rohe Sitten.« Sie hat bis jetzt keine psychologische Lösung für dieses Problem gefunden. Nach dem zweiten Auslandsaufenthalt wurde es mit ihr noch schlimmer. Sie verstand, dass sie weder im Ausland noch in Russland leben konnte. »Dich befällt Apathie, du willst gar nichts mehr.« Sie ging ins Kino, besuchte Cafés und Theater, Ausstellungen und Partys – bis sie eine Mitte in sich selbst fand. Sie war innerlich gewachsen. Sie wurde erwachsen. Sie wollte jetzt einer Arbeit nachgehen, die für sie eine Selbsterfüllung verheißen würde, und bekam eine Stelle an der Ökonomischen Universität in der Abteilung für internationale Zusammenarbeit. Dass sie ihre Arbeit dort auf weltoffene Weise tut, wurde mir klar, als sie fragte, was sie als Nächstes vorhabe. Sie lächelte sanft und lispelte: »Ich will in Indien meditieren.«

Im Laufe des Abends lernten wir auch die Freundinnen von Natascha näher kennen. Ich versuchte, typischen Merkmalen der jungen Generation von heute nachzuspüren. Alexandra – Jahrgang 1988 – war Journalistin bei der Zeitung »Wolschskij Westnik«. Sie war impulsiv, neugierig und gesprächig. Was war ihr von ihrer Kindheit in den 1990er Jahren in Erinnerung geblieben? Konzerte mit dem Popstar Valeri Leontjev – sie nannte ihn liebevoll ein »Äffchen« –, dann »Zum blauen Lichtchen« (Goluboi Ogonjok), was eine absolut kultige TV-Sendung aus Sowjetzeiten war, Musikfilme, der schwerkranke Präsident Boris Jelzin. Ein typisches Zeichen der jungen Generation auch in Russland – über seinen Tod erfuhr sie aus einem Internetportal. Es folgten Ägypten und Lemberg.

Die zweite Freundin, Galina – Jahrgang 1990 – studierte noch an der staatlichen Universität Journalistik. Ihre ersten journalistischen Erfahrungen machte sie in der Schule, als sie Gedichte und Artikel für ihre Schülerzeitung schrieb. In diese Zeit gehörte auch ihr bezeichnender Aufsatz: »Braucht unsere Gesellschaft noch Helden?« Ihre aktive gesellschaftliche Haltung führte sie im Jahr 2007 zur Jugendbewegung »Unruhige Herzen«. Hier machte sie ihre ersten Erfahrungen und Seminare in »Leadership«, wie sie es nennt. Sie interessierte sich für die Arbeit mit Menschen, tanzte gerne und war kulturbegeistert. Natürlich hatte sie sich gleich nach ihrer Immatrikulation für Journalistik als freie Mitarbeiterin in der Redaktion der Universitätszeitung gemeldet. Konflikte mit der Verwaltung wegen ihrer kritischen Artikel ließen nicht lange auf sich warten.

»Die Presse hat mein Leben verändert«, sagte sie. Die Welt ist groß und bunt – das möchte sie den Lesern zeigen. In ihr Leben und ihr Bewusstsein kam irgendwann auch Europa. Sie begeisterte sich für eine insbesondere unter Jugendlichen verbreitete Sportart aus Frankreich: Le Parkour. Die Aufgabe des Traceur (Läufer) ist es, sich im urbanen oder natürlichen Umfeld sicher bewegen zu können. Die Routen können allerdings sehr ungewöhnlich quer zu allen üblichen Wegen liegen. Der Traceur überwindet dabei alles, was ihm an Hindernissen in den Weg kommt. In einer urbanen Umgebung werden Pfützen, Papierkörbe, Bänke, Blumenbeete und Mülltonnen ebenso wie Baustellenzäune, Mauern, Litfaßsäulen, Garagen und unter Umständen Hochhäuser und Hochhausschluchten übersprungen und überklettert. Diese Sportart hat etwas mit dem Thema Freiheit zu tun. Jede Generation erfährt sie auf ihre eigene Art und Weise. Der einsame Held, der dem Weg von Punkt A zum gewählten Punkt B ungeachtet aller Hindernisse folgt und dabei gewinnt, das scheint ein Held dieser Generation zu sein.

* * *

Samara ist ohne Musik nicht vorstellbar. Schon allein die »Cheese People« und »Camapajam« können einen Musikliebhaber ganz schön aus den Socken hauen. Ohne Übertreibung: Die Cheese People sind die schrillste Band im postsowjetischen Raum. Die erste Band aus Samara, die wirklich unverwechselbar ist, die den Nerv der Zeit genau getroffen hat. Die Stadt Samara ist auf der musikalischen Karte Russlands noch beinahe ein weißer Fleck. Und doch ist das Klubleben in Samara derart intensiv und eigenartig, dass es keinesfalls verschwiegen werden soll.

Die Cheese People schlugen in Samara das Tor zur weiten Welt auf und sind gerade dabei, Moskau zu erobern. Die Geschichte dieser Band beginnt im Jahre 2003, als Anton in Moskau den dortigen Hip-Hopper Schipovnik kennenlernte. Bald begriffen die beiden, dass ihrer Musik eine unverkennbare Frauenstimme fehlte. Das Glück ließ nicht lange auf sich warten – bald fanden sie, was sie suchten: eine nette junge Frau, Olja, die eine unverwechselbare Stimme und eine perfekte englische Aussprache hatte. Olja schloss sich der Gruppe an, und los ging's … Nach einiger Zeit fanden sie die Synthese, die ihren speziellen Stil ausmachte. Dieser Stil war allerdings etwas ganz anderes als Hip-Hop. Schipovnik verließ die Gruppe und die Cheese People bekamen einen neuen Schlagzeuger. Ihr erstes Album hieß »Psycho Squirrel«.

Diese CD ist gut. Es ist lang her, dass in Russland etwas so Außergewöhnliches aufgenommen worden ist. Auch aus dem Westen kommt solche Musik selten. »Tokio Hotel« ist das nicht, traurig und introvertiert ist es auch nicht. Die Cheese People sind aus anderem Holz, Entschuldigung: Käse geschnitzt. Sie schütten über dem Zuhörer keine Informationsflut aus, suchen nicht nach einem tieferen Sinn. Ihre Musik ist ein absoluter, ultimativer Drive. Diese Musik pumpt die reine Energie des neuen Russlands in deine Ohren. Egal was diese Band spielt – den leichtflammenden Disco-Punk, geheimnisvollen Trip-Hop, synthetischen Funk oder dumpfen Rap – jede musikalische Phrase durchstößt das Hirn wie ein Schuss Adrenalin.

Auch die junge Band »Camapajam« hatte in zwei Jahren bereits das geschafft, was manch andere erst am Ende erreichen: Gastspiele und Tourneen in Russland, Deutschland und der Ukraine, Wohltätigkeitskonzerte in Sonderschulen, Teilnahme an Festivals unterschiedlicher Formate und Stile – vom Jazz bis zum Rock 'n' Roll. Sie hatte gemeinsame Projekte mit einem japanischen Show-Orchester und einem finnischen Avantgarde-Jazz-Quartett; sie kennt helle Konzertsäle und verrauchte Keller; unzählbare Flugstunden und tausende Autokilometer. Alle diese Kontraste entsprechen der Eigenart eines jeden Musikers dieser Band, von denen jeder mehrere Instrumente virtuos beherrscht. Diese Gruppe ist dynamisch, musikalisch kompromisslos und originell, sie überströmt die Musikszene unentwegt mit einer eigenartigen, ungewöhnlichen Musik – einem Mix aus energiegeladener Rockmusik, klassischer Jazzimprovisation und moderner Popmusik.

* * *

Die Konzertsäle der Stadt kennen auch noch eine ganz andere Musik. Die Musik eines Genies, das die ganze Welt aufhorchen ließ – die Musik von Dmitri Schostakowitsch. In Samara wurde am 5. März 1942, zur schlimmsten Kriegszeit, seine 7. Symphonie uraufgeführt, auch »Leningrader Symphonie« genannt.

Schostakowitsch sah man in Samara auf den Straßen spazieren gehen. Auch die städtische Musikschule Nr. 1 in der Kujbyschew-Straße hat er besucht. Obwohl die Schule offiziell geschlossen war, unterrichteten die Lehrerinnen und Lehrer ununterbrochen weiter Musik, die ganze Kriegszeit über.

Als die Leningrader Symphonie in Samara zum ersten Mal gespielt werden sollte, schrieb der Schriftsteller Alexej Tolstoj, der sich die Proben angehört hatte, darüber einen großen Artikel für die sowjetische Presse. Die kulturelle Elite des Landes war deswegen auf ein ungewöhnliches Ereignis gespannt, zumal das Konzert im ganzen Land ausgestrahlt wurde. Auch im Ausland erfuhr man schnell von diesem Ereignis, unter anderem, weil Diplomaten aus vielen Ländern bei der Uraufführung anwesend waren. Das Notenmaterial wurde in kürzester Zeit aus dem Land geschmuggelt und im gleichen Jahr in New York aufgeführt.

Der amerikanische Dichter Carl Sandburg schrieb am 26. Juni 1942 einen bewegenden Brief an Schostakowitsch: »Letzte Woche hörte ganz Amerika Ihre Symphonie – das musikalische Portrait eines Russland, das in Blut und Trauer ertränkt wird. Wir haben ein Volk vor uns, das in den tragischen Tagen, als die Front direkt vor seiner Hauptstadt Moskau lag, seine Größe offenbart. Es zeigt seinen Komponisten, der Musik schreibt, während die Bomben fallen. Weder in Berlin noch in Paris, Brüssel, Amsterdam, Kopenhagen, Oslo, Prag oder Warschau – überall, wo die Nazis ihre ›neue‹ Ordnung installiert haben – gibt es neue Symphonien.« Schostakowitsch versteckte seine Noten in einer leeren Konservendose und schickte sie ins Ausland: über Persien und Ägypten nach New York. Arturo Toscanini hat dort diese Symphonie mit 92 Musikern dirigiert, was Sandburg wie folgt kommentierte: »Ihre Musik erzählt von einem Volk, das eine Niederlage nicht hinnehmen kann, sie erzählt, dass dieses Volk noch seinen Beitrag für den Weltfrieden und für das Verständnis von Freiheit und Ordnung leisten wird.«

Was für ein Kontrast: Sechs Jahre später, im Jahr 1948, kam es aufgrund eines unglücklichen Beschlusses des Zentralkomitees der Kommunistischen Partei der Sowjetunion zur Oper von Wano Muradeli »Die große Freundschaft«. Das war ein Signal zum Kampf gegen den sogenannten Formalismus und Kosmopolitismus in der Musik und führte zum Angriff auf die Musik von Dimitri Schostakowitsch. Den traf der Schlag als ersten. Der berühmte Cellist Mstislaw Rostropowitsch erinnerte sich an die damalige Zeit, als er noch Student bei Schostakowitsch war: »In der Musikhochschule lasen die Studenten am Schwarzen Brett die Mitteilung, dass Schostakowitsch wegen seiner professionellen Unzulänglichkeit nicht mehr Professor im Fach Komposition ist!« Mstislaw Rostropowitsch erlebte *seine* schlimmste Erniedrigung, wie er es sagte. Was musste dann erst der Komponist selbst gefühlt haben?

Kurzurlaub in Kasan

Eines Tages bot sich Aljona und mir die Gelegenheit, einen Ausflug nach Kasan zu unternehmen. Vor kurzem hatte ich Irina und Jana besucht, die guten Geister des Regionalzentrums Deutscher Kultur »Hoffnung«, das sich auf dem Gelände der St.-Georgs-Kirche befindet. Sie hatten immer feines Gebäck zum Tee und boten stets ein gutes Gespräch dazu. Dort traf ich meinen alten Bekannten aus Kasan, Waldemar Deutz. Er lud mich prompt nach Kasan zu einer Lesung in der evangelisch-lutherischen Katharinenkirche ein. Diese Einladung nahm ich dankbar an.

Aljona und ich saßen nun also im Nachtzug nach Kasan, der Hauptstadt von Tatarstan und somit einer tatarischen Teilrepublik der Russischen Föderation. Kasan liegt ungefähr 300 Kilometer nördlich von Samara entfernt am oberen Lauf der Wolga.

Im Abteil fuhren mit uns zwei Männer. Der eine war ein Tatare aus Kasan und hieß Elgisar, der andere war ein Russe aus einem Dorf und hieß Andrej. Elgisar, ein kräftiger Bursche, hatte einen reichen Onkel, der ihm in Samara ein Fitnesszentrum gebaut hatte, in dem Elgisar nun Geschäftsführer war, weshalb er schweren Herzens nach Samara hatte umziehen müssen. Das Geschäft ging vor. Für seinen Heimaturlaub in Kasan hatte Elgisar viel Proviant mitgenommen: Fleisch, Fisch, Krebse, Wodka inklusive – ein königliches Nachtmahl. Das Licht im Zug wurde heruntergedreht, im Halbdunkel waren die Gesichter kaum zu erkennen. Es war sehr warm und gemütlich, wir saßen eng beisammen. Von Zeit zu Zeit stießen wir an und tauschten brüderliche Bekenntnisse aus.

Andrej war eine Autorität. Wenn er aus der Stadt nach Hause kam, holten sich die Bewohner bei ihm allerlei benötigte Ratschläge. Das war vor 150 Jahren nicht anders gewesen. Die Saisonarbeiter, die aus dem Dorf in die Stadt gingen – und es waren etliche Hunderttausend, die nach Petersburg oder Moskau aufbrachen und dort vor allem am Bau und in der Konsumgüterproduktion arbeiteten –, waren so etwas wie die Dorfaristokratie. Sie hatten schicke Kleider und städtische »Manieren« und hießen auch »Frajer«, vom deutschen »frei« abgeleitet.

»Bei uns herrschen strenge Sitten«, erzählte Andrej mit gedämpfter Stimme. »Wer gegen die Gemeinschaft verstößt, erfährt die gerechte Strafe. Wir sind uns selbst Gericht und Gewissen. Wir hatten vormals so zwei komische Vögel – haben sie im Sumpf ersäuft und basta.«

Und das sagte ein junger, sympathischer Mann mit einer leisen, gütig klingenden Stimme. Es ist ja genau das, was schon die Klassiker der russischen Literatur mit tiefster Erschütterung festgestellt hatten: diese unglaubliche Gutmütigkeit, gepaart mit einer abgrundtiefen, dumpfen Brutalität. Morden und Buße tun. Die kaum wahrnehmbare Grenze zwischen Gutmütigkeit und Grausamkeit. War ich in einem Roman von Dostojewski gelandet? Ich redete mit meinen Reisenachbarn noch bis tief in die Nacht hinein, alle anderen schliefen schon längst.

* * *

Am frühen Morgen holte uns Waldemar vom Bahnhof ab und führte uns gleich … in eine Bar. Wenn man fremde Länder bereist, sollte man immer auf kulinarische Überraschungen gut vorbereitet sein. Auch diesmal war das nicht viel anders: Dieses Ritual vollzog Waldemar immer, wenn er Gäste in Empfang nahm. Und zwar musste zum schwarzen Kaviar unbedingt ein armenischer Cognac gereicht werden. Diese ungewöhnliche Begrüßung versetzte uns in der Tat in Hochstimmung. Danach brachte er uns ins Hotel in der Stadtmitte, wo wir auf seine Kosten übernachten durften. Wirklich ein fürstlicher Empfang.

Kasan um sieben Uhr morgens. Eine helle, saubere, schöne Stadt. Links und rechts pompöse Regierungsgebäude im neoklassizistischen Stil, Universität, Sportpaläste. Die Stadt ist eine riesige Baustelle. Zu den Internationalen studentischen Spielen, im Russischen Universiade genannt, die in Kasan im Jahr 2013 zu Gast sein wird, wird tüchtig geklotzt. Die Regierung Tatarstans, einer Teilrepublik mit vielen muslimischen Tataren, gibt sich Mühe, ihrer Hauptstadt Kasan das Image einer toleranten, offenen Stadt zu geben, in der Bürger unterschiedlicher Religionen friedlich miteinander leben. Mehr als die Hälfte der Bevölkerung machen Tataren aus, etwa ein Drittel sind Russen. Den Rest bilden Tschuwaschen, Ukrainer, Russlanddeutsche, Juden und andere. Es bleibt nur zu hoffen, dass die Pläne der Regierung der Republik

Tatarstan in Erfüllung gehen und Kasan zum Ziel vieler ausländischer Touristen wird.

Kasan gibt das Bild einer repräsentativen Verwaltungsstadt, die sich ein Denkmal aus Stein gesetzt hat. Diese tatarische Stadt gereicht einer jeden europäischen Metropole zum Vorbild, was ihre gute Infrastruktur und ihre Begrünung angeht. Und die Kasaner Universität kann es vom Architektonischen her mit jeder anderen in Europa aufnehmen. Ihre prächtigen Gebäude ähneln den Wissenschaftstempeln von New York oder Paris. Der Stadtteil am linken Ufer des Flusses Kasanka, der in die Wolga mündet, erinnert mit seinen riesigen Baustellen für Hochhäuser, Hotel- und Wohnblocks, Shoppingmalls und Erholungszentren an Dubai en miniature. Hier wird das Olympische Dorf gebaut. Alles ist schön, mitunter sogar ein wenig steril. In Kasan kann man abends fast nirgendwo ausgehen, da es eine muslimisch geprägte Stadt ist. Ein strenger Mann oder eine stolze, unnahbare Frau – das ist Kasan.

Übrigens wurde Kasan als erste nichtrussische Stadt von den Moskauer Großfürsten erobert, womit eigentlich bereits 1552 die Geschichte des Kaiserreiches ihren Anfang nahm, obwohl es offiziell erst nach dem Ende des Großen Nordischen Krieges 1721 proklamiert wurde. Um besser die Geschichte der Stadt zu verstehen und uns eine authentische Vorstellung von ihr zu vermitteln, zeigte uns Nafisa, eine tatarische Studentin, die älteste steinerne Moschee der Stadt, die noch mit Unterstützung von Katharina der Großen im 18. Jahrhundert ungeachtet des Widerstands der Stadtverwaltung erbaut worden war. Es wäre verkehrt, hier die Vergangenheit zu idealisieren. Schon immer gab es Konflikte zwischen verschiedenen Völkern und Glaubensrichtungen, entscheidend war dabei die Einstellung dazu: Wollte man einen Konsens erreichen – erreichte man ihn meistens; wollte man Krieg – bekam man ihn sicher.

»Einmalig in der Geschichte ist die Tatsache, dass die größte Moschee Europas ebenfalls in Kasan eröffnet wurde, und zwar im Jahr 2004 im Kasaner Kremlin«, sagte Nafisa ganz stolz auf ihre

Stadt. Ich konnte es nicht unterlassen und ergänzte sie allzu gerne: »Und die erste Moschee in einer europäischen Hauptstadt? Die stand auch in Russland – seit 1913 in St. Petersburg. Sie wurde mit dem Geld des Emirs von Buchara und der Tataren gebaut.«

»Kasan verbindet viel mehr mit Europa, als man glauben könnte«, Nafisa freute sich sichtlich, dass wir so interessiert zuhörten. »Die Kasaner Universität ist eine der ältesten bedeutenden Universitäten Russlands. Hier studierten Wladimir Lenin und Leo Tolstoi, die jedoch nach dem ersten Semester ihr Jura-Studium abbrachen. Lenin für seine Teilnahme an der Studentenrevolte, Tolstoi vermutlich aus Langeweile, da die Uni um diese Zeit ein Bollwerk des Konservatismus und der Reaktion war, die damals an den russischen Universitäten grassierten.«

»Kasan ist nicht nur als Hauptstadt einer tatarischen Republik bekannt, sondern auch als wichtiges spirituelles Zentrum des Christentums«, meldete sich Aljona als überzeugte Christin zu Wort. »Hier erschien 1870 das Buch ›Aufrichtige Erzählungen eines russischen Pilgers‹ – ein Klassiker der ostkirchlichen Spiritualität, durch das das Jesusgebet weltweit bekannt wurde«. »Und wie ist heute das Verhältnis zwischen den Muslimen und Christen? Hoffentlich schlagen sie sich nicht wie die Araber und Israelis die Köpfe ein«, wollte ich von Nafisa wissen. »Unvorstellbar«, wies Nafisa meine Vermutungen ab. »Wir leben doch schon so lange Zeit friedlich miteinander!« Das beruhigte mich, freilich konnte ich nicht so ganz von meinen skeptischen Gedanken lassen: Zu oft nahm man einen jeden passenden Vorwand, um eigene Interessen durchzusetzen oder um die Situation zum eigenen Vorteil auszunutzen. Ich wollte aber natürlich hoffen, dass es in Kasan auch in Zukunft so friedlich bleiben würde.

»Soviel ich weiß«, wechselte ich das Thema, »fand hier in den 1920er Jahren auch eine enge militärische Zusammenarbeit zwischen Deutschland und der Sowjetunion statt. Nach dem Vertrag von Rapallo führte die deutsche Reichswehr zusammen mit der Roten Armee zwischen 1926 und 1933 nicht weit von Kasan die

Erprobung von Panzern und die Ausbildung von Soldaten durch, die als Offiziere oder Unteroffiziere dienten. So war es später möglich, innerhalb von wenigen Jahren die deutsche Armee um ein Vielfaches zu vergrößern. Die deutschen Offiziere entwickelten hier zusammen mit ihren russischen Kollegen eine Strategie der Einkesselung von großen Truppeneinheiten mithilfe von Panzerzangen an den Frontenflanken, die sie in ihrem Blitzkrieg gegen die Sowjetunion in der ersten Phase erfolgreich angewendet hat.«

Jesus-Gebet und Blitzkrieg – größere Gegensätze sind wohl schwer zu finden!

* * *

»Wie wär's mit einer kleinen Nachtmusik?«, fragte uns Sonja, eine Freundin von Aljona, als sie uns zu einem kleinen Konzert in den großen philharmonischen Saal der tatarischen Hauptstadt einlud. Aljona nannte sie liebevoll Eselchen, da sie dem Ia aus dem Winnie Puh-Trickfilm sehr ähnelte, weil sie oft sehr traurig war. Es war schon am späten Abend, als Sonja uns in den Konzertsaal führte. Nebenbei bemerkt, studierte sie Orgelspiel am Kasaner Konservatorium und ihr trüber seelischer Zustand rührte zum Teil daher, dass sie zu ihrem widerspenstigen Professor keinen ordentlichen fachlichen Kontakt herstellen konnte, weshalb sie sich bald darauf entschied, das Studienfach zu wechseln und Bauingenieurin zu werden. Dennoch bereitete dieser Umstand ihrer wundervollen Darbietung keinen Abbruch, so schön hatte ich die Fugen von Johann Sebastian Bach noch nie gehört.

Die Krönung des Konzerts war die anschließende Zeremonie, die sich Aljona spontan ausgedacht hatte – sie schlug mich zu einem Elfen. Mir wuchsen beinahe Flügel.

Ausgerechnet um diese späte Stunde, es war schon kurz nach Mitternacht, hörten wir einen schrecklichen Lärm, der von dem Eingangsbereich herkam. »Himmel, es ist bestimmt der Faunus«, rief Sonja beunruhigt aus und lief aus dem Saal hinaus. Aljona und ich schauten einander verwundert an und gingen ihr hinterher.

Welch eine Überraschung war das für uns, als wir an dem Wachposten unseren alten Bekannten Waldemar sahen. Es hat sich alles schnell geklärt: Waldemar war in Sonja hoffnungslos verliebt und stellte ihr nach. Sie nannte ihn liebevoll mit dem Namen dieses altgriechischen Waldwesens, weil er in der Tat seinem Habitus und Temperament nach einem Faunus sehr ähnlich war.

Der Arme verlor gänzlich den Kopf, schrie, dass er sie auf der Stelle sehen will, und als er sie tatsächlich sah, stieß er einen noch lauteren Freudenschrei aus und stürmte auf sie los. »Sonja, mein Engel, endlich sehe ich dich! Wo versteckst du dich nur immer? Ich habe nach dir überall gesucht!«, rief er trunken vor Glück, obwohl er ja schon längst wusste, dass Sonja im Konzertsaal gewöhnlich abends Orgel übte. Er umarmte sie heftig und versuchte, ihr auf die Wange einen fetten Kuss aufzudrücken. Sie schob ihn zurück, was sie sichtlich viel Kraft kostete, weil Waldemar eine große Statur hatte und Hände, die einen Bären bändigen könnten.

»Du weißt ganz genau, dass ich um diese Zeit hier Orgel spiele. Und du solltest mich nicht unbedingt vor meinen Freunden blamieren!«, wies sie ihn mit einer strengen Stimme in die Schranken. »Das sind doch auch meine Freunde!«, entgegnete Waldemar trotzig, offenbar beleidigt in seinen besten Gefühlen.

»Und trotzdem, du solltest um diese Zeit nicht hier sein, sondern zu Hause. Bist du verrückt?! Hast du denn keine Angst, dich vor deiner eigenen Frau zu blamieren?«, ließ Sonja nicht locker. Augenscheinlich war das nicht der Fall. Waldemar machte eine breite einladende Geste und lud uns in eine Bar ein. Doch zuvor wollte er unbedingt an Ort und Stelle auf unser unerwartetes Wiedersehen feierlich anstoßen und holte aus seiner großen Hosentasche eine Flasche Wodka heraus. »Bruder, gib uns ein paar Gläser«, bat er den Wachposten der Philharmonie mit der Selbstverständlichkeit eines Stammgasts. »Wir wollen diese wunderliche Begegnung feiern. Außerdem ist es ein offenes Geheimnis, dass ich dich lieb habe«, sprach er beschwichtigend zu Sonja. »Felix, mein Freund, du würdest mich sicherlich verstehen. Es ist kein

Wunder, dass ich mein Herz an diese wunderbare Fee verloren habe«. »Sei gewiss, ich habe eine solche Erfahrung schon gemacht«, und ich schaute schmunzelnd zu Aljona. Waldemar drückte uns dabei die Gläser in die Hand und schaute Sonja schelmisch an: der Faunus eben.

Am nächsten Tag zeigte uns Waldemar sein Kasan: Das literarische Museum von Maxim Gorki (ehrfurchtsvoll), den Vertreter der Partei »Einiges Russland« (sachlich) und das Denkmal des deutschen Gelehrten, Naturforschers und Ethnographen Karl Fuchs, der Medizinprofessor an der Kasaner Universität gewesen war (pietätvoll). 1996 hatte es dank Waldemars Bemühungen seinen ihm gebührenden Platz in einer Grünanlage, die ebenfalls nach dem Gelehrten benannt ist, gefunden. Fuchs empfing Alexander von Humboldt auf seiner Russlandreise und durfte diesem viele Stunden lang über die Sitten und Bräuche der Tataren erzählen. Die Tataren haben den deutschen Doktor nahezu verherrlicht, weil er auch ihren Frauen medizinische Hilfe anbot, was bei der muslimischen Bevölkerung damals keine Selbstverständlichkeit war.

Höchste Höhen, tiefste Tiefen

Aus Kasan zurückgekommen, vertiefte ich mich wieder eifrig in die Geschichte von Samara. Eines Abends, als ich in der Bibliothek fertig war, regnete es draußen in Strömen. Bei solchen Wetterverhältnissen pflegte ich gewöhnlich bei »Dali« einzukehren. Das ist ein Art-Restaurant an der Kreuzung von Samaraskaja und Leo Tolstoj Straße, einige Häuserzeilen von meinem Zimmer entfernt. Ich nahm in meiner Lieblingsecke mit sehr bequemen Sitzen aus braunem Leder Platz. Nachdem ich mich mit einer Tasse Kaffee gestärkt hatte, holte ich mein Notizbuch und das Handy hervor, um Sascha anzurufen.

»Hallo, Sascha, hast du heute Abend schon was vor? Du, ich bin gerade bei Dali. Hast du Lust, mich dort zu treffen?«

»Ja, warum nicht? Das passt mir sehr gut. Ich habe heute sowieso nichts mehr vor. Und sag mal, wann haben wir uns das letzte Mal gesehen? Schon eine ganze Weile her, oder? Ich bin in einer halben Stunde da.« – »Super, ich frage dann noch Marco. Er wohnt, glaube ich, irgendwo in der Nähe.«

»OK, ich freue mich, bis dann.«

Sascha hatte ich im Sprachzentrum des Goethe-Instituts an dem Abend kennengelernt, als dort ein Germanist aus Würzburg einen Vortrag über Wortbildungen im modernen Deutsch hielt. Er zeigte dies am Beispiel vom Liedgut des weltgrößten Heavy-Metal-Festivals in Wacken auf. Sascha selbst arbeitete beim Sprachzentrum und brachte in Samara zusammen mit den Germanisten und Menschen, die die deutsche Sprache lieben, ein deutschsprachiges Blatt heraus. Wie eigenartig und schön es doch ist, dass so fern von Deutschland Liebhaber der deutschen Sprache zu finden sind, dachte ich mir.

Dafür, dass die deutsche Sprache in der Stadt nicht verkommt, sorgen neben dem erwähnten Sprachzentrum die Germanistiklehrstühle an den verschiedenen Universitäten und Hochschulen sowie die drei Schulen der Stadt, in denen Deutsch schwerpunktmäßig unterrichtet wird. Die zentrale Aufgabe des Goethe-Instituts, die deutsche Sprache und die deutsche Kultur ins Ausland zu tragen, hat im Falle Russlands ihre Besonderheiten. Es wäre wichtig, das bereits vorhandene Kapital und den hohen Stellenwert der deutschen Sprache in Russland zu bewahren und weiterzuentwickeln. Etwa drei Millionen Menschen sprechen in Russland Deutsch als Fremdsprache. In Deutschland beherrschen noch einmal genauso viele die russische Sprache, zum größten Teil Russlanddeutsche oder andere Migranten, die zuvor auf dem Territorium der ehemaligen Sowjetunion gelebt hatten.

Die meisten von ihnen sind in den letzten 20 Jahren nach Deutschland gezogen. Aber selbst das ist nicht unbedingt ein Verlust für Russland, sondern ein Gewinn für beide Länder, weil diese Bürger sich mit ihrem Wissen und Potenzial für die Stärkung der deutsch-russischen Beziehungen einbringen können und bereits tatkräftig dabei sind, genau das zu tun.

Nach der Ankunft beider Freunde gab es reichlich Schulterklopfen und herzliche Begrüßungen. Einen zusätzlichen Anlass zur allgemeinen Erheiterung unserer kleinen, aber feinen Gesellschaft gab die bunte Krawatte von Marco, die aus seiner riesigen Sammlung stammte. Marco war ein Argentinier und hatte Germanistik und Spanisch in Stuttgart studiert, bevor er nach Samara kam. Hierher fand er über Umwege, als er eine Reihe von Praktika – unter anderem in Samarkand in Mittelasien – absolvierte.

»Mein lieber Marco, du erinnerst mich an unseren Altbürgermeister von Stuttgart, Manfred Rommel«, setzte ich ein, »der eine der größten Krawattensammlungen hatte. Jetzt ist sie im Ludwigsburger Schlossmuseum zu bestaunen. Ich glaube, dort fehlt noch eine Krawatte«, und ich deutete mit den Augen auf seine Brust.

»Ganz richtig«, nahm Marco den Gesprächsfaden auf, »ansonsten hat Rommel sich auch als Literat hervorgetan. Er bemerkte einmal: ›Der Schwabe denkt immer: Was groß ist, ist unnötig‹. Es kommt ja nicht von ungefähr, dass auch der berühmte Spruch aus Schwaben kommt: Small is beautiful.«

»Von daher ist die Städtepartnerschaft zwischen Stuttgart und Samara auch in psychologischer Hinsicht eine kontrastreiche«, fügte Sascha hinzu.

»In Russland verhält es sich mit der Größe genau umgekehrt – hier muss alles groß sein«, sagte Marco, »ein weit verbreiteter Gedanke im postsowjetischen Russland ist folgender: ›Wir sind die Größten in der Welt – wir haben die größten Fabriken.‹ Dabei ist es wichtig, nicht von der geographischen Größe eines Landes auf die Dimensionen der Seele und des Geistes zu schließen. Das muss deshalb gesagt werden, weil manchmal eine Tendenz vorhanden ist, sich vor der geographischen Größe Russlands ehrfürchtig zu verbeugen und daraus eine geistige abzuleiten.«

»Gerade gestern«, dabei zog ich mein Notizbuch, das ich immer bei mir trug, aus meiner Tasche, »habe ich untersucht, inwiefern die Aussage vieler Heimatforscher korrekt ist, dass das Bahnhofsgebäude von Samara das größte in Europa sei. Bei solchen Behauptungen leuchtet bei mir erst einmal ein Warnlämpchen auf. Wenn ich den Superlativ ›größte‹ höre, versuche ich der Sache auf den Grund zu gehen. Die Größe eines Bahnhofs ist nach mehreren Parametern zu bestimmen: der Höhe des Bahnhofsgebäudes, der Anzahl der Gleise, der Anzahl der an- und abfahrenden Züge oder der Anzahl der Fahrgäste.«

»Interessant, was du da herausgefunden hast. Wir haben es auch schon gehört«, bestätigten mir Sascha und Marco.

»Der Züricher Bahnhof ist mit seinem Fahrgastaufkommen von bis zu 500.000 Personen pro Tag oder ca. 180 Millionen im Jahr in dieser Hinsicht der erste in Europa. Hamburg hat 450.000 Fahrgäste pro Tag und kann hiermit als der größte Deutschlands gelten. Der größte Bahnhof in den USA dürfte mit mehr als 500.000 Fahrgästen pro Tag der Grand Central Terminal von New York sein. Aber es kommt noch zu einer Steigerung. Der größte Personenbahnhof der Welt ist nach Passagierzahlen ein Bahnhof in Tokio. Der Bahnhof Shinjuku ist, könnte man sagen, ein reiner Pendlerbahnhof mit täglich zwischen ein und vier Millionen Fahrgästen. Einer der größten Bahnhöfe der Welt dürfte auch der Bahnhof Chahatrapati Shivaji Terminus in Mumbai, der indischen Partnerstadt von Stuttgart, sein, und das will – mit rund 3,5 Millionen Menschen täglich oder etwa 1,2 Milliarden im Jahr – etwas heißen.«

»Es dürfen natürlich die Bahnhöfe von Paris und London nicht unerwähnt bleiben«, ergänzte mich Marco. »Selbstverständlich. Das tägliche Passagieraufkommen am Gare Montparnasse liegt bei ungefähr 175.000 Personen, wobei es in der Ferienzeit bis auf 400.000 Personen steigen kann. Das ist also vergleichbar mit den etwa 170.000 täglichen Fahrgästen im Berliner Hauptbahnhof. Die Zahl für Waterloo in London konnte nicht ermittelt werden, die Londoner bleiben wie immer diskret.«

»Und bezüglich der Anzahl der Gleise?«, wollte Sascha wissen. »Nach der Anzahl der Gleise wiederum«, gab ich bereitwillig

Auskunft, »teilen sich in Europa den ersten Platz München mit 36 und Zürich mit 35 Gleisen, die Angaben variieren. Laut einer anderen Quelle haben der Münchener und der Frankfurter Bahnhof jeweils 32 Gleise.

Bei der Anzahl täglicher Abfahrten steht der Züricher Bahnhof mit mehr als 2915 wieder an erster Stelle, er gilt als einer der meistfrequentierten Bahnhöfe der Welt. Das heißt, etwa alle 25 Sekunden fährt ein Zug ein oder aus.«

»Selbstredend ist das alles hoch interessant. Aber wo bleibt denn der Bahnhof von Samara?«, fragte Sascha bereits ungeduldig nach. »Gemach, gemach. Eile mit Weile«, beruhigte ich ihn. »Das höchste Bahnhofsgebäude in Europa steht mit fast 75 Metern – jawohl – in Samara! Da haben wir unseren Superlativ! Der Bahnhof hat übrigens acht Gleise und lässt ordentliche 27.000 Fahrgäste pro Tag durch. Als höchster Bahnhof der Welt darf das Bahnhofsgebäude in der japanischen Stadt Nagoya genannt werden. Das Gebäude besteht aus zwei Türmen mit jeweils 245 Metern. Und nach dieser Logik ist der Bahnhof von Samara der größte in Europa. Das soll nun doch einmal festgehalten werden.«

»Es bleibt nur noch zu fragen«, Sascha galt als großer Kenner der Ukraine, »an welches Maß denn der ukrainische Minister für Transportwirtschaft gedacht hat, als er sagte, dass in Kiew der größte Bahnhof der Welt gebaut werde. Ob es die ukrainische Hauptstadt mit ihren paar Millionen Einwohnern mit dem Großraum Tokio oder dem Großraum Mumbai aufnehmen kann?«

Nach diesem Ausflug in die Welt der Bahnhöfe holte ich erstmal tief Luft und schaute meine Freunde erwartungsvoll an.

Marco, der schon mehrere Male versucht hatte, das Wort zu ergreifen, witterte endlich seine Chance, einen weiteren Superlativ von Samara ins Gespräch zu bringen: »In Samara befindet sich nicht nur das höchste Bahnhofsgebäude Europas, sondern auch der zu Zeiten des Zweiten Weltkrieges tiefste Bunker. Der sogenannte Stalinbunker wurde während des Krieges im Jahr 1942 für den Fall gebaut, dass Stalin nach Samara käme.«

»Diesen unterirdischen Bau würde man gar nicht finden, wenn man nicht genau wüsste, wo er zu suchen ist«, warf Sascha ein. »Warst du schon im Stalinbunker?«, fragte ich ihn. »Ja, natürlich. Kurz nach meiner Ankunft in Samara führten mich meine Freunde dahin. Der unauffällige Eingang durch eine Seitentür rechterhand im Foyer der Akademie für Kultur und Kunst in der Frunse Straße 167 würde keinen auf den Gedanken bringen, dass sich hinter dieser Tür nicht eine Besenkammer, sondern etwas Bedeutendes verbergen sollte. Es bleibt bis heute ein Rätsel, wie man vom Februar bis Oktober 1942 mitten in der Stadt, damals unter dem Gebäude des kommunistischen Gebietskomitees mit seinen fünf Stockwerken, einen Bunker mit einer Tiefe von 37 Metern bauen konnte. Am Bau waren 2900 Arbeiter und etwa 800 Ingenieure und Techniker beteiligt. In dieser Zeit wurden 25.000 Kubikmeter Grund ausgehoben und 5000 Kubikmeter Beton verbaut. Mitten im Krieg war das eine gewaltige logistische und bautechnische Leistung. Nur zum Vergleich: Der Bunker von Hitler in Berlin war mit 16 Metern nicht einmal halb so tief, und die Bunker von Churchill und Roosevelt waren sogar nur zwei Stockwerke tief.« – »Was mich noch mehr interessiert als die Tiefe: Wie sieht denn der Stalinbunker von innen aus?«, fragte ich.

Sascha erzählte weiter: »In der Tiefe befinden sich unter anderem der große Sitzungssaal des Generalstabs mit einer großen strategischen Karte hinter dem Stuhl des Oberbefehlshabers, also Stalins, sowie sein Arbeitszimmer. Im diesem steht ein Schreibtisch, dessen Oberfläche mit grünem Tuch überzogen wurde. Auf dem Tisch steht ein unabdingbares Attribut der Obrigkeit aus der damaligen Zeit, das insbesondere in den Arbeitszimmern von Parteibossen und Sicherheitspolizei zu finden war: ein schwarzer Telefonapparat. Im Arbeitszimmer gibt es vier Türen, von denen zwei ins Nirgendwo führten – hinter ihnen verbirgt sich eine Betonwand. Sie dienten vermutlich dazu, um eine Illusion von einem größeren Raum zu schaffen.«

»War Stalin denn überhaupt in diesem Bunker?«, fragte ich nach. – »Das weiß niemand. Offiziell war das nicht der Fall, aber es ist nicht auszuschließen, dass er hier war, wenn man die ganze

Geheimnistuerei und seine misstrauische Natur berücksichtigt. Ich persönlich denke, dass es nicht der Fall war, da der Besuch von Stalin in der Stadt sicherlich nicht unbemerkt geblieben wäre, wenigstens von seiner Tochter Swetlana.

Das steht nun aber fest: Die Existenz dieses Bunkers zeugt davon, dass durchaus damit gerechnet wurde, dass ›eine besondere Situation‹ eintreten könnte. Damit war eine negative Entwicklung bei der Schlacht um Moskau gemeint. In der Tat gibt es Hinweise, dass Stalin im Oktober und November 1941 nicht weit davon entfernt war, Moskau zu verlassen, und dass alle notwendigen Vorbereitungen bereits getroffen waren. Damals wurden viele Garderobenstücke und drei gepanzerte Wagen: ZIS, Buick und Cadillac, die für den Generalissimus vorgesehen waren, nach Samara geschickt. Stalin begriff jedoch sehr gut, dass, falls er Moskau verlassen hätte, dies einer Niederlage gleichgekommen und dem Siegeswillen der sowjetischen Menschen abträglich gewesen wäre.

Im Februar 1942, als mit dem Bau des Stalinbunkers angefangen wurde, wurden aus Moskau bereits die sowjetische Regierung und 22 Botschaften und Konsulate nach Samara verlegt. Auch wohnte Stalins Tochter Swetlana in einer Stadtvilla in der Pionier-Straße und besuchte die 9. Schulklasse. Samara galt offiziell als Ersatzhauptstadt der Sowjetunion für den Fall, dass Moskau fallen würde. Der Stalinbunker sollte dann als Kommandozentrale dienen, von wo aus die gesamte sowjetische Armee gesteuert werden sollte. Es ist anzunehmen, dass die deutsche Wehrmacht, hätte sie die Schlacht um Stalingrad gewonnen, nicht in der Lage gewesen wäre, eine zweite große Schlacht bei Samara zu schlagen.«

»Wenn ich mit Einwohnern von Samara spreche«, setzte ich das Gespräch fort, »so sind sie durchaus stolz darauf, dass ihre Stadt damals quasi als zweite Hauptstadt ausgewählt wurde, aber ihr Verhältnis zu Stalin ist zwiespältig: die großen Errungenschaften aus der Stalinzeit einerseits, die immensen Menschenopfer und der Terror andererseits. Viele sind selbstbewusst und zurückhaltend, was die Machtzentrale in Moskau anbetrifft.«

»Sicherlich hat ein jedes Zeitalter seine jubelnde Menschen-
menge, ob vor ihr ein Monarch, ein demokratisch gewählter Politiker oder ein Diktator steht.« Marco war für seine Gedankensprünge
bekannt. Auch diesmal ließ er uns nicht lange warten: »Ich habe es
richtig satt, was ich immer wieder über Ausländer in Deutschland
höre. Wer sagt denn, dass bei uns in Deutschland nur die Türken
und die Deutschen aus Russland mit Beinamen wie ›Kanake‹ oder
›Russenmafia‹ stigmatisiert und diffamiert werden? In Stuttgart sah
ich einmal eine alte Dame mit einem kleinen weißen Pudel. Als
ich mit dem Fahrrad an ihr vorbeifuhr, hörte ich deutlich, wie die
Frau, die eigentlich nett aussah, leise zischte: ›Verdammte Bandit-
tos!‹ Warum hielt sie mich für einen Italiener und dann auch noch
für einen Banditen? Vielleicht erinnerte ich sie an etwas, was sie
über die Camorra oder Cosa Nostra gelesen hatte, deren Leute
Schutzgelder von den heimischen Pizzerien erpressen.«

»Aber sind wir nicht vor allem Menschen, die unabhängig von
ihrer Herkunft zueinander finden müssten«, setzte Sascha fort. »Erinnert ihr euch noch an den Roman ›Oblomow‹ von Gontscharow?
Der Russe Oblomow und der Deutsche Stolz zeigen uns, dass so
grundverschiedene Menschen die besten Freunde sein können. Übrigens, die Stuttgarter Bar Oblomow ist etwa 100 Meter vom Ge-
burtshaus Hegels entfernt. Ein Zufall? Seinem Wesen nach ist der
russische Mensch nicht der Homo sovieticus geblieben, wie ihn
der Dissident und Philosoph Alexander Sinowjew in seinem gleichnamigen Buch 1978 nannte. 1991 wurde der Homo sovieticus zu
Grabe getragen. Seinem Wesen nach ist der russische Mensch
aber ein Hegelianer geblieben. Das ist der Kern seiner Person, von
dem er gar nichts weiß. Wie kann das sein? In Russland wird doch
immer noch nach einer transzendentalen Idee gesucht, ob das nun
die ›russische Idee‹ oder die ›russische Seele‹ ist, die in einer ›nationalen Idee‹ aufzugehen scheinen. Das sind die Patenkinder der
transzendentalen Idee von Hegel.«

»Um zu erfahren, warum das so ist«, hier konnte ich mit mei-
134 nen Erkenntnissen aus der russischen Geschichte glänzen, »muss

man in das zweite Drittel des 19. Jahrhunderts zurückgehen, als in Russland Hegel die Gemüter der jüngeren Generation und der Intelligenzija bewegte. Allerdings hatten die fleißigen russischen Schüler an Hegel auszusetzen, dass dieser meinte, das deutsche Volk trage die Weltidee in sich und werde sie verwirklichen. Der nationale Stolz – so ein Modewörtchen von heute – konnte es nicht zulassen, dass die Welt durch eine ›deutsche Idee‹ verändert werden sollte. Die russischen Intellektuellen aus dem Kreis der Slawophilen begründeten die Idee vom russischen Volk als ›Gottesträgervolk‹ (narod-bogonosez). Sie passte gut in das Konzept vom russischen Volk als Träger der ›russischen Idee‹, die die Welt retten sollte. Die Ideen eines sozialen Experiments im marxistischen Sinne oder einer sozialistischen Revolution sind zum Glück nicht mehr aktuell. Die Unbedarftheit der marxistischen Theorie ist deutlich zutage getreten, insbesondere in ihren misslungenen Fortschreibungen durch Lenin und Stalin.

Heute beherrschen evolutionäre Ideen die Gemüter. Das Streben nach sozialer Balance und politischer Gewaltenteilung haben das Terrorsystem und die Gewaltherrschaft ersetzt.«

»Was Oblomow anbetrifft, so möchte ich noch auf einen Aspekt hinweisen«, sagte Sascha. »Mir scheint, dass sein Müßiggang eine tiefere Bedeutung hat. Er ist eine Mahnung an die zukünftigen Generationen, die der Fortschrittsgläubigkeit, dem Glauben an absolute Machbarkeit und uferlose Rationalisierung des Lebens unterlagen. Ihm folgend wäre auch zu fragen, ob nicht die ungeheure Zeitbeschleunigung der Moderne die menschliche Natur zugrunderichtet, weil das Seelenleben der Menschen damit nicht Schritt halten kann.«

So ging es noch eine Weile weiter. Draußen herrschte schon längst die Nacht und der Bruder Schlaf forderte seine Rechte ein. Wir verabschiedeten uns herzlich und ein jeder begab sich ruhigen Schrittes nach Hause.

Aufbruch zu den Sternen

Eines Tages fuhr ich mit der Straßenbahn zum Museum für Raumfahrt »Samara, die kosmische«, das seine Berühmtheit auch dadurch erlangte, dass vor dem Museumsgebäude eine der ersten und erfolgreichsten Trägerraketen des Typs »Sojus« aufgestellt worden ist. Während der Fahrt spürte ich jedoch wenig davon, dass ich in einer halben Stunde auf russische Spitzentechnologie treffen würde. Ganz ulkig war mir zumute, als die Straßenbahnführerin an einer Kreuzung von der Polewaja Straße und dem Leninprospekt aussteigen und mit einer Eisenstange die Gleise manuell umstellen musste, um in den Leninprospekt einbiegen zu können.

Wenn man in Samara in der Straßenbahn fährt, merkt man sofort, warum die Russen eigentlich die Ersten im Weltall waren. Es schüttelt und rüttelt einen, es stößt und lärmt dermaßen, dass es keinen Zweifel geben kann: Der erste Kosmonaut musste aus Russland kommen. Man muss nur einen Monat mit der Straßenbahn fahren und man wird fit, bekommt eine gute Kondition und ist gegen alle Strapazen im Weltall gerüstet.

Die Welt staunte nicht schlecht, als die Russen die erste Rakete ins Weltall schossen. Am 4. Oktober 1957 wurde der erste Sputnik in die Erdumlaufbahn gebracht. Die ganze westliche Hemisphäre stand unter dem sogenannten »Sputnik-Schock«.

Dabei waren die Anfänge dieser Industrie sehr bescheiden und begannen in einem Fahrradgeschäft. 1898 schrieb eine Moskauer Zeitung über die Werkstatt: »Wir können mit gutem Recht behaupten, werte Herren, dass die Fahrräder, Automobile, Draisinen und Wasserdampfmaschinen, die in der Werkstatt Meller hergestellt werden, in nichts den deutschen, englischen oder italienischen nachstehen.« Dieser schmeichelhafte Satz galt der Fahrradfabrik »Dux«, die 1894 von einem Russlanddeutschen, Juli Alexandrowitsch Meller, in Moskau gegründet worden war.

Es gibt einen Dokumentarfilm, in dem der Gründer der russischen Raumfahrt, Konstantin Eduardowitsch Ziolkowski, auf einem

Fahrrad der Firma Dux radelt. Bei aller Fantasie konnte Ziolkowski nicht ahnen, dass die Fahrradfabrik Dux die berühmte Fabrik »Progress« in Samara hervorbringen würde, in der Weltraumraketen bis hin zum russischen Spaceshuttle »Energie-Buran« gebaut wurden und werden, darunter auch zwei Stufen der Rakete, die den ersten Kosmonauten, Juri Gagarin, in den Weltraum flog.

Das hat Tradition: Schon 1910, damals noch in Moskau, verließen die ersten Zeppeline und Flugzeuge die ehemalige Fahrradfabrik, von den im Ersten Weltkrieg eingesetzten Flugzeugen war es jedes dritte. 1919 wurde die Fabrik in »Werk Nr. 1« umbenannt und nach dem Beginn des Zweiten Weltkrieges nach Samara umgesiedelt. Bezeichnend war der Name der Stelle am Stadtrand von Samara: »Niemandsland«. Auch das Werk Nr. 18 kam mit seinem Flugzeugbau von Woronesch nach Samara. Die Existenz dieser Werke und der Zuliefererbetriebe führten schließlich 1958 zur Umorientierung des Werks Nr. 1 auf den Raketenbau. Es verging dann nicht mehr viel Zeit, bis Juri Gagarin am 12. April 1961 sein legendäres »Poechali!« (Los geht's!) sagte und ins Weltall startete. Der Wettbewerb zwischen der Sowjetunion und den USA im Kosmos begann.

Später bekam das Werk Nr. 1 den neuen Namen »Progress«, um dem Fortschritt auch im Namen alle Ehre zu machen. Der 15. November 1988 war ein absoluter Höhepunkt in der Geschichte des sowjetischen Weltraumprogramms. An diesem Tag startete ein 60 Meter großer Koloss von der Erde – das Shuttle »Energie-Buran«. Nach wenigen Flügen wurde jedoch das Projekt wegen Geldmangels eingestellt. Es folgte der Zusammenbruch der Sowjetunion. »Logisch« war auch das Chaos der 1990er Jahre, als man den »russischen Kapitalismus« aufbaute. Viele Jahre später, 2003, landete die »Energie-Buran« schließlich im deutschen Auto- und Technikmuseum in Sinsheim. Ähnlich erging es der russischen Raumstation »Mir«, die 1998 im Europa-Park Rust »andockte«.

Neulich sah ich in den Nachrichten die Sojus-Kapsel glücklich an der ISS-Station andocken. Wie habe ich mich gefreut, wie stolz war ich auf »meine« Stadt! Die Trägerrakete war bestimmt in Samara gebaut worden. In der Kapsel ist auch, für 23 Millionen Dollar, der erste private Passagier mitgeflogen. Vielleicht sollte man da doch lieber noch abwarten, bis die Karten etwas günstiger zu haben sind.

* * *

Der Aufbau des Kommunismus in Russland könnte ebenfalls als Griff nach den Sternen bezeichnet werden. Das war ein durch und durch europäisches Projekt mit aufklärerischer Prägung. Die kommunistische Idee war ein spiritueller Generator im Russland des 20. Jahrhunderts, der mehr Energien freisetzte als alle Turbinen der Elektrizitätswerke zusammen. Sobald diese Idee aufgehört hatte, die Menschen zu faszinieren und zu elektrisieren, brach die Sowjetunion zusammen.

Die Worte und Ideen, die vor 80 Jahren noch die Menschen begeistert und zu übermenschlichen Leistungen motiviert hatten, klangen nur mehr wie fader Abklatsch. Die kommunistische Idee mit ihren messianischen Zügen wurde nicht mehr für echt gehalten. Sie war nur noch eine Attrappe. Man wendete sich von ihr enttäuscht ab und begann einem anderen Götzen zu dienen – dem Kapitalismus.

Die Kommunisten selbst gingen nicht mehr in die Katakomben. Dort hatten sie nichts mehr zu suchen. Es war auch keiner bereit oder fähig, die kommunistische Idee zu retten, weil das nicht mehr die Frage eines Waffen-, sondern eines Gedankenganges war. Die Kommunistische Partei der Sowjetunion löste sich, abgesehen vom Augustputsch 1991, mehr oder weniger freiwillig und friedlich auf. Die Nachwehen erlebte man noch während der Verfassungskrise im September 1993.

Bei der Auflösung der Sowjetunion wurden zwei Substanzen freigesetzt, die die Menschen inhalierten und in sich weiter trugen: die Enttäuschung und die Hoffnung. Aus diesen Quellen speisten sich der spirituelle Durst und der Hunger nach Glauben und Sinn.

Gleichzeitig mit dem Abtreten der Kommunisten traten auch die oppositionellen sowjetischen Dissidenten von der Bühne ab: die modernen Skeptiker, Stoiker und Katakomben-Sozialisten der Sowjetzeit. Sie wollten einen Sozialismus mit »menschlichem Antlitz« und trugen zur Auflösung des Systems entscheidend bei. Sobald aber das alte, überkommene System verschwunden war, verloren auch die Dissidenten ihr Tätigkeitsfeld. Ähnlich verhält es sich mit den ehemaligen Antipoden Sowjetunion und USA. Als die Sowjetunion verschwand, konnten auch die USA nicht mehr nach dem gewohnten Muster weitermachen. Die Art und Weise, globale Politik zu gestalten, hatte ihre Legitimität zum Teil verloren. Von daher ist der gegenwärtige russische Umdenk- und Transformationsprozess als Beitrag zur Überwindung des Kalten Krieges und der Verblendungen des 20. Jahrhunderts sehr begrüßenswert.

Wenn hier ein Gedankenexperiment durchgeführt und in diesem gesagt werden würde, es gebe nicht nur keinen Kommunismus und Sozialismus, sondern auch keine Kirche und Religion mehr, dann würde trotzdem nicht nur eine bloße menschliche Existenz übrig bleiben, sondern auch die spirituelle Dimension eines jeden Menschen, die er mit Sinn und Glauben füllen will.

Selbst wenn man diese Dimension per Dekret abschaffte, würde sie weiter existieren, weil jeder Mensch auch ein spirituelles Wesen ist, das nach dem Spirituellen verlangt. Dieses Verlangen wird unter anderem durch die Religion gestillt. Auch die Transzendenz gehört zu einem virtuellen Raum, in dem das geistige Leben stattfindet. Dies ist kein Selbstbetrug und keine Sinnestäuschung, sondern eine der wichtigsten Existenzformen unseres Lebens und eine der tragenden Säulen unserer Wissenschaft. Im Endeffekt würden also sowohl (reale) Existenz als auch (gedachte) Transzendenz bestehen bleiben.

In der Sowjetunion starb die kommunistische Idee, die viele Jahrzehnte eine Ersatzreligion für die schon immer gläubigen Bauern war. Menschen lernten Lesen und Schreiben und verinnerlichten die neuen Ideale. Viele schufteten nun als Arbeiter in den Fabriken. Es gab aber auch etliche, die den Sprung »nach oben« geschafft und als Ingenieure, Lehrer, Kulturschaffende, Wissenschaftler oder Politiker Karriere gemacht hatten. Ihre Ideale starben allmählich aus. Das entstandene Vakuum der 1990er Jahre füllten wieder die Religion, die in der Sowjetunion als notwendiges Übel geduldet worden war, und die nationale Staatsideologie.

Die Religion und die kommunistische Idee stehen jedoch nicht auf gleicher Stufe. Die Kommunisten haben ihr Wort nicht gehalten, das Paradies auf Erden zu errichten. Jetzt verspricht die Religion ein Paradies, diesmal im Himmel. Aber auch in dieses führt der Weg über den Glauben. Diese Auseinandersetzung mit dem Religiösen soll helfen, die Ideen der Aufklärung und der Spiritualität in Einklang zu bringen bzw. den intellektuellen und den geistigen Durst eines jeden Menschen zu stillen. Im Grunde genommen geht es um das harmonische Miteinander des Rationalen und des Emotionalen. Der Widerspruch und die Spaltung, die notwendigerweise zwischen den beiden gesehen werden, werden künstlich durch den allgegenwärtigen Dualismus, der unsere Denkstrukturen beherrscht, erzeugt. Sie existieren in Wirklichkeit nicht.

In der zweiten Hälfte der 1980er Jahre begann die Perestrojka, deren Motor die Glasnostj war. Diesen Umbruch leitete Michail Gorbatschow ein, weil er feststellte, dass er entweder Staatsbankrott anmelden oder die sowjetische Gesellschaft und Wirtschaft von Grund auf erneuern musste. Nach den ersten erfolgreichen Perestrojka-Jahren stieß Gorbatschow schließlich auf Widerstand vom rechten, erzkonservativen Flügel der Kommunisten, der gegen ihn dann auch putschte. Zu dieser Gleichgewichtsstörung musste es kommen, weil die systemimmanenten Kräfte gegen die sich verselbstständigenden außersystemischen bzw. demokratiefreundlichen Kräften rigoros vorgingen. Es kam zum offenen Konflikt, in dem sich am Ende die prodemokratischen Kräfte durchsetzten. Bis es so weit kam, musste allerdings noch einiges passieren. 1990 war das schlimmste Jahr, in dem man alles erwarten konnte, bis hin zu einer kommunistischen Diktatur. Einige der anderen Antreiber der Perestrojka und öffentlichen

Sympathieträger gingen in offene Opposition zu Gorbatschow, wie Boris Jelzin, oder zogen sich aus dem politischen Geschäft zurück, wie Eduard Schewardnadse. Das Land regierten erzkonservative Kommunisten, was nichts Gutes versprach.

* * *

Es reizte mich, in der Raumkapsel des Museums für Raumfahrt übernachten zu dürfen, um mich ein wenig wie ein Weltraumforscher zu fühlen. Es war mir leider nicht gegönnt. Die einzige Landung, die mir die Museumsdirektorin Larisa ermöglichte, war diejenige am Wolgastrand, als sie mich eines Tages im Archiv anrief: »Felix, lass von deinen staubigen Archivakten ab und komm an den Wolgastrand. Wir sind hier mit einigen Freunden und spielen Volleyball!«

Mütterchen Wolga

Irgendwann stieß Aljona zu uns. Es war genau der Zeitpunkt, als der Tag unauffällig in den Abend wechselte und die Stadt in ungewöhnliche Lichtverhältnisse versetzte. Die Sonne machte bereits Anstalten, sich hinter der Wolga in den Auen zu verstecken, und lud uns ein, einen Spaziergang am Wolgakai zu machen.

Wir folgten dieser unauffälligen Einladung und verabschiedeten uns von den Freunden. Eine Zeitlang liefen wir schweigend, dem Wolgastrom folgend, der uns mit auf die Reise nahm.

Mir kamen die Zeilen von Wsewolod Nekrasow in den Sinn, die er im ausgehenden 20. Jahrhundert schrieb. Ich zitierte: »Wolga / sehen / und es kommt gar nichts / in den Kopf / aber / ist denn sowas / möglich / oder ist Wolga nicht ohoho / geworden / jedoch / des Wassers voll.« – »Ist das Wörtchen ›ohoho‹ nicht genial?«, bemerkte Aljona, »je nachdem, wie man es betont, schwingen ganz unterschiedliche Gefühle mit. Aber du hast das Gedicht sicherlich nicht deshalb zitiert.« – »Ganz richtig, mir geht es vielmehr um Folgendes: Seit Urzeiten suchten die Menschen ihre Wohnstätten am Wasser zu gründen, an Flüssen, an Seen, am Meer. Wasser als Ursprung des Lebens, See und Fluss als Quellen für die Nahrung. Die Wolga als Ernährerin. Die Wolga, die uralte Wasserstraße, der natürliche Ur-Beweger des Handels – der Handelsweg von den Normannen nach Persien und China, heiliger Strom, mit seinen 3534 Kilometern der wasserreichste und längste Fluss Europas.«

»Nicht nur die geographische Komponente spielt hier eine Rolle«, Aljona liebkoste meine Hand und führte ihren Gedanken etwas ausführlicher aus: »Die Russen nennen ihn Mutter, Mütterchen: Sowohl der Fluss als auch der Name sind im Russischen feminin. Die Wolga ist das Heiligtum für uns. Sie hat eine große kulturelle Bedeutung und ist, wie auch der Name der russischen Hauptstadt Moskau, etwas, das das Herz eines jeden Russen höher schlagen lässt. Wolga ist ein Synonym für das Eigenschaftswort ›russisch‹ und Russland überhaupt.«

»Deshalb hatte die Schlacht um Stalingrad 1942/1943 nicht nur eine rein strategische oder ideologische, sondern womöglich auch eine mythisch-kulturelle Bedeutung. Die Wolga als Symbol des Russischen, als Schlagader ›der russischen Erde‹, durfte von der deutschen Wehrmacht nicht zerschnitten werden.« Diese These war mir einige Tage zuvor eingefallen. »Vollkommen richtig«, bestätigte Aljona, »Mutter Erde, Mutter Wolga, Mutter Moskau und Mütterchen Russland – diese vier Begriffe prägen einen jeden russischen oder russisch fühlenden Menschen. Und das ist kein Zufall. Das deutet an, dass das Weibliche, das Mütterliche eine sehr große Rolle in der russischen Psyche, in der russischen Mentalität spielt.« Aljona schaute mich liebevoll an.

»Das Weibliche würde ich jetzt nicht so sehr überstrapazieren. Es ist das Wasser selbst als das unerschöpfliche, geheimnisvolle Urelement der Natur, als der Grundstoff des Lebens, um das es mir geht. Unendliche Male ausgetrocknet, verdunstet, verdampft, verdrängt, durchsiebt, getrunken und ausgeschieden, um sich am Ende wieder in seinen sauberen Urzustand zurückzuverwandeln –

zum kristallklaren Lebenselixier. Aber nehmen wir die Frage nach dem Wesentlichen dieses Naturelements nicht auf die leichte Schulter. Mit dem Wort ›Wasser‹ ist bei weitem nicht alles darüber gesagt, was das Wasser sein kein. Ein Philologe könnte uns helfen und aus seinem unerschöpflichen Gedächtnis wie aus einem Füllhorn Begriffe herausschütteln: Süßwasser, Salzwasser, Brackwasser, Rohwasser, Nutzwasser, Abwasser, Regenwasser, Grundwasser, Quellwasser, Tafelwasser, Leitungswasser, Brauchwasser, Meerwasser.« »Du hast etwas vergessen, mein lieber Felix.« »Was denn?« »Wasser, in dem schon jeder Mensch geschwommen ist: Fruchtwasser.« »Perfekt.« Ich umarmte und küsste sie.

Doch nun wollte Aljona das Gespräch unbedingt fortsetzen: »Ich denke, um an die Schnittstelle der russischen Geschichte, der Wolga und dem Ort, wo jetzt Samara steht, zurückzukommen, müssten wir über die Wolga als einen Urstrom der russischen, ja der ostslawischen, germanischen, tatarischen und finnischen Ur-Geschichte, auch der Geschichte der Nomaden sprechen. Die Wolga als Grenze. Diesseits Slawen – jenseits Nomaden, diesseits Christen – jenseits Muslime.« Irgendwann passierten wir das Hotel »Rossija« und die Kapelle an der Stelle, an der der Metropolit von Moskau im 14. Jahrhundert die Gründung der Stadt vorausgesagt hatte, und bogen schließlich in eine enge Gasse ein.

»Die Wolga teilte nicht nur Ost und West, sondern verband auch den Norden und den Süden«, ergänzte ich. »Sie war immer ein wichtiger Wasserweg im Handel mit Persien, ein wichtiger Zweig der Seidenstraße, der Straße nach Mittelasien. Ihre männliche Entsprechung bildet der Vater Dnjepr. An diesem Fluss liegt die heutige Hauptstadt der Ukraine: Kiew. Sie war vom 9. bis zum 12. Jahrhundert die Hauptstadt der Ostslawen. Reich und groß, hieß sie zu Zeiten des Kiewer Rus ›die Mutter der russischen Städte‹. Von hier aus nahm seit dem 13. Jahrhundert die Geschichte der drei Völker – Russen, Weißrussen und Ukrainer – ihren Lauf.«

»Der Wasserstrom läuft, die Geschichte ereignet sich. Es geschieht etwas und schichtet sich auf«, setzte Aljona ein und es war nicht zu überhören, wer hinter ihren Worten stand – ihr Vater. Ich behielt diesen Gedanken für mich, um Aljona nicht womöglich zu kränken, und sagte: »Gewiss hat der erhabene Gedanke: ›Warum geschieht alles?‹ nicht jeden Menschen beschäftigt. Aber zu allen Zeiten haben neugierige Geister die Frage nach dem Sinn gestellt und ihn zuerst in den Naturgewalten gefunden – in ihrer Regelmäßigkeit. Sie waren das Maß aller Dinge: Sonne, Mond und Sterne, Jahreszeiten, Wetter- und Naturphänomene. Der Strom, die Strömung der Wolga ergab so einen Sinn. Freilich dürften sich die Wahrnehmung und Beobachtung von heute und damals sehr unterscheiden. Das kann man mit einem kleinen Experiment veranschaulichen: Man schaue eine Stunde unentwegt in den Fernseher und beobachte dann eine Zeitlang den Wasserlauf eines Bachs – welch ein Unterschied!«

Aljona stimmte mir zu. Ihre heimatkundlichen Ergänzungen passten sehr gut zum Thema: »Die Wolga mit ihren wichtigsten Nebenflüssen Oka, Kama, Sok und Samara versinnbildlicht das Wachstum eines Flusses par excellence: je weiter, je länger, je größer. Die Nebenflüsse verhelfen dem kleinen Bach dazu, zum größten Strom Europas zu werden. Von den Schiguli-Bergen aus stürmten die Kosaken gen Osten und brachten in etwa 80 Jahren die Strecke von 8000 Kilometern hinter sich. Im 17. Jahrhundert stießen die Russen schließlich auf die Grenzen des ›Reichs der Mitte‹ und schlossen mit dem chinesischen Kaiser 1659 den Vertrag von Nertschinsk.«

»Aber es ging noch weiter, wenn ich mich recht erinnere. 1741 landeten die Russen in Alaska und gingen entlang der Küste nach Süden.« Aljona nickte bestätigend: »Richtig. 1804 erreichten die russischen Entdecker die Bucht von San Francisco. Die Triebfeder war vor allem das ökonomische Interesse der drei großen russischen Pelzhandelsgesellschaften, die die Ressourcen des Landes ausbeuteten. Dass dies internationalen Gepflogenheiten entsprach, kann man an der Geschichte der Britischen und der Niederländischen Ostindien-Kompanie sowie der Niederländischen, Französischen, Dänischen oder Schwedischen Westindien-Kompanien im 17. und 18. Jahrhundert sehen. Die Suche nach dem Rohstoff Pelz trieb die Kosaken immer weiter, ein Rohstoff, der damals eine Bedeutung hatte wie heute Erdgas und Erdöl.« Ich nickte zustimmend: »Ich denke, in Zukunft wird sich diese Dynamik sicherlich ändern. Vom Konfliktpotenzial des Pelzhandels ist schon lang keine Rede mehr, aber auch im Energiebereich wird die kraftraubende Jagd nach den endlichen Rohstoffen dank der allmählichen Verlagerung zu unendlichen Energieressourcen wie Sonne und Wind aufhören.«

Auf der Wodnikow Straße stießen wir plötzlich auf das Fragment der rekonstruierten Holzmauer der alten Festung Samara aus dem Jahre 1586. Wir näherten uns der Wand, die vermutlich aus Kieferstämmen zusammengelegt worden war. Aljona legte ihre Hand an den Stamm, schloss die Augen und fuhr darüber, als ob sie der Vergangenheit nachspüren wollte. Als sie kurz danach zu sich kam, sprach sie weiter: »Die Wolga wurde immer als eine Beschützerin wahrgenommen. Drei große Invasionen blieben an der Wolga oder ihren Nebenflüssen stehen: Polen, Franzosen, Deutsche. Welch ein Glück für die Invasoren. Sie kamen vielleicht bis nach Moskau, schafften es jedoch nicht über die Wolga. Dadurch blieb ihnen das Schicksal erspart, Tausende von Kilometern ostwärts ›ins Leere‹ zu laufen und sich in den Weiten der Taiga oder der Steppe zu verlieren.«

Ich hatte gar nicht mehr auf den Weg geachtet und war nun überrascht, dass wir plötzlich vor Aljonas Haus standen. »Also, mein Naturforscher ist bestimmt sehr müde und sollte ganz bald schlafen gehen.« Sie küsste mich zärtlich und stieß die Haustür auf. »Gute Nacht«, flüsterte ich ihr zu, dann lief ich die Straße hinunter und dachte dabei an mein blaues Wunder.

* * *

Solche Gedanken zur Geschichte der Wolga und zum Wesen des Wassers kümmern die Einwohner von Samara wahrscheinlich wenig. Sie gehen bei gutem Wetter zu Hunderttausenden an den Wolgastrand und genießen das kühle Nass. Bier fließt dabei in Strömen und Wobla, der getrocknete und gesalzene Fisch, wird an jeder Ecke angeboten und in Unmengen konsumiert. Ein Bier ohne Wobla ist kein Bier. An Tagen mit schönem Wetter ist der Wolgastrand eine idealer Ort für Verabredungen mit Bekannten und Freunden. Dank der Mobiltelefonie finden hier ständig spontane Zusammenkünfte statt, die oft in abendliche Feierlichkeiten übergehen.

Jedoch nicht nur der Strand kann sich sehen lassen. Samara ist nicht mehr ein streng geheim gehaltener Ort mit vielen militärischen und anderen Objekten der Raumfahrtindustrie, welcher für Ausländer jahrzehntelang verschlossen war. Heute haben weltweit bekannte Modemacher und Couturiers Einzug in der Stadt gehalten. Der Modezar Paco Rabanne beglückt mit seinen Kreationen alle Frauen von Samara, Calvin Klein beschuht fast alle Frauen mit seiner »Samara-Kollektion« zu Schleuderpreisen von nur 90 Dollar, ihnen folgen Jette Joop, Gianni Versace, Cinque, Gucci, Cerruti, Bugatti, Pierre Cardin, Trussardi …

Räuber, Kosaken und Atamane

Nicht selten ließ ich mich von einem Thema gern ablenken. Das war auch an dem Tag nicht anders, als ich in der Gebietsbibliothek einen Heimatforscher kennenlernte, der über seine Vorfahren forschte – die Kosaken. Stepan, so hieß er, erzählte mir erstaunliche Geschichten über diese russischen Rangers. Das war für mich in gewissem Sinne eine Bewusstseinserweiterung Richtung Osten: so etwa zehntausend Kilometer ostwärts.

Der Nachfahre der Kosaken erwies sich als sehr gesprächig: »Auch Räuber, Kosaken und Atamane haben mit dem Wolgastrand schon immer vorliebgenommen. Zu den Männern, die die Kaufleute auf den nördlichen Ausläufern der Seidenstraße zu fürchten hatten, zählten auch die Kosakenführer Ermak Timofejewitsch, Stepan Rasin und Emeljan Pugatschjew. Sie alle hatten ihre Basis in der Region Samara, da von den Schiguli-Bergen Feinde oder Kauf-leute schon von weitem zu sehen waren. Die Kosaken entwickelten dafür ein Signalsystem, durch das die Botschaft einer nahenden Ge-fahr sehr schnell mitgeteilt werden konnte.«

»Wenn ich mich richtig erinnere«, versuchte ich ihn zum wei-teren Erzählen zu ermuntern, »waren die Vorgänger der Kosaken die Uschkujniki, die aus der nördlichen Stadtrepublik Groß-Nowgorod kamen und die Wolgaregion in Angst und Schrecken versetzten.« »So könnte man das auch sagen«, freute sich Stepan über meine Einladung zum Gedankenaustausch. »Im Grunde wa-ren es die slawischen Wikinger. Sie überzogen die Region achtmal mit Raubzügen und plünderten und verbrannten schließlich 1374 die Hauptstadt der Goldenen Horde, Neu-Sarai. Das war Grund ge-nug, um die ostslawischen Fürsten anzugreifen. 1380 kam es zur berühmten Schlacht zwischen dem vereinigten Heer der russischen Fürsten unter Führung des Moskauer Großfürsten, Dmitri Donskoi, und Chan Mamai auf dem Schnepfenfeld, an der schätzungsweise 150.000 Kämpfer beteiligt waren. Dazu gehörten auf Seite der Tata-ren 4000 Söldner aus Genua, die daran interessiert waren, Han-delskolonien auf der Halbinsel Krim zu erhalten.« – »Die Deut-schen waren also nicht die Ersten, die hier ihre Niederlage erlitten?« – »Durchaus nicht. Der Vollständigkeit halber muss man erwähnen, dass auch die Nomaden bis zum Ende des 18. Jahrhun-derts gerne in der Wolgaregion die russischen Dörfer plünderten und die Einwohner bis nach Istanbul in die Sklaverei verkauften.«

»Könnten Sie vielleicht etwas mehr über die eingangs erwähn-ten Männer erzählen? Das klang sehr interessant«, bat ich Stepan. »Nichts einfacher als das«, er begann beiläufig, seinen Schnurrbart um den Zeigefinger zu zwirbeln. »Natürlich waren die berühmten Kosakenatamane bis zum Anfang des 18. Jahrhunderts fast ohne Ausnahme auch Räuber, die an der Wolga die Handelskarawanen überfielen. Die fließende Grenze zwischen einem Räuber und ei-nem Ataman, also einem Kosakenanführer, ließ großen Raum für die Phantasie volksnaher Geschichtenerzähler. Im Kraftwerk der russischen Kultur und ihrer Geschichte fehlte es weder an Erzählern noch an heldenhaften Kosakenatamanen, so dass jedes Jahrhundert seinen berühmten Ataman vorzuweisen hat, der auch im Liedgut des russischen Volkes verewigt wurde.«

»Zum Beispiel Ermak – der Zeitgenosse des berühmten englischen Piraten Francis Drake«, gab ich den Namen vor. »Richtig. Ich denke, das ist die richtige Vergleichsgröße. Das wären sicherlich ebenbürtige Gegner gewesen. In einer Hinsicht unterscheiden sich die beiden allerdings sehr: Der eine war zu Wasser, der andere dagegen zu Lande tätig. Ermak Timofejewitsch, der Eroberer von Sibirien – er starb 1585 –, bediente sich des räuberischen Handwerks und überfiel alle Handelstransporte, ohne Unterschied, ob im Dienst des Zaren oder im Auftrag von Kaufleuten, bis Zar Ivan IV., auch Ivan der Schreckliche genannt, ein Korps gegen ihn schickte. Ermak hatte keine andere Wahl, als mit seinen 500 Kosaken zum Uralgebirge zu ziehen. Hier entwickelte er einen Plan, der die Kosaken überzeugte: Er schlug vor, über den Ural zu gehen und Sibirien zu erobern. Damit hoffte er auf die Gnade des Zaren.« – »So viel ich weiß, sollten die Stroganows in dieser Geschichte eine bedeutende Rolle spielen«, warf ich ein und freute mich im Stillen, dass meine Arbeit der letzten Wochen Früchte trug. Stepan nickte zustimmend: »Das ist richtig. Bestimmt hat diesen Sturm gen Osten im Jahr 1579 die Tatsache begünstigt, dass es die Stroganows waren, die größten Industriellen und Kaufleute des Urals und Sibiriens, die Ermak anheuerten. Sie gaben ihm zu seinen 500 Kosaken noch weitere 300 Soldaten und Munition dazu, um den sibirischen Chan Kutchum zu bekriegen. Ermak besiegte den Chan in vielen Schlachten und schickte seinen Ataman Koljzo, der vom Zaren zum Tode verurteilt worden war, an den Zarenhof. Dieser sollte um Gnade bitten und über die Eroberung Sibiriens berichten. Freilich freute sich der Zar über den riesigen Zuwachs von Ländereien und den Sieg über einen wichtigen Gegner: der Weg nach Sibirien, nach China war frei. Er begnadigte die aufständischen Kosaken und verlieh Ermak den Titel ›Fürst von Sibirien‹.«

»So schön diese Geschichte auch ist, auch hier ist man nicht ohne Mythenbildung ausgekommen«, wandte ich ein. Stepan stimmte mir zu: »Natürlich machte die sowjetische Historiographie aus ihm einen Volkshelden, der die russische Bevölkerung vor Willkür und Raub seitens der Krimtataren geschützt haben soll. In Wahrheit gab es damals in dieser Region kaum russische Dörfer, sondern nur die hölzerne Festung Samara. Zar Ivan IV. hatte den Wolgavölkern, also den Tataren, Baschkiren und Mordwa, erzählt, dass er Samara gründe, um die Handelskarawanen zu schützen. Allerdings gab es nun kaum mehr Sicherheit, denn stattdessen kamen die Kosaken, und die waren nicht weniger gefährlich als die Nomaden. Es ist aber klar, dass die russische Seite von dieser Entwicklung profitierte, weil sie nun verstärkt als Ordnungsmacht auftreten konnte und dies einen Machtzuwachs bedeutete.« – »Trotzdem war es aber doch so, dass die Kosaken sich auch 100 Jahre später stark genug fühlten, um sich gegen die herrschende Ordnung aufzulehnen.«

»Gegen die Ordnung, jedoch nicht gegen den Zaren«, präzisierte Stepan meine Aussage und dachte kurz nach. »Hundert Jahre später, das war in der zweiten Hälfte des 17. Jahrhunderts. Da betrat Stepan Rasin die Bühne der Geschichte – ebenfalls der Held vieler Volkslieder. Das Lied über Stenjka ist in Russland bis heute populär: ›Is-sa ostrowa na streschenj, na prostor retschnoj wolny, wyplywajut raspisnye ostrogrudye tschelny‹. (Von der Insel heraus fahren die bemalten Schiffe wider hohen Wellengang auf die Strömung zu ...) Er war der Anführer des Aufstandes von 1670 bis 1671 und eroberte die Festungen Astrachan und Samara. Als Kosakenführer griff er in Thronangelegenheiten ein, indem er einen angeblichen Sohn des Zaren Alexej Michajlowitsch präsentierte. Dabei darf man seine Aktivitäten nicht als einen politischen Angriff mit militärischen Mitteln gegen den Zarenthron betrachten, sondern als Ausgriff nach einer unbegrenzten Freiheit unter der Führung eines ›guten Zaren‹. Nach einigen Niederlagen zerstreute sich seine Anhängerschaft schnell. Rasin wurde von seinen eigenen Leuten an

Moskau ausgeliefert, wo er 1671 auf dem Bolotnaja Platz einen qualvollen Tod durch Vierteilung erlitt, indem ihm zuerst ein Arm, dann ein Bein und schließlich der Kopf abgeschlagen wurde. Und obwohl er als der schlimmste Verbrecher hingerichtet wurde, der Majestätsbeleidigung begangen hat, zählte man ihn sofort zu den großen Volkshelden. Diesem Kosakenataman widmete der zwanzigjährige Alexander Glasunow sein symphonisches Gedicht »Stenka Rasin« op. 13. Auch Dmitri Schostakowitsch schrieb 1964 eine kantatenähnliche Tondichtung mit dem Titel »Die Hinrichtung des Stenka Rasin« für Baritonsolo, Orchester und gemischten Chor. Kennen Sie die zufällig?«

»Nein, aber ich könnte hier vielleicht einen kleinen Exkurs über Kondrati Bulawin – den großen Kosakenführer am Anfang des 18. Jahrhunderts – einbringen, der sich selbst als Nachfolger von Stepan Rasin aufspielte«, leistete ich gern meinen Beitrag dazu, da ich in meinem Geschichtsstudium einmal eine Hausarbeit über Bulawin geschrieben hatte.

»Gewiss, das war jedoch nur ein kleines Intermezzo im Vergleich mit dem, was später kam. Emeljan Pugatschjow ...«, bei diesem Namen legte Stepan eine kleine Pause ein und starrte stirnrunzelnd zu Boden, als ob er sich konzentrieren musste. »Der Anführer des großen Bauernkrieges von 1773 bis 1775 ging im Vergleich zu seinen Vorgängern noch ein Stück weiter und lehrte die Zarin Katharina II. das Fürchten, als er ankündigte, er gehe nach Moskau, um seinen Thron zu holen. Nach dem tragischen Tod ihres Mannes, der durch ihre Getreuen ermordet worden war, gab es eine ganze Reihe von sogenannten ›samoswanzy‹ – selbst ernannten Thronprätendenten –, die sich als Zar Peter III. ausgaben. Dies gründete auf dem Volksglauben, der Zar sei nicht tot. Kein Geringerer als Alexander Puschkin zeigte ein lebhaftes Interesse an der Geschichte dieser Rebellen und Atamane. Vielleicht angespornt durch das englische Epos über den Volkshelden Robin Hood, schrieb er eine Geschichte vom Aufstand des Emeljan Pugatschjow und besang Stepan Rasin in einem Liederzyklus.«

»Das waren Menschentypen, denen nur der Tod Einhalt gebieten konnte – von einem erstaunlichen kämpferischen Naturell«, fügte ich hinzu. Stepans Augen blitzten schelmisch und vehement zugleich: »Emeljan Pugatschjow war der Letzte unter den Kosakenatamanen, der gegen den Zaren rebellierte. Alle seine Nachfolger zeigten sich ›dem Zarenthron und der Heimat‹ treu ergeben. Einer von ihnen, Matwej I. Platow, avancierte sogar zu einem Helden des ersten Vaterländischen Krieges gegen die Franzosen von 1812. In diese Reihe gehören auch die Anführer der Weißen Garden im Bürgerkrieg zwischen Roter und Weißer Armee nach dem Oktoberumsturz 1917: Alexander I. Dutow, Pjotr N. Krasnow, Alexej M. Kaledin, Lawr G. Kornilow, Grigorij M. Semjonow und Andrej G. Schkuro – bei dem Letzten hat auch mein Urgroßvater seinen Dienst geleistet, bis er 1920 bei der Verteidigung von Perekop auf der Landenge zur Krim fiel.« Stepan verstummte.

»Welch eine Metamorphose«, setzte ich nach einer kurzen Pause das Gespräch fort. »Was meinen Sie damit?«, fragte Stepan. »Ich meine die malerischen Kosaken an der Auferstehungskirche, auch als Bluterlöser-Kirche bekannt, die ich in Sankt Petersburg einmal besucht habe. Gerade zu der Zeit wurde dort ein deutscher Film gedreht. Und die Kosaken belustigten in einer Straßenszene mit einer Ziehharmonika und Liedern das Publikum. Die Petersburger gingen mit einem ironischen Schmunzeln an dem Drehort vorbei, wohl wissend: Es wird wieder ein Film über die ›Russen‹ gedreht.«

Nachdem ich mich von Stepan verabschiedet hatte, dachte ich noch weiter über die Kosaken nach. Dass sie in Deutschland so stark das Russlandbild geprägt haben, kommt wohl daher, dass es in den 1920er Jahren in Deutschland viele russische Restaurants gab, in denen die Kosaken mit ihren folkloristischen Einlagen ihr Geld verdient hatten. Und Hollywood sorgte dafür, dass diese Stereotype sich weltweit verbreiteten, was in Russland bis heute zu Erheiterung führt. Man darf jedoch nicht vergessen, dass die Kosaken in der Emigration waren und einem für sie untypischen Gewerbe nachgingen –

und daraus wurde dann der »typische Russe«, wie ihn sich viele im Westen vorstellten.

In Wirklichkeit bildeten die Kosaken in Russland eine Art bäuerlicher Berufskriegerschicht, leisteten bis 1917 den Militärdienst und den Dienst im Innenministerium, um unter anderem die Unruhen unter den Fabrikarbeitern zu beseitigen und die Bauernaufstände zu zerschlagen. Eine ähnliche Verschiebung auf der sozialen Skala durften nach der Oktoberevolution russische Adelige erleben, die als Taxifahrer in Berlin, Paris, New York oder anderswo unterwegs waren. Damals war das noch ein ziemlich exotisches Gewerbe: gerade passend für Leute, die den Grafen- oder Fürstentitel trugen.

Nun aber zurück in die Gegenwart, in der auch zuweilen moderne Rangers mit Kalaschnikows anzutreffen sind.

Lebend eingeschweißt

»Felix, ich habe ein Problem!«, schrillte eine aufgeregte Frauenstimme aus dem Hörer. »Hilf mir bitte, diese Banditen schweißen die Türe in meinem Laden zu!!!« Es war schon fast 23 Uhr, als Lilli mich anrief. Es musste ganz schlecht um sie stehen, wahrscheinlich war etwas ganz Schlimmes passiert, dachte ich mir, wenn Lilli ausgerechnet mich anrief und um Hilfe bat – wir waren nach unserem kleinen Intermezzo zwar doch noch gute Bekannte geblieben, aber mehr auch nicht.

Es war ihr anzuhören, dass sie um ihr Leben bangte. Um diese Zeit machte sie gewöhnlich Kasse, um Feierabend zu machen. Ihr Modegeschäft »EURO Fashion« lief gut. Aber in letzter Zeit bekam sie mit dem angeblichen Grundstücksbesitzer immer größere Probleme. Der erhob plötzlich Ansprüche und verlangte von der Ladenbesitzerin eine zusätzliche Pacht. Dies hätte für Lilli die Pleite bedeutet.

Als ich dort eintraf, war bereits der Katastrophenschutz am Ort des Geschehens, stand jedoch, während der Rauch hinter der Tür einen Schwelbrand vermuten ließ, unbeteiligt vor dem Haus herum. »Was ist hier los, warum greifen Sie nicht ein?«, fragte ich. »Wir können das nicht tun«, antwortete mir der Katastrophenschutzleiter. »Dafür ist die schlichte Tatsache verantwortlich, dass der Zaun fremder Besitz ist und nicht zerstört werden darf. Wenn wir den Zaun zerstören«, argumentierte er, »um einen Menschen zu retten, sind wir juristisch gesehen im Unrecht, weil wir Privateigentum zerstören.« Die Retter hätten kein Geld, um dem Besitzer den durch die Zerstörung des Zauns angerichteten Schaden gegebenenfalls zu erstatten. Die Befreiungsaktion hätten sie nur dann unternehmen können, wenn die Polizei, die auch bereits vor Ort anwesend war, die Verantwortung übernommen hätte. Die Polizei zögerte aber ebenfalls, weil auch ihre Finanzen nicht immer gut aussahen.

Während die Helfer ratlos dastanden und auf irgendetwas warteten, forderte ich sie ausdrücklich auf, etwas zu unternehmen. Schließlich erfolgten doch zusätzliche Rücksprachen mit anderen Vorgesetzten, und der Katastrophenschutz griff endlich ein, um die Ladenbesitzerin zu befreien, da sie wohlbemerkt weiterhin um ihr Leben und ihren Besitz bangte. Zum Glück war Lilli nichts passiert. Sie hatte einen leichten Schock, den sie jedoch schnell wieder überwunden hatte. Damit war für mich die Sache erledigt und ich konnte mich reinen Gewissens wieder meinen Angelegenheiten widmen.

Wenigstens eine positive Erfahrung kann dieser Geschichte jedoch abgewonnen werden: dass sich in Russland die Rechtssituation seit den Sowjetzeiten grundsätzlich geändert hat. Das, was noch vor zwanzig Jahren undenkbar gewesen war, ist Realität geworden. Es gibt heute viele private Rechtsparteien, deren Interessen zu einem Ausgleich bzw. in Einklang mit der Gesetzeslage gebracht werden sollen.

Der einzelne Bürger steht nicht mehr ganz so rechtlos da, wie es noch zu Sowjetzeiten die Regel war. Damals hatte der sowjetische Staat, vielmehr die Kommunistische Partei, immer das

Recht auf seiner Seite. Heute kann sich auch ein einzelner Bürger einen Anwalt nehmen, der ihn rechtlich vertritt, oder bei genügend Zivilcourage auch auf eigene Faust sein Recht einfordern.

So wurde neulich ein gewisser Bürger Andrej Poljakow aus Samara in ganz Russland dadurch berühmt, dass er den Bildungsminister der Region Samara dazu zwang, die Website seines Ministeriums, die seit dem Vorjahr nicht aktualisiert worden war, auf den neuesten Stand zu bringen. Der Bürger hatte zuerst den Bildungsminister per E-Mail angeschrieben und auf den Sachverhalt aufmerksam gemacht. Poljakow war der Meinung, es sei in Anbetracht des tagtäglichen Bemühens Präsident Dmitri Medwedews um die Entwicklung des Internets unverständlich, dass in einem Institut, das für die Bildung zuständig ist, so etwas vorkommen könne. Er bekam keine Antwort. Der Bürger Poljakow gab sich damit nicht zufrieden und hinterließ im Blog von Dmitrij Medwedew einen Eintrag über den genannten Missstand. Als Ergebnis wurde die Website innerhalb weniger Stunden aktualisiert.

Interessant ist, dass die Besucher im Blog des russischen Präsidenten manchmal sehr direkt sind. Die Anrede reicht von »Sehr verehrter Herr Präsident« über »Dmitrij Anatoljewitsch« bis zum vertrauten »Dmitrij«.

Ein Gruß aus der Vergangenheit

Die Episode mit Lilli geriet schnell in den Hintergrund, als ich wieder in die spannenden Geschichten der Stadt eintauchte. Mich beschäftigte, wie in Samara die »gebildete Gesellschaft« entstanden war. Um die Mitte des 19. Jahrhunderts bildete sich in Russland die neue gesellschaftliche Schicht der sogenannten Intelligenzija heraus, die das gesellschaftliche Leben immer mehr prägte. Bis dahin hatte es in Russland kein gesellschaftliches Leben als solches gegeben, weil außer der Hofgesellschaft lange keine Gesellschaft im modernen Sinne existierte.

Eine wichtige Rolle bei der Entstehung des gesellschaftlichen Lebens spielten die Druckmedien wie Buch und Zeitung, die zum Teil einen kritischen und differenzierten Blick auf die Realität warfen. Es dauerte jedoch lange, bis Bücher keine Seltenheit mehr in der Stadt waren. Die einzige Buchhandlung in Samara, die in den 1790er Jahren in Folge von restriktiven Maßnahmen der Regierung im Kampf gegen den Geist der Freiheit ihren Geist hatte aufgeben müssen, wurde erst um die Mitte der 1860er Jahre von einer gewissen Frau Grau wieder gegründet. Elf Jahre später kam eine zweite Buchhandlung dazu.

Um das Jahr 1875 hatte Samara bereits zwei Zeitungen: das »Auskunftsblatt von Samara« (Samarskij sprawotschnyj listok) und die »Gouvernementsnachrichten von Samara« (Samarskie gubernskie wedomosti). Beide Blätter waren von einer freien Presse, wie es sie im Westen gab, noch weit entfernt. Auch hinsichtlich anderer Einrichtungen der Infrastruktur lagen Welten zwischen Ost und West. Wo in einer vergleichbar großen deutschen Stadt 150.000 bis 200.000 Einwohner Platz finden konnten, wohnten in Samara 80.000 Einwohner. Ein Zeitgenosse gab hierzu folgende Erklärung: »Ein Deutscher oder ein Engländer braucht in seiner unmittelbaren Nähe eine Schule, eine Bibliothek, eine Post und einen Lebensmittelladen.« Dadurch entstand die Enge. Ein russischer Mensch dagegen braucht viel Platz, er duldet keine Enge.

In der Mittagspause ging ich, um etwas Luft zu schnappen, in eine Kantine, die am Wolgaufer lag. Während ich also – in einer Warteschlange stehend – über die Raumvorstellungen und Gewohnheiten eines russischen Menschen nachdachte, wurde ich auf eine Frau aufmerksam, die unmittelbar vor mir stand. Es handelte sich um eine Dame in bereits fortgeschrittenem Alter, die offensichtlich oft hierher kam. Sie fand sich im Menü des Hauses sehr gut zurecht und ging, ohne sich umzuschauen, zu einem Tisch am Fenster, von wo aus sie die Wolga und die vorbeigehenden Menschen ungestört betrachten konnte.

Ich konnte mir nicht erklären, warum ich den Eindruck hatte, sie arbeite bestimmt in einem Museum – vielleicht weil sie so altmodisch und gleichzeitig stilvoll aussah. Sie hatte ein strenges Gesicht mit schönen Zügen und helle, wache Augen. Vielleicht würde es mir gelingen, mit ihr ins Gespräch zu kommen und etwas Neues über Samara zu erfahren: »Verzeihen Sie bitte, ist hier der Platz noch frei?« – »Ja bitte, gewiss«, die Dame wies mir höflich den Platz neben sich zu. »Sind Sie neu hier?«, fragte sie mich nach einer längeren Pause. »Ja, wie kommen Sie darauf?« – »Es ist ganz einfach, alle Männer wie Sie fragen nach einem Platz woanders, zum Beispiel bei dieser attraktiven Frau da drüben«, und sie deutete auf eine Brünette mit unglaublich schönen Brüsten, die sie stolz zur Schau trug. Ja, Himmel, diese hätte sie auch beim besten Willen nicht unter dem Tisch verstecken können! »Ja, ich weiß, was Sie meinen. Es ist aber so, dass mich zur Zeit etwas anderes viel mehr interessiert, nämlich die Geschichte der Stadt. Ich verbringe gerade meine Tage in der Bibliothek.« – »Bei Gott! Sie haben Glück, junger Mann. Ich könnte Ihnen so manche Geschichte erzählen«, und sie schaute mich einladend und auffordernd zugleich an.

»Zum Beispiel von Leo Tolstoj, der mit Alexander Petrowitsch, meinem Ur-Ur-Großvater, eng befreundet war.« Ich war ganz Ohr. Sie erzählte: »Im September 1871 erwarb Graf Leo Tolstoi wegen der guten Luft und der Kumyskur in der Nähe von Samara 250 Hektar Land mit rund 2000 Bauern für 20.000 Rubel, was für die Gesellschaft von Samara eine große Zäsur bedeutete. Im Jahr 1878 vergrößerte er sein Landgut noch um weitere 402 Hektar Land, die er von R. G. Bostrom erwarb, dem Stiefvater von Alexej Tolstoi – eines entfernten Verwandten des Grafen, der später ein bedeutender sowjetischer Schriftsteller werden sollte. Der Vater von Alexej, Nikolai A. Tolstoi, war ab 1881 für viele Jahre Vorsitzender der Adelsversammlung von Samara. Als seine Frau ihn verließ, die Kinder mitnahm und zu Bostrom zog, wollte er das nicht akzeptieren und versuchte lange Zeit, mithilfe von Bittschriften an den Zaren auf sie Einfluss zu nehmen – vergeblich. Selbst der Zar konnte nichts gegen den liberalen Zeitgeist ausrichten. Die Zeiten hatten sich geändert, und gerade in Russland war die emanzipatorische Frauenbewegung, die auf Westeuropa ausstrahlte, besonders stark.«

»Denken wir nur an die erste Mathematikprofessorin weltweit, die 1884 an die Universität Stockholm berufen wurde!« rief ich enthusiastisch aus. »Ich meine Sofia Kowalewskaja. Ich habe einmal gelesen, ihr Kollege, der deutsche Mathematiker Carl David Tolme Runge, schrieb über sie an seine Mutter, dass er sie sich vorher spitznasig, altjungfernhaft und bebrillt vorgestellt hatte und überrascht war, herauszufinden, dass eine gelehrte Bildung sich mit vollkommener Weiblichkeit vereinigen lässt. Diese überaus freundliche Beschreibung war um diese Zeit keineswegs selbstverständlich. So behauptete zum Beispiel der berühmte August Strindberg in seinem 1884 erschienenen Artikel, dass eine Frau als Mathematikprofessor eine schädliche und unangenehme Erscheinung sei, ja, dass man sie sogar ein Scheusal nennen könnte.«

»Ein äußerst unangenehmer Herr, dieser Strindberg.« Während ihr Blick am anderen Wolgaufer haften blieb, als ob dort drüben ihre Heldinnen vor ihrem geistigen Auge defilierten, zählte sie auf: »Diese Reihe könnten wir leicht fortsetzen. Alexandra Kollontai – die erste Botschafterin in einem absoluten Männerberuf – und Nadeshda Krupskaja, die Frau von Wladimir Lenin. Oder aber solche großen russischen Künstlerinnen wie die Dichterinnen Marina Zwetajewa und Anna Achmatowa, der ›russische Schwan‹ Anna Pawlowa, die ›russische Chanel‹ Nadeschda Lamanowa, Lilja Brik als ›femme fatale‹ und Geliebte Wladimir Majakowskis und Lou Andreas-Salomé – die Gefährtin Nietzsches und Rilkes.«

Bei der Aufzählung dieser emanzipierten Frauen war der Dame ihre Begeisterung anzumerken, ihre Augen blitzten: »Nun zurück zu Leo Tolstoi. Bezeichnend für die damaligen Zustände ist, dass viele in Samara erst durch die Artikel Leo Tolstois auf eine Hungerkatastrophe im Gouvernement aufmerksam wurden. Ein hochrangiger Beamte von Samara, E. N. Anutschin, schrieb darüber mit großer Verwunderung: ›Bis die Korrespondenz von Graf L. N.

Tolstoi erschien, wusste keiner außerhalb der Grenzen unseres Gouvernements, was im Samaraer Gouvernement passiert war. Ich nehme sogar an, dass auch in unserem Gouvernement viele nichts davon gewusst haben oder nichts davon wissen wollten. Seine Korrespondenz war ein Donner, der alle zwang, Kreuze zu schlagen.‹

Die Artikel von Leo Tolstoi wurden in ganz Russland und sogar im Ausland veröffentlicht. Als Folge wurden in der Zeit von 1873 bis 1874 für die Hungerleidenden rund 2000 Rubel und mehr als 300 Tonnen Weizen gespendet. Diese Hilfsaktion rettete mehreren Tausend Bauern das Leben. Und trotzdem war das nur ein Tropfen auf den heißen Stein, denn die sozialen Spannungen und die Unzufriedenheit der Bauern wuchsen an. Die 1870er und 1880er Jahre standen in Russland unter dem Zeichen einer zunehmenden Radikalisierung der revolutionären Intelligenz und der Gesellschaft als solcher. Nach der Ermordung von Alexander II. im März 1881 griff die russische Regierung ihrerseits zu rigorosen Maßnahmen und Repressalien gegen jede Art freiheitlichen Denkens. Einer der radikalen Vertreter der jüngeren Generation, ein Volkstümler namens Egor E. Lasarew, der seine Strafe in der Verbannung in Samara verbüßte, gehörte zu denjenigen, die Anfang der 1880er Jahre lebhafte Diskussionen mit Leo Tolstoi auf dessen Gut führten. Lasarew wurde schließlich zum Vorbild des Revolutionärs Nabatow in Tolstois Roman ›Auferstehung‹. Tolstoi war gerne in der Gesellschaft Jüngerer, wirkte entspannt und vergnügt. Durch die Umstände war er gezwungen, die Rolle eines ›konservativen Vaters‹ zu spielen, die jüngeren Menschen dagegen durften als ›revolutionäre Kinder‹ ihre revolutionäre Fahne hoch tragen. Wenn die jungen Menschen zum Beispiel revolutionäre Sätze in die Steppe herausschrieen wie: ›Schlag diesem Raubvogel, dem Doppeladler, den Kopf ein!‹, erwiderte Tolstoi: ›Rühre nicht einmal eine Wanze an!‹ Das waren die jungen Menschen, die als Volkstümler ›ins Volk‹ gingen und auf dem Land landwirtschaftliche Genossenschaften gründeten. Diese Gemeinschaften wurden von der Polizei strengstens kontrolliert und beim kleinsten Vergehen mit einer Strafe belegt, zum Beispiel in Form der Verbannung weiter Richtung Osten, also nach Sibirien und in den Fernen Osten.«

»Soweit ich weiß«, merkte ich an, »gab es erstaunlich viele russische Adelige, die den Mut hatten, die ständischen Grenzen zu verletzen, um für mehr soziale Gerechtigkeit zu kämpfen.«

»Das lag am Zeitgeist«, antwortete die Dame. »Einer von ihnen, Aleksej A. Bibikow, war mit meinen Vorfahren eng befreundet. Noch vor der Bauernbefreiung im Jahr 1861 entließ er alle seine Bauern in die persönliche Freiheit. Bibikow gehörte zu einem alten Adelsgeschlecht. Und doch war es keinesfalls ungewöhnlich, dass er, ein großer Landgutbesitzer, als politischer Verbannter im russischen Norden in Wologda eine Strafe verbüßen musste, weil er indirekt mit dem Mordanschlag am 6. April 1866 auf den Zaren Alexander II. durch Dmitrij W. Karakosow zu tun hatte. In der Verbannung lernte er bedeutende Sozialisten wie Schelgunow oder Lawrow-Mirtow kennen. Aus der Verbannung zurück, heiratete er eine Bäuerin und führte ein schlichtes, ländliches Leben, wobei er selbst die Feldarbeiten verrichtete. Es ist übrigens sehr wahrscheinlich, dass Bibikow großen Einfluss auf seinen Freund und Gutsnachbarn Leo Tolstoi ausgeübt hat. Auf seinem Landgut errichtete Bibikow einen Kurort für unbemittelte Bürger, Kleinbürger und Bauern, die bei ihm Kost, Verpflegung, Geld, Kleidung und vor allem Kumys bekamen, das in der Heilmedizin sehr populär war. Kumys ist ein Getränk, das aus Stutenmilch zubereitet wird und für die Stärkung des Immunsystems und zur Anregung der Darmtätigkeit sehr gut geeignet ist.«

»Erlauben Sie mir noch eine Frage?« »Ja, bitte«, sie schaute mich neugierig an. »Könnte es sein, dass Sie in einem Museum oder in einer Lehranstalt tätig sind?« »Ach, wie kommen Sie denn darauf?«, fragte sie mich verwundert, »ich arbeite tatsächlich im Alexej-Tolstoj-Museum. Sie können mich dort gerne besuchen kommen. Es befindet sich in der Frunsestraße 155. Ich werde Sie im Lieblingssommerpavillon des Schriftstellers mit russischem Tee verköstigen.« Es war mir jetzt klar, woher meine neue Bekannte so ein profundes Wissen und einen ausgeprägten Hang zu den alten Geschichten hatte.

Erfüllt von diesem Gespräch ging ich zurück an die Arbeit; wobei wir uns versprochen hatten, uns von nun an öfters in der Kantine zu treffen.

Max Eyth – Rebellenführer der Tataren

Nach dem eben Gehörten ist es nicht verwunderlich, dass auch das vorbildliche Landwirtschaftsgut, das von Max Eyth nicht weit von Samara aufgebaut wurde, einmal ins Visier der tüchtigen russischen Polizei geriet, da es in der Gegend von sogenannten »politischen« Verbannten nur so wimmelte und alle neu Dazugekommenen sehr misstrauisch in Augenschein genommen wurden – und für Ausländer galt das natürlich erst recht.

Bevor ich mich der Geschichte von Max Eyth, dem deutschen Pionier der modernen Landwirtschaft, zuwende, der in der russischen Steppe beinahe verlorenging, sind noch einige andere ungewöhnliche Menschen zu nennen.

»Wissen Sie was?«, fragte mich meine ältere Gefährtin, mit der ich mich zu einem Spaziergang an der Wolga verabredet hatte, »schon immer gab es originelle und gebildete Persönlichkeiten in Samara. Zum Beispiel Iwan Aleksejewitsch Wtorow, der von 1772 bis 1844 lebte, den ersten Literaten von Samara. Seine Notizen aus den Jahren 1792 bis 1843 geben Einsicht in den Alltag eines Adeligen in dieser Zeit. In seinen Berichten kommen an vielen Stellen Schwermut und Pessimismus zum Ausdruck. Er beklagt sich ständig über die bösen und dummen Menschen, über die Polizeimeister, die die Stadt berauben und damit noch prahlen. Der Eintrag über Letztere stammt aus dem Jahr 1835. Der frühere Polizeimeister Sdwischenski schaffte es, in neun Monaten seiner Dienstzeit 30.000 Rubel Schmiergeld zu erhalten. Sein Nachfolger Setschenow wollte ihn mit 50.000 Rubel noch übertrumpfen und redete von seiner baldigen Abreise aus der Stadt, sobald er dieses Geld zusammen habe. Doch im Juli 1842 klangen seine Worte schon ganz anders«, sie holte einen Zettel aus ihrer Handtasche, auf dem sie einige Zitate notiert hatte und las vor. »›Samara ist kaum wiederzuerkennen: Der Bau von großen Gebäuden – unglaublich. Und die Gesellschaft – Gott weiß, was das soll!!!‹ Wtorow war ein engagierter Bürger und von den Idealen der Aufklärung überzeugt. In den 1820er Jahren versuchte er, mithilfe einer ›Gesellschaft für das Abonnieren von Zeitschriften und Zeitungen‹ für die Verbreitung der Moskauer Periodika zu sorgen. Immerhin hatte diese Gesellschaft 23 Mitglieder.«

Ich fand Gefallen an dieser Geschichte: »Freilich sind das nicht so viele, um von einer mündigen Bürgerschaft sprechen zu können, aber gleichwohl kann auch solch eine kleine Anzahl von ›Freigeistern‹ ein winziges Korn Wahrheit in einer ausgetrockneten Furche des Daseins aufkeimen lassen. Aus den Winkeln der Provinz rast plötzlich zuweilen ein Deus ex Machina über die historische Bühne in eine ungewisse Richtung und mit einem im höchsten Grade ungewissen Ziel. Nicht zu vergessen ist, dass dieser Umstand – ungeachtet der politisch restriktiven Zeit – manche Unternehmer nicht daran hinderte, am wirtschaftlichen Aufschwung der 1840er Jahre teilzunehmen. Dieser war in ganz Russland und insbesondere in St. Petersburg und Moskau zu spüren.«

Die alte Dame nickte zustimmend: »Diese wirtschaftliche Entwicklung bewirkte einen rasanten Wandel in den Wolgastädten und insbesondere in Samara als einem wichtigen Zentrum für den Getreidehandel. Ein Beispiel soll die Pionierstimmung vermitteln, die damals in der Stadt herrschte«, sie kam auf eines ihrer Lieblingsthemen zu sprechen. »Einer meiner Vorfahren, der russische Adlige Alexander Petrowitsch Beljaew, lebte in den Jahren 1803 bis 1887. Als Dekabrist hatte er das ganze Desaster des Aufstandes der Adeligen gegen die russische Monarchie vom 14. Dezember 1824 erlebt und war zu vielen Jahren Zwangsarbeit verurteilt worden. In Samara lebte er von 1846 bis 1848 und wurde erst 1856 amnestiert. Er blieb also nur zwei Jahre in Samara und es war ihm sein Leben lang ein Rätsel, wie es dazu kommen konnte, dass er, der sieben Jahre im Gefängnis, sieben in Sibirien und weitere sieben als Soldat im Kaukasus verbracht hatte, solche Achtung und solches Vertrauen bei den hiesigen Kaufleuten erlangen konnte. Alle wussten nur, dass er davor ein Marineoffizier gewesen war. Jedenfalls haben die Kaufleute von Samara in kürzester Zeit 30.000 Rubel aufgebracht und ihm anvertraut, damit er sein Projekt – den Bau eines dampfgetriebenen Transportschiffes zum besseren Getreidetransport – verwirklichen konnte. Natürlich war das auch im Interesse der Getreidehändler. Es ging aber noch weiter: Beljaew bekam das Geld auch per Post von Menschen, die er nur kurz einmal zufällig im Kaukasus getroffen hatte oder die ihn über 20 Jahre nicht mehr gesehen hatten. Sie schickten ihm stattliche Geldbeträge – 1000, 2000, 5000, 10.000, 15.000 Rubel –, damit er dieses Schiff bauen konnte. Das zeigt, welches Ansehen die Dekabristen auch 20 Jahre nach jenem bedeutenden Ereignis, das Dekabristenaufstand hieß, in Russland noch genossen. Ihnen begegnete man mit großer Achtung, man behandelte sie wie Helden, und das waren sie ja auch.« Mittlerweile hatten wir die Wolgapromenade Richtung Stadtmitte verlassen und waren in die Wenzek-Straße eingebogen, die den steilen Berg hinauf zum Revolutionsplatz führte.

»Diese Geschichte führt zur Entwicklung der Schifffahrt, die insgesamt durch den Bau von Dampfschiffen ein rasantes Wachstum erlebte.« Als ob die Dame die landschaftliche Veränderung gar nicht wahrnahm, ging sie zügigen Schrittes weiter: »Der Bau der Eisenbahnlinie ab 1876 beschleunigte die wirtschaftliche Entwicklung der Stadt enorm. In Kombination mit der günstigen geographischen Lage, durch die Samara zu einem wichtigen Umschlagplatz für Getreide wurde, trug sie zum wachsenden Wohlstand vieler Einwohner bei. Hier standen Hunderte von Mühlen, in denen das Getreide weiterverarbeitet wurde. Getreide aus Samara wurde in Europa so beliebt, dass sogar die englische Königin jeden Morgen Brötchen bekam, die mit Mehl aus Samara zubereitet worden waren. So sagt man zumindest in Samara.« Sie hielt nun doch am Revolutionsplatz an, um Atem zu holen. Vor uns lag der große Platz mit dem Lenindenkmal in seiner Mitte, an dessen Postament früher der Befreier-Zar Alexander II. gestanden hatte.

Wir blieben kurz stehen und sie schaute mich erwartungsvoll an. Solange sie sich erholte, erzählte ich ihr die Geschichte von zwei englischen Herren und einem deutschen Wissenschaftler: »Als indirekter Beweis für die Beliebtheit und den Bekanntheitsgrad des harten Weizens aus der Wolgasteppe könnte dienen, dass in der Nähe von Samara ein englischer Lord und Mitglied des englischen Parlaments, Gardner-Jackson, das Landgut Timaschwo mit achttausend Hektar Land erworben hatte, um dort nach den modernsten Methoden einen landwirtschaftlichen Modellbetrieb aufzubauen. Das Gut lag am Ufer des Kinel, eines Zuflusses der Samara, und befand sich etwa fünfundachtzig Kilometer östlich der Wolga. Der Stuttgarter Max Eyth, der Begründer der Deutschen Landwirtschafts-Gesellschaft, beschrieb auf einmalig ironische Weise in seinem Buch ›Der Tatarenrebell hinter dem Dampfpflug‹ den Versuch des englischen Lords. Ich habe neulich ein paar Textstellen aus den Notizen von Max Eyth kopiert, die ich besonders spannend fand. Soll ich Ihnen daraus vorlesen?« Meine Begleitung nickte erfreut, als hätte ich ihr ein teures Geschenk angeboten. Ich kramte in meiner Tasche und wedelte kurz darauf mit ein paar leicht zerknitterten Blättern durch die Luft, brauchte aber einen kurzen Moment, bis ich die entsprechende Passage gefunden hatte: »›Gardner-Jackson ergriff die Gelegenheit mit Begeisterung, im Herzen des Reichs, an der Grenze zwischen dem europäischen und dem asiatischen Russland eine Musterwirtschaft nach englischer Art aufzubauen und zwei Weltteilen gleichzeitig zu zeigen, was englische Landwirtschaft, von der er nichts verstand, auf dem jungfräulichen Boden der Steppe, den er zum ersten Mal sah, mit Wasser, Maschinen und Eisenbahnen zu leisten imstande ist.‹

Dies wollte er mit der fachlichen Hilfe von Max Eyth bewerkstelligen, der seine sechs strohbetriebenen Dreschlokomobile bis an die Grenze von Sibirien brachte. Die Grundidee von Eyth war, zwei Aufgaben – die des Pflügens und die des Dreschens – unter Zuhilfenahme von Stroh als Brennmaterial zu bewerkstelligen. Die Gutsbesitzer in der Nachbarschaft wollten ihre Neugier natürlich stillen und kamen, um das Gut Timaschwo, seine Betriebsführung und die landwirtschaftlichen Maschinen zu begutachten.

Max Eyth und Lord Gardner-Jackson hatten sich im Jahr 1870 bei der Ausstellung der englischen Königlichen Landwirtschaftsgesellschaft in Oxford kennengelernt. Gardner-Jackson war einer der reichen Leute Londons, besaß eine der schönsten Privatbildergalerien, eine italienische Gräfin zur Frau, Bargeld genug und einen leidenschaftlichen Drang, der Welt im Großen nützlich zu sein.

Hierzu trugen günstige Umstände bei. Dem Lord tat es bei seinem Lungenleiden gut, die Kumyskuranstalten an der Wolga zu besuchen. Darüber hinaus wurde er mithilfe eines Briefes des Prinzen von Wales am Petersburger Hof bestens eingeführt und als der anerkannte englische Freund Russlands gefeiert. Das dauerte jedoch nicht lange … Moment bitte, meine Liebe, dazu müsste ich doch auch eine Textstelle haben, die ich Ihnen vorlesen könnte …« Ich blätterte in meinen Kopien und begann zu deklamieren: »›Der Lord erwies sich als ein sehr großzügiger Gutsherr, wodurch er die volle Sympathie seiner Bauern gewann. Es sprach sich schnell herum, dass der englische Herr sehr spendabel sei, wenn die Väterchen, die ansonsten eine rote Nase hatten, ihn aufsuchten und dabei gute Führung und Nüchternheit zeigten. Allerdings hatten sie stoisch ihre Abstinenz immer nur kurz vor dem Besuch beim schöngeistigen Gutsherren begonnen. Der englische Herr zeigte sich bei seiner Abreise nach England sehr zufrieden, dass seine Wohltaten bereits Früchte trugen, und schenkte der Dorfgemeinschaft dreitausend Rubel.

Weniger einfach hatte sich die Verwendung des der Gemeinde zugewiesenen Geldes gestaltet. Jener demokratische Geist, der aus uralter Zeit in den russischen Dorfgemeinden fortlebt, hatte hier ein Wort mitzusprechen. Zwei Volksversammlungen, die einen stürmischen Verlauf nahmen, erörterten die brennende Frage. Ein neues Gemeindehaus, die Pflasterung der Dorfstraße, eine Brücke über den Kinel waren Vorschläge, die der Reihe nach von großen Majoritäten verworfen wurden. Man schien ratlos zu werden. Da erhob sich ein greiser Dorfältester und sprach darüber, dass der neue Herr ein gutes Väterchen sei, wie die Dorfgemeinde es kaum erhofft habe. Er habe zwar Eigentümlichkeiten, die ein russischer Mensch nicht begreife. Er sei ein Fremder und wisse wohl nicht, was für uns Russen passe. Aber er sei ein gütiger Herr. Und deswegen wären wir ihm Dank schuldig. Darum schlug er vor, dass alle diejenigen, welche Gespanne hatten, morgen früh nach Samara aufbrechen mussten, um für das geschenkte Geld Wodka zu kaufen. Das ganze Dorf schwamm halb bewusstlos eine Woche lang in Tränen der Rührung und überschwellender Dankbarkeit gegen Gott, Gardner-Jackson und alle Menschen. Nur Gardner-Jackson selbst, als er all dies hörte, war etwas verstimmt und fühlte die ersten Zweifel an seiner Methode der Regeneration des russischen Volkes in sich aufsteigen.‹«

Die alte Dame hatte, den Kopf leicht zur Seite geneigt, aufmerksam zugehört, ohne mich in meiner Darbietung zu unterbrechen. Wie sie so dastand, konnte man zugleich ihre Müdigkeit, aber auch das wache Interesse an dem, was ich ihr erzählte, erkennen. »Wirklich eine sehr ungewöhnliche Geschichte und, ach, so eine typische zugleich«, bemerkte sie beiläufig. Wenn sie lächelte, tat sie das sehr charmant und ungezwungen. Sie war ohne Frage trotz ihres geschätzten Alters um die 70 Jahre zu den schönen Frauen Samaras zu zählen.

»Den Winter 1875 verbrachte Gardner-Jackson in Konstantinopel«, setzte ich fort, »und erlag seiner nächsten Leidenschaft. In der Hitze der Begeisterung schenkte er seinem neuen Freunde, dem Sultan, sechzig Pferde für eine Musterschwadron, die im kommenden Kampf um die Existenz des türkischen Reiches siegen oder sterben sollte. Ein Wunder war es nicht, dass man in St. Petersburg die Köpfe schüttelte.«

»Äußerst unvorsichtig«, bemerkte meine Gesprächspartnerin nur. »Diese Verwicklung mit dem Sultan«, setzte ich fort, »brachte Eyth und seinen polnischen Helfer, den Ingenieur Kaminsky, in den Verdacht der Spionagetätigkeit. Für beide wurde es schnell gefährlich. Im Dorf erschienen plötzlich Kosaken, die die landwirtschaftlichen Enthusiasten Tag und Nacht beschatteten. Die russische Regierung glaubte zu wissen, dass Gardner-Jackson einer der einflussreichsten und gefährlichsten Agenten Englands in Konstantinopel sei, dass er Timaschwo gekauft hätte, um eine Beobachtungsstation im Süden des Reiches zu haben, dass Eyth und seine sechs Engländer als Spione dort seien.«

»Eine sehr russische Geschichte«, bemerkte die Dame traurig.

»Wenn ich mich richtig erinnere, wurde Eyth auch verdächtigt, mit den Tataren heimlich zusammenzuarbeiten. Er und seine Leute wollten angeblich die ganze mohammedanische Bevölkerung der Steppe zu einem Aufstand aufwiegeln. Darüber hinaus legte man Eyth seinen Aufenthalt in Ägypten zur Last – man glaubte, einen halben Türken vor sich zu haben. Der deutschen Wissenschaftler war zutiefst beunruhigt, als er das hörte. Er soll versucht haben, alles als eine Absurdität abzutun, und nur gelacht haben: ›Sind die Leute verrückt?‹ Aber es war die bittere Wahrheit – Eyth musste Russland schnellstens verlassen. So unglaublich dies auch war, selbst seine Dampfpflüge, unschuldig wie weiße Lämmchen, konnten unter solchen Umständen eine europäische Verwicklung heraufbeschwören. Max Eyths Ziel war Wien. Aber auch in schwierigen Momenten seines Lebens verlor er nicht seinen Humor. Sein Fazit lautete: ›Meine Aussichten, Rebellenführer der Tataren zu werden, waren vernichtet.‹«

»Und er war nicht einmal so ein großer Exot, wie man vielleicht heute denken könnte«, sagte die Dame. »Schließlich gab es damals einige hunderttausend Wolgadeutsche, die in der Wolgaregion seit den 1760er Jahren zu Hause waren.«

Gerne hätte ich dieses Gespräch weiter fortgesetzt, musste mich aber von ihr verabschieden, da ich an diesem Abend noch mit Aljona verabredet war und wir an der Kreuzung von Leningradskaja- und Kujbyschew-Straße angekommen waren, wo ich mich mit dem Elfchen treffen sollte.

»Der fröhliche Gerechte«

Hörnchen und Otter arbeiten im Botanischen Garten. Sie haben sich nicht verhört. Das sind Freundinnen von Aljona. Sie hat eine Gewohnheit, ihren Freunden sehr zutreffende Tiernamen zu geben, die sie als Kosenamen verwendet. Am nächsten Morgen folgten wir ihrer Einladung in den Botanischen Garten und wandelten auf den Wegen der grünen Akademie von Samara.

Sonntägliche Ruhe herrschte am sonnigen Morgen nicht lange. Ein Tribut von Lärm, Staub und Hektik wurde von den Bürgern dieser Großstadt ordentlich entrichtet. Der Botanische Garten bemerkte es kaum und ruhte in seinem morgendlichen Schlaf weiter. Er konnte sich das heute gönnen – er war geschlossen. Als Mitarbeiterinnen des Gartens wussten Otter und Hörnchen alle geheime Ein- und Ausgänge. Sie wollten ihre Schätze unbedingt dann zeigen, wenn keiner da sei. Nur unter dieser Bedingung könne man in die andere Dimension gelangen, so Otter. Für sie war das ihr Narnia. Es lag nahe, dass eine sprechende Otter mit einem nicht weniger gesprächigen Hörnchen eine eigene Sprache gefunden hatte. Beim Botanischen Garten bogen wir von der Moskauer Chaussee in eine Seitenstraße ab, bis wir an eine Stelle kamen, an der hinter dem dichten Gebüsch ein enger Spalt im Zaun zu finden war.

»Hereinspaziert!«, lud uns Hörnchen ein und zeigte uns den Weg. Augenblicklich befanden wir uns tatsächlich in einer ganz anderen Welt. Nach einer Weile erschien hinter einer Biegung ein kleiner See. Wir ließen uns am Ufer nieder. Weidenbäume entspannten sich am Seeufer. Kirsch- und Maulbeerbäume, Eichen, Birken, Kastanien, Fichten, Tannen und viele andere Baumarten bildeten Gruppen oder standen einzeln auf den Wiesen rundherum.

»Kennt ihr die Geschichte vom ›fröhlichen Gerechten‹?«, fragte ich meine Begleiterinnen. »Den hatten wir in Samara? Und wann war das?«, fragte Otter zurück. »So nannte Alexej Maximowitsch Gorki den Jakob Ljwowitsch Teitel. Er lebte von 1851 bis 1939 und war der erste Untersuchungsrichter jüdischer Abstammung in Russland, was für die damalige Zeit eine absolute Ausnahme war. Gorki verglich ihn sogar mit Franziskus von Assisi.«

»Heilige Einfalt, wir leben in dieser Stadt und haben keine Ahnung davon, dass hier solch große Geister gewirkt haben!«, rief Otter verwundert. »Und wo stand sein Haus?«, fragte neugierig Hörnchen.

»Teitel wohnte in einem roten Backsteinhaus, das heute noch steht, an der Ecke Nekrasow und Sadowaja Straße. Es wurde zum wichtigsten Zentrum des gesellschaftlichen Lebens in Samara der 1880er und 1890er Jahre. Über mehrere Jahrzehnte im Gouvernement Samara im Dorf Staryj Bujan und später in der Stadt tätig, genoss Teitel eine tadellose Reputation. Er kannte alle bedeutenden Menschen Samaras, zum Beispiel Maxim Gorki, den ersten ›proletarischen‹ Dichter Russlands, oder Alexej Tolstoi, der unter anderem mit seiner Nacherzählung ›Pinocchios‹, in der russischen Version, wie ihr alle wisst, ›Buratino‹ genannt, berühmt wurde. Und er kannte einige der zukünftigen Volkskommissare der ersten sowjetischen Regierung. Einer von ihnen, Mark T. Elisarow, war mit Anna Uljanowa, der älteren Schwester von Lenin, verheiratet, und so lernte er auch den jungen Lenin kennen.

Und vor allem: Alle kannten Teitel und gingen zu ihm, wenn sie Hilfe brauchten.

Später in der Emigration blieb der russische Jude sich treu, gründete und leitete in den Jahren 1923 bis 1929 in Berlin die philanthropische Gesellschaft der ›Kinder-Freunde‹.

»Die Gesellschaft der Kinder-Freunde, das gefällt mir, mein lieber Felix«, unterbrach Hörnchen meine kleine Vorlesung. »Wir wissen ja, warum du dich bis über beide Ohren mit der Geschichte von Samara beschäftigst. Aber nun sollten wir uns wieder den

Pflanzen zuwenden. Ich möchte euch ein paar besonders schöne Orchideen zeigen.« – »Und dann gehen wir noch zu den Kakteen«, schlug Otter vor.

Russische Amerikaner

Am nächsten Tag traf ich mich mit Max. Meine Bekannte vom Alexej-Tolstoj-Museum hatte uns einander vorgestellt. Er war ein linksorientierter junger Rebell von Samara. Wir flanierten auf einer Straße namens Stepan Rasin, in der er seine Wohnung hatte. Das passte ja auch gut zusammen, zeigte sich doch der Kosakenataman auch nicht besonders konform. Max nahm meistens kein Blatt vor den Mund, da er sehr offen auch über die politischen Verhältnisse redete. Hier aber nahm der Heimatforscher in ihm die Überhand: »Im Sommer, wenn man sich am Wolgastrand sonnt, kann man viele große Passagierschiffe die Wolga hinauf und herunter fahren sehen. Das war nicht immer selbstverständlich, die Dauerkrise der 1990er Jahren hatte fast die gesamte Wolgaschifffahrt lahmgelegt. Dabei war es in Russland wegen der schlechten Straßen schon im 19. Jahrhundert sehr beliebt gewesen, mit dem Schiff zu reisen. Die Folge war eine schnelle Entwicklung des Passagieraufkommens zwischen den Wolgastädten, die Passagierflotte wuchs auf rund 800 Dampfschiffe an. Der ›russische Amazonas‹ konnte sich mit den riesigen, luxuriösen Schiffen, die zumeist nach den Plänen belgischer, niederländischer oder anderer Schiffsbauer aus Europa auf den Werften von Nischnij Nowgorod gebaut wurden, sehen lassen.«

»Nun konnte aber«, wandte ich ein, »die Fahrt auf der Wolga in ihren Anfängen manchem Fahrgast einige Strapazen bereiten.« »Gewiss, das würde ich auch nicht bestreiten wollen. So waren die Ankunfts- und Abfahrtszeiten eines bestimmten Schiffes nicht zu erfahren, da die Verwaltung der Schiffsgesellschaften darauf achtete, dass vor allem Transport- bzw. Handelsgüter an die Adressaten gelangten. Der Passagiertransport war demgegenüber zweitrangig.

In Nischnij Nowgorod am oberen Lauf der Wolga, wo das größte Zentrum des russischen Binnenhandels lag, konnte man immerhin von den Zentralen der Schiffsgesellschaften ungefähre Informationen über die Abfahrtszeiten erfahren. In Kasan war es bereits etwas schwieriger, da die Anlegestelle fünf Kilometer vor der Stadt lag. Die Ankunft der Schiffe wurde mithilfe einer auf einem Feuerwehrturm gehissten Flagge bekanntgegeben. In diesem Fall sollten die Passagiere in aller Hast ihre Sachen packen und mit der Droschke schnell zur Anlegestelle fahren. Ohne Gewähr, versteht sich. Es konnte passieren, dass das Schiff, aus welchen Gründen auch immer, dann doch noch einen Tag lang liegen blieb. Solch eine fortschrittliche Methode gab es in Samara nicht. Hier konnte der Reisende höchstens für ein kleines Entgelt die Fuhrleute, die an der Börse standen, darum bitten, ihm Bescheid zu sagen, wenn sie die Dampfwolke eines Schiffes am Horizont sahen.

Zumindest berichtet das der Reisende Michail Awdeew, dem die Information, dass das nächste Schiff nicht früher als in einer Woche komme, da die meisten schon nach Zarizyn gefahren seien, nicht genügte. Aber mit etwas Glück, so der Büroangestellte der Schiffsgesellschaft, könne er auch früher fahren.«

»Das waren wirklich andere Zeiten, die Art zu reisen und der Umgang der Menschen mit der Zeit waren damals ganz anders als heute, zudem tickten die Uhren in Russland anders als in Frankreich, Deutschland oder England«, sagte ich, »dazu fällt mir eine Geschichte ein: Etwa um die gleiche Zeit bereiste ein Engländer Russland: Donald Mackenzie Wallace, der 1877 unter dem schlichten Titel ›Russia‹ einen Bestseller herausbrachte. Darin vergleicht er Samara mit den amerikanischen Städten und weist auf das rasante Wachstum der Stadt hin. Das war jedoch auch alles, was er dem Stadtbild an Positivem abgewinnen konnte. Im Weiteren teilt er mit, dass die meisten Häuser aus Holz gebaut würden, dass nach starkem Regen fast alle Straßen unpassierbar wären und es bei starkem Wind richtige Sandstürme gebe, so dass selbst die Häuser der gegenüberliegenden Straßenseite kaum zu erkennen wären.

Unter solch desaströsen Umständen sei, so meinte der englische Reisende, ein russisch-orthodoxer Kirchenneubau von gigantischem Ausmaß einfach fehl am Platz. Könnte man doch, so der praktische Engländer, für dieses Geld die Infrastruktur einigermaßen in Ordnung bringen. Er vergaß dabei das naturverbundene Bewusstsein des russischen Menschen, der sich über eine jede Erscheinung der Natur freut: Wenn es regnet, freut er sich, dass der Regen den Staub wegwischt. Und wenn es trocken ist, freut er sich, dass die Straßen endlich passierbar sind. Also macht er sich über den desolaten Zustand einer Straße überhaupt keine Gedanken, geschweige denn Stress. Man ist doch in jeder Lebenslage ein Profiteur der Lebensumstände. Einem russischen Menschen ist es womöglich bis heute nicht ganz klar, warum es eine solche Verschwendung wegen eines so komischen Wortes wie ›Infrastruktur‹ geben muss.

Wallace schrieb weiter, dass man, wenn man die Kathedrale und die riesigen Getreidespeicher in Augenschein genommen hätte, sich ruhig zurücklehnen könnte, weil das mit Sicherheit alle Sehenswürdigkeiten von Samara gewesen wären. Wenn er gewusst hätte, dass in dieser Stadt in weniger als 80 Jahren die Weltraumraketen gebaut werden würden? Ich denke, er wäre bei seiner Meinung geblieben, weil die meisten Straßen von Samara immer noch zu wünschen übriglassen.«

»Die Zeiten ändern sich in manchem zum Besseren, nicht jedoch die Menschen«, fügte der junge Mann skeptisch hinzu und erzählte mir etwas über die aktuelle Lage der Bürgerbewegung in Samara. Seinen Worten nach hatten auch die harmlosesten Bürgerinitiativen oft mit der Polizei Probleme: Diese konfisziere die Computer zwecks angeblicher Überprüfung für ungewisse Zeit und verhindere dadurch ihre Arbeit.

»Eben das ist das Paradoxe in der Geschichte«, fuhr er fort, »dass das negativ Politische und das positiv Wirtschaftliche oft nebeneinander existieren können. Samara wuchs im 19. Jahrhundert in wenigen Jahrzehnten von 15.000 auf 80.000 Einwohner an, was der Stadt den Ruf einer amerikanischen Stadt an der Wolga einbrachte. Die Bewohner kamen, wie ein Zeitgenosse bemerkte, nicht in diese Stadt, um Schulen, Bibliotheken, Post und Kirchen zu besuchen, sondern um Handel zu treiben. Dieser umtriebige Handelsgeist trug den Bewohnern von Samara den Ruf der ›russischen Amerikaner‹ ein, wobei sie sich auch selbst gerne mit den Amerikanern verglichen. Viele Reisende, insbesondere die, die in der zweiten Hälfte des 19. Jahrhunderts nach Samara kamen, sprachen von einer neuen, dynamischen Stadt, die mit jeder Stunde über ihre Grenzen hinauswuchs. Dass man glaubte, auf amerikanische Verhältnisse zu treffen, lag auch an der streng geometrischen Anlage der Straßen, die parallel zur Wolga verlaufen und streng rechtwinklig von den Querstraßen gekreuzt werden. Dieses Straßenmuster prägt die Stadt bis heute.«

»Und überhaupt«, sagte ich zum Abschluss unseres Gesprächs, da es Zeit war, voneinander Abschied zu nehmen, »sind die Bewohner von Samara sehr traditions- und selbstbewusst und pflegen liebevoll ihre Geschichte. ›Moskau ist weit, wir sind uns selber Herr‹, pflegen sie zu sagen. In diesem Sinne Adieu, mein lieber Freund, bleib dran und lass dich nicht entmutigen.«

Es bleibt zu hoffen, dass der autoritäre Paternalismus, der versucht, den mündigen Bürger zu bevormunden, aufhört und die starke Abhängigkeit der russischen Regionen von der Zentrale nur eine vorübergehende Erscheinung ist. Ich würde mir sehr wünschen, dass es statt einer verkrusteten Machtvertikale endlich ein schöpferisches Miteinander unter den Regionen und zwischen den Regionen und Moskau gibt. Der Anfang wurde bereits gemacht.

Auf tönernen Füßen

Je tiefer ich in der Geschichte von Samara grub, desto deutlicher wurde mir vor Augen geführt, dass es mir nie gelingen würde, diesen Ozean bis in den letzten Winkel zu erforschen. Das erfüllte mich jedoch keineswegs mit Zweifel, geschweige denn Verzweiflung, sondern bestätigte mich zum wiederholten Male in der Einsicht, dass eine jede Geschichte einem fraktalen Bild ähnlich ist. Während eines jeden weiteren Annäherungsversuches an ein Lebensphänomen wird immer eine Erweiterung der Perspektive bis ins Unendliche erfahren. Die Mikrowelten, aus denen auf einmal wieder Makrowelten werden, entfalten sich und zeigen, dass sie wiederum aus weiteren Mikrowelten bestehen und so weiter und so fort.

Geschichte und Gegenwart liefern immer Beispiele, um uns in unseren Einsichten zu bestärken. Es ist jedoch ratsam, bevor man in ein Land reist, gewisse kulturell vorgeprägte Wahrnehmungsmuster abzulegen, wenn man frische und neue Eindrücke bekommen möchte. Inwieweit mir das wohl gelungen war? Wie würde Aljona das beurteilen? Ich nahm mir vor, sie das am Abend zu fragen, denn sie hatte mich zum Essen eingeladen. Nach einem langen Tag in der Bibliothek wollte ich nichts mehr auf der Welt, als sie in ihrem putzigen kleinen Haus in der Samarskaja Straße zu besuchen.

Als wir am Tisch unter einer großen grünen Lampe saßen, beobachtete mich Aljona zufrieden und aufmerksam dabei, wie ich den ersten Hunger stillte. Dann schenkte sie uns beiden Wein ein und erkundigte sich, wie denn mein Tag gewesen sei. »Danke, gut. Ich konnte den Büchern noch etliche interessante Geschichten abgewinnen.« »Erzähl mir doch davon«, forderte Aljona mich auf. Ich ließ mich nicht lange bitten.

»Nehmen wir eines der Bilder, das so alt ist wie die Geschichte der Beziehungen des Abendlandes zu Russland«, begann ich, »nämlich dass Russland für Europa eine permanente Gefahr bedeute …« »So ein schöner Abend und dann redest du von Gefahr! Muss das sein?«, warf Aljona in ironischem Tonfall ein, wobei man ihr jedoch ansah, dass sie darauf brannte, mehr zu hören. »Worauf ich hinaus will, ist Folgendes«, fuhr ich also fort, »Russland – dieser Koloss, der sich bedrohlich über die kleine Halbinsel Europa beugt. Zur Beruhigung des abendländischen Geistes und als heimliche Hoffnung kam der Zusatz hinzu …« Aljona blickte mich herausfordernd an: »Warte mal, ich rate jetzt: der Koloss auf tönernen Füßen!« Ich schmunzelte zufrieden: »Du kennst dich ja bestens aus. Ja, hat man sich gesagt, es dauert nicht mehr lange, und der Koloss bricht zusammen. Er brach aber nicht zusammen, sondern wuchs und wuchs. Richtung Osten und Richtung Süden – bis zu einer ›ungesunden‹ Größe, was noch mehr zur Beunruhigung der Geister beitrug und weiteren Stoff für Spekulationen lieferte. Ist das überhaupt zu verdauen, und verschluckt man sich bei solch großen Happen nicht womöglich?«

»Man könnte jedoch das ganze Geschehen auch etwas anders interpretieren«, schlug Aljona vor. »Man könnte sagen, es ist nicht mehr als eine gewöhnliche optische Täuschung, nicht mehr als Schall und Rauch. Russland hat sich vom Westen mit Erfolg jahrhundertelang abgeschottet und isoliert. Abgesehen vom Heiratsantrag Ivan IV. an die Königin von England Elisabeth I., der zusammen mit denen anderer Bewerber wie Erzherzog Karl von Österreich, Henri Duc d'Anjou, immerhin der zukünftige französische König, oder Erik XIV. von Schweden abgelehnt wurde, machte Russland keine Anstalten, den Westen zu erobern, und war dazu auch nicht in der Lage.«

»Keine Anstalten?«, fragte ich nach. »Es gibt da ein kleines Aber. Kaum saß in Russland der erste Zar, Ivan IV., auf dem Thron, begann der Moskauer Rus eine ungeahnte Expansion nach Osten und Westen. Der Livländische Krieg von 1558 bis 1583 sollte für Moskau den Zugang zur Ostsee sichern. Das anfangs erfolgreiche Vorgehen gegen die Livländische Konföderation ging in eine defensive Stellung über, als stärkere Gegner wie Schweden und das Großfürstentum Litauen auf der Seite der Konföderation in den Krieg zogen. Spätestens seit der Mitte des 17. Jahrhunderts, als Russland erstmals in den Konflikt zwischen Europa und dem Osmanischen Reich eingriff, wurde es nicht mehr als unbekannte barbarische Größe im Osten empfunden, sondern als neuer, berechenbarer Faktor der europäischen Politik. Russland hatte jedoch bis ins 18. Jahrhundert keine hochseetüchtige Flotte und konnte bis dato keine effektive Außenpolitik in Europa betreiben.

Nur eine Seemacht konnte eine erfolgreiche Eroberungspolitik durchführen. England – eine maritime Großmacht – herrschte über ein bis dahin nie dagewesenes Reich von unermesslicher Größe und Reichtum. Das förderte Gier und nochmals Gier nach eigenen Kolonien in fast allen europäischen Staaten. Vor allem die ›verspätete‹ deutsche Nation meldete große Ansprüche an, wurde jedoch an den Schultern und Beinen gehalten: Der Boche kommt nicht über den Rhein ...« Es war an der Zeit, Aljona zu Wort kommen zu lassen, da sie sich offensichtlich kaum zurückhalten konnte.

»Aber betrachten wir einen unbefangenen abendländischen Beobachter aus tiefenpsychologischer Sicht«, begann sie. »Er bekam damals im 18. und insbesondere im 19. Jahrhundert bei der Betrachtung der Karte Europas womöglich das eisige, beängstigende Gefühl, Russland drohe mit seiner riesigen Landmasse, Europa zu erdrücken.« – »Dies zeigt, wie schädlich – im ironischen Sinne – die Verbreitung der Aufklärung, des Buchdrucks und nicht zuletzt der Kartographie für die Völkerverständigung in Europa war, da nicht nur die Verständigung befördert, sondern auch die Vorurteile bestärkt wurden. Bekannt sind die Plakate während des Krimkrieges, als die Kriegspropaganda sich gerne der alten Klischees bediente.«

»Mein Kompliment, eine reizvolle Bemerkung«, sagte Aljona. Diese Worte kamen mir vor wie eine Huldigung, da es äußerst selten war, dass sie ein Lob aussprach. Man musste sich wirklich Mühe geben, um dies zu verdienen. »Noch komplizierter verhält es sich mit den Wahrnehmungen der Besucher – der Berichterstatter, die alles ›mit eigenen Augen‹ gesehen haben«, setzte ich munter fort. »Mein Lieblingsbeispiel ist eine hervorragende, weil unterhaltsame und ›einfach‹ geschriebene Darstellung, der detaillierte Reisebericht über russische Sitten und Bräuche von Siegmund von Herberstein aus dem Jahr 1549, der vielmals verlegt und zu seiner Zeit ein Bestseller wurde. Noch im 17. Jahrhundert war er eine

Pflichtlektüre für Diplomaten. Herbersteins Auftraggeber waren die Habsburger, 1517 Kaiser Maximilian I. und 1526 König Ferdinand. Er war der erste Gesandte, der zum Moskauer Großfürsten Vasilij III. geschickt wurde, und erzählt über den russischen Alltag, über Kriegsführung, Rechtsprechung, Handel und Geldwesen. Sein Fehler war, dass er das Herrscherprinzip – die Tyrannei, die auf Grausamkeit aufgebaut war, also das negative Herrscherbild – auf das russische Volk übertrug: Er beschrieb es als grausam, zwar auch als mutig, aber dann doch wieder als hinterhältig, und er charakterisierte sie mit dem schönen Wort ›wuetterichisch‹, was immer er damit auch gemeint hat.«

»Ich würde fast vermuten, dass es sich bei einem Perspektivwechsel zur russischen Seite gerade umgekehrt verhält«, tastete sie sich vor. »Du gehst womöglich in die richtige Richtung«, ermunterte ich sie. Aljona redete mit Nachdruck weiter: »Europa nämlich, also der Westen, bedroht Russland und versucht mit allen Mitteln, es wirtschaftlich und politisch zu unterwerfen, ja es zu vernichten oder zumindest zu kontrollieren.« Ihr Gesicht wurde rot vor Aufregung. »Die beängstigendsten Wünsche sind hinter dem Atlantik zu finden, wenn von dort die Zerteilung der Russischen Föderation in mehrere mehr oder weniger unabhängige Staaten vorgeschlagen wird: ›Das Land ist zu groß, um es sinnvoll regieren zu können‹, heißt es dann. Dabei sind die Europäer aus der russischen Sicht gar nicht so grausam, sondern eher raffiniert, ›hinterlistig‹ und ›verlogen‹. Das ist nicht fair.«

Sie erinnerte mich plötzlich an ein kleines Mädchen, das die Erwachsenen bei einer Untat erwischt hat, weshalb es zornig wird und sich empört.

»In Russland sind viele Generationen mit dieser Vorstellung über den Westen aufgewachsen«, versuchte ich ihr meinen Standpunkt nahezulegen. »Die russischen Schulbücher lehrten und lehren heute noch: Russland war in seiner ganzen Geschichte gezwungen, seine Souveränität und Integrität gegen Invasoren, ob aus dem Osten oder aus dem Westen, zu verteidigen. Laut dieser

Doktrin wären alle russischen Feldzüge in den Westen durch die westliche Aggression ausgelöst worden. Dafür findet man viele passende Beispiele. Die Feldzüge von Schweden 1240 und des Deutschen Ordens 1242, die Einfälle von Mongolen 1242, Polen 1612, Franzosen 1812 und Deutschen 1914 und 1941. Die patriotisch gesinnten Autoren schlachten genüsslich diese Fakten aus, um dem russischen Bürger vorzugaukeln, wer seine Feinde seien und wo die Gefahr zu wittern wäre: in Europa nämlich. Man hebt in Russland, wie auch anderswo, gerne das Passende hervor und drängt das Unpassende in den Hintergrund.

Der russische Binnenkolonialismus gehört zu solchen ›unpassenden‹ Begriffen, der Proteste bei manchen Gesprächspartnern auslösen kann: die Eroberung des mittleren und niederen Wolgaflusses und Sibiriens im 16. Jahrhundert. 1636 erreichen die russischen Kosaken den Pazifik. Fazit: 10 Millionen Quadratkilometer gewonnenes Territorium, 50.000 Flüsse, 5 Zeitzonen, 100 Völkerschaften. Im 18. Jahrhundert folgten der Ferne Osten, Alaska und die Bay von San Francisco: von daher gibt es den Russian River in Kalifornien, die Eroberungen im 18. Jahrhundert von Peter I. im Großen Nordischen Krieg, seiner Tochter Elisabeth I. und von Katharina II. Im 19. Jahrhundert ging es ungebremst weiter: Nikolaus I. eroberte den Kaukasus und Alexander II. Transkaukasien. Eroberungen in Mittelasien und der Vorstoß zum Bosporus im Russisch-Türkischen Krieg von 1877/78 setzten diese Politik der Expansion fort. Und seit der Zeit von Katharina II. bis zum letzten Zaren wurde die Fata morgana einer Eroberung der Dardanellen und des Bosporus inklusive Istanbul: dem früheren Konstantinopel, der alten Stadt der Christenheit, als eine feste Größe der russischen Außenpolitik verfolgt«, spulte ich vor ihr eine lange Liste von imperialen Vergehen der Großmacht Russland ab.

»Was sollte daran schlecht sein? Die Engländer hatten doch auch um den Hindukusch gekämpft«, wollte Aljona wissen. »Das kann ich dir sagen«, antwortete ich, »das Ziel, das Schwarze Meer zu einem russischen Binnenmeer zu machen, hatte verheerende

Folgen für das Russische Reich. Die Osmanen haben das übrigens mit wechselndem Erfolg ebenfalls versucht. Die russischen Eroberungen wurden auch ideologisch untermauert und dabei wurde Moskau als ›drittes Rom‹ apostrophiert und als Zentrum der orthodoxen Christen verklärt.«

»Den Panslawismus habe ich nie besonders gemocht«, bemerkte sie friedfertig und reichte mir die Hand, »eine jede Ideologie ist verachtenswert, insbesondere aus dem letzten Drittel des 19. Jahrhunderts. Deshalb schlage ich vor, dass wir jetzt spazieren gehen. Schau doch, was für einen herrlichen Sommerabend wir heute haben, obwohl es bereits September ist!«, und sie zerrte mich nach draußen, in die dunkle Nacht mit einem Himmel voller Sterne, in das Wirrwarr der nächtlichen Straßen, in Richtung Wolgastrand. Dass wir nackt gebadet haben, das will ich hier nicht unerwähnt lassen. Alles andere aber ist nichts für die Öffentlichkeit. Rein privat, sozusagen.

Von Berbern und Kentauren

Kulturelle Unterschiede, fremde Kontexte, globale Gemeinsamkeiten – das alles konnte man in einem Theaterstück, das das Resistance-Theater bei einem Gastspiel in Samara zeigte, sehen. Im Theater »Samarskij Parnass« war die ganze Businesselite von Samara erschienen. Aufgeführt wurde die »Hysterie«, deren Handlung im Supermarkt stattfindet, um der Sinnkrise einer Konsumgesellschaft beizuwohnen. Die Rede war von Angebot und Nachfrage, Komik und Tragik einer Gesellschaft, in der alles zu einer Ware verkommen zu sein scheint. Supermarkt – das ist der Super-Alltag, in dem sich die ganze bunte bundesdeutsche Gesellschaft zeigt, und dafür gab es in Samara bemerkenswerterweise großes Interesse.

Wegen des großen Publikumsandranges mussten kurz vor Aufführungsbeginn vierzig zusätzliche Stühle hingestellt werden, um alle Zuschauer unterzubringen. Denn zwischen den Top-Managern der Großkonzerne war wegen der wenigen noch freien Stühlen beinahe eine Rauferei entstanden.

Nach dem Gastspiel wurde Christoph Ali von einem regionalen und einem Moskauer Sender interviewt. Eine der ersten Fragen an ihn lautete: »Woher kommen Sie?« Dem Reporter war dabei anzumerken, dass er herausfinden wollte, aus welchem Land denn dieser »exotisch« aussehende Regisseur komme, obwohl eigentlich klar war, dass die ganze Schauspielgesellschaft aus Deutschland, aus Stuttgart angereist war. Christoph Ali antwortete mit der Stimme eines Stoikers: »Ich komme aus Berlin. Meine Heimat ist die deutsche Sprache.« Ähnliche Fragen bekam auch die afrikanische Schauspielerin Delilah. Sie verblüffte die Reporter ebenfalls mit ihrem reinen Bühnendeutsch, in dem sie mitteilte, dass sie aus Deutschland komme. »Aber«, ergänzte sie etwas zögernd, »eigentlich aus England«, was die russischen Reporter sichtlich in eine noch größere Verwirrung stürzte.

Auch ein deutscher Journalist war mitgereist, der sich als Ralph vorstellte. Er fragte mich über soziale Missstände und Armut in Russland penibel aus. »Es ist doch erstaunlich«, antwortete ich, »dass man in Deutschland gerne und viel über gravierende Armut, organisiertes Verbrechen und soziale Missstände in Russland spricht. Dabei habe ich davon kaum etwas mitbekommen. Es werden in den Medien so viele Stereotype vermittelt, die wenig mit der Realität zu tun haben. Aber warum ist das so? In Zeiten der Globalisierung sieht doch ein Penner in Samara oder in Petersburg ganz so aus wie einer seiner Kollegen in Stuttgart oder in Berlin: Sie sind ungewaschen und stehen die meiste Zeit unter Alkohol, stinken und haben mindestens zehn Tüten in der Hand.« »Ab dieser Stelle bitte etwas ausführlicher«, bat mich lächelnd Ralph. Es war ihm anzusehen, dass er mich sehr wohl verstand. Es war ihm jedoch auch bewusst, dass eine derartige Sichtweise beim Chefredakteur auf keinen Fall durchgehen würde.

»Man darf ja nicht vergessen, wie es sich mit den älteren Menschen hier verhält«, führte ich weiter aus. »Es geht Ihnen vielleicht etwas schlechter als denen in Deutschland, aber viele leiden weniger an ihrer relativen Armut als vielmehr an ihrer passiven inneren Einstellung und ihrem übertriebenen Selbstmitleid. Sie sind es einfach gewöhnt zu meckern und immer vom Staat alles einzufordern. Man sollte auch nicht vergessen, dass sie aus einem relativen Wohlstand in der Sowjetunion in eine relative Armut geraten sind.

Ungeachtet dessen lernte ich neulich eine Rentnerin kennen, die sehr gut zu leben hat und glücklich ist, obwohl sie nur 6000 Rubel Rente bekommt. Und wissen Sie warum? Weil sie Freunde, soziale Wärme, ihre Datsche mit dem Obst- und Gemüsegarten und verschiedene Vergünstigungen hat. Das Wichtigste ist jedoch dabei, dass sie in einem inneren Frieden mit sich selbst und in einem harmonischen Miteinander mit ihrer Umwelt lebt. Sie hat nur vier Klassen einer sowjetischen Grundschule absolviert, es hat ihrer Weisheit jedoch keinen Abbruch bereitet: Sie wolle nie in die alte Sowjetunion zurück, sie sei zufrieden und habe alles, um glücklich zu sein.« »Ist das ein speziell russisches Phänomen?«, fragte Ralph erstaunt. »Nicht unbedingt. In einem der ärmsten Länder der Welt, nämlich Bangladesch, sieht man viele lächelnde Menschen, und in den reichen nordeuropäischen Ländern sieht man viele miesepetrige Menschen und viele haben mit Depressionen zu kämpfen.«

»Sie haben genau den Punkt getroffen, den ich versuche, immer wieder aufzuspüren und zu thematisieren«, sagte nun Ralph zu meiner Überraschung. »Das freut mich sehr«, erwiderte ich, »ich kann diesen Stereotypen, die gewiss nicht ganz grundlos sind, nicht frönen. Ich finde es ärgerlich, dass in der deutschen Berichterstattung über Russland so oft Armut, obdachlose Kinder, Penner, Mafia, Korruption thematisiert werden. Ich bezweifle sogar, dass es den deutschen Rentnern viel besser geht, wenn man einen umfassenden Vergleich unternehmen würde, in dem die zwischenmenschlichen Beziehungen stark gewichtet würden. In Deutschland werden ja nicht gerade wenige Menschen von ihren Familien in Alters- und Pflegeheime abgeschoben.«

Das Gespräch setzten Ralph und ich in einer Gaststätte fort, in die Wladimir uns und die gesamte Schauspielgesellschaft eingeladen hatte.

* * *

An diesem Abend kam ich mit dem Regisseur Christoph Ali ins Gespräch. Er erzählte von seiner Familie, dass seine Mutter Österreicherin ist und sein Vater Ägypter. Und von einer Tour durch Marokko. Wie er auf einer Fahrt durch die Wüste im Bus saß und sich mit Neugier die vorbeiziehenden Landschaften ansah. Wüste, soweit das Auge reicht. Unter der brennenden afrikanischen Sonne hatte sich seine etwas dunklere Haut sichtlich noch mehr gebräunt. Auf einmal passierte der Bus eine Gruppe von Berbern auf Kamelen. Plötzlich wendete sich seine schon in die Jahre gekommene Sitznachbarin ihm zu, fuhr mit der Hand über seine Haut und sagte mit einer tiefen, warmen Stimme, die ihren Wunsch nach Körperkontakt verriet: »Oh, diese schöne Berberhaut ...«

Wir feierten bis in die Morgenstunden hinein, so dass die Schauspielgesellschaft schon bald zum Flughafen Kurumotsch fahren musste. Ich fuhr spontan mit, um meine neuen Freunde standesgemäß zu verabschieden: Von dort aus flogen sie über Prag jeweils nach Stuttgart, München, Frankfurt am Main oder Berlin weiter. Am Flughafen wurden Christoph Ali und Delilah sehr lange am Schalter für die Passkontrolle angehalten, während die übrige Schauspielgesellschaft schon längst im Wartesaal saß. Ralph ging zu ihnen, um zu fragen, ob alles in Ordnung sei. »Ja«, sagte Christoph Ali, »keine Sorge. Das ist nur wegen meines Namens. Der Mohr und seine Späßchen.« Seine Lippen überflog ein trauriges Lächeln.

»Wer weiß«, schmunzelte Delilah müde, »was er in seiner Narrenkappe versteckt hält. Vielleicht will er eine Minikalaschnikow ins Flugzeug einschmuggeln ...« – »Um es in ein Wüstenschiff umzumodeln, blablabla?«, Christoph Ali verlor allmählich die Geduld, da er genau wusste, worum es ging, und er hasste es, dass er oft von fremden Menschen wegen seines Äußeren so behandelt wurde, als stehe er außerhalb des abendländischen Kulturkreises. Dabei konnte er in einem Gespräch fast einen jeden Europäer blass aussehen lassen, was seine fundierten Kenntnisse anbetraf, die er insbesondere in der europäischen Theaterkultur gesammelt hatte. Die Zollbeamten wussten davon nichts und ließen die Zeit verstreichen. Von einem Wunsch nach Körperkontakt konnte hier nicht die Rede sein.

»Warum passiert diese anstrengende Passkontrolle ausgerechnet mir?« Er verdrehte die Augen und schaute Richtung Wartesaal, wo seine Kollegen in Erwartung des Fluges genüsslich ihren frühmorgendlichen Kaffee schlürften und dabei gelassen plauderten. »Kann mir jemand sagen, was das ganze Theater hier soll?«, rief er in den Raum, als ob er dem ganzen Flughafen sagen wollte, dass er mit diesem Unrecht, das ihm immer wieder widerfuhr, ganz und gar nicht einverstanden war.

»Und das sagt ein Theaterregisseur?«, artikulierte Delilah übertrieben energisch, was jedoch nichts mehr mit Schauspielerei zu tun hatte. Sie begann zickig zu werden, weil ihr das Ganze nicht weniger auf den Geist ging. »Ich glaube, mit deinem Verwandlungstalent und der Kreativität«, sie richtete ihren Zeigefinger auf einen Knopf seines Mantels und drückte ihn mit einer bohrenden Bewegung, »könntest du das Luftschiff sogar in einen Fliegenden Holländer verwandeln … Wer weiß, wozu ein müder und bissiger Theaterregisseur aus Kreuzberg fähig wäre?« Sie kehrte ihm den Rücken zu und wollte kein Wort mehr mit ihm reden.

»Delilah, ist doch nicht so schlimm«, versuchte ich sie zu beruhigen, »Christoph wollte damit nur seinen Ärger ausdrücken, dass ausgerechnet ihr an der Kontrolle so lange angehalten wurdet.« »Na, das ist ihm ja prima gelungen«, erwiderte sie bissig. »Er ist einfach viel zu gestresst und müde nach den letzten drei Tagen«, setzte Ralph meinen Versuch fort, die wütende Schauspielerin zu beschwichtigen, »und dann noch diese strenge Passkontrolle.« – »Er sollte den Beamten endlich erklären, dass er nicht in die Sahara zur al-Qaida will«, gab die temperamentvolle Afrikanerin Christoph Ali einen Tipp, »sondern nach Kreuzberg in Berlin!« Sie begann langsam gefährlich laut zu werden, obwohl es ihr eigentlich einleuchten sollte, dass sie mit Ali im gleichen Boot saß. Die Zollbeamten begriffen endlich, dass vor dem Schalter etwas vor sich ging, und setzten schließlich alle Hebel in Bewegung, damit die beiden gestrandeten Fluggäste mitfliegen konnten.

Zum Glück konnten die russischen Beamten kein Deutsch, ansonsten wäre der Ärger vorprogrammiert gewesen, da sie im Dienst grundsätzlich wenig Spaß verstehen und die beiden im Flughafen hätten sitzen lassen können, bis die Passkontrolle ihrer Ansicht nach zufriedenstellend abgeschlossen war. Das zählt sozusagen zu den Berufsrisiken eines jeden Weltbummlers, und erst recht, wenn er eine andere Hautfarbe oder einen Namen wie Ali oder Muhammad hat.

Wie sehr war mir das Ganze vertraut, hatte es mich doch auf Schritt und Tritt in Deutschland begleitet, obschon ich nicht einmal eine andere Hautfarbe und einen gewöhnlichen deutschen Namen habe. In einem meiner Versuche dies zu erklären, bezeichnete ich einmal »den« Russlanddeutschen als eine Chimäre, die fast einem jeden deutschen Bürger Angst und Schrecken einjagt: »Die Aliens sind da!« Das ist eine leicht abgeänderte Formel einer Art Wahrnehmung von kollektiver Gefahr: »Die Russen kommen!«, sprich die »mongolischen Horden«.

Die Bezeichnung »Chimäre« für einen Russlanddeutschen geschah nicht aus einer Bosheit oder einem Wunsch heraus, jemanden zu kränken – ich bin ja selber ein Russlanddeutscher –, sondern einzig und allein aus dem Grund, dass ich die Sache beim Namen nennen wollte. Und zwar, um zu erklären, auf welch missverständliche Weise ein Deutscher aus Russland aus der Perspektive eines durchschnittlichen deutschen Bürgers oft gesehen wird.

Chimären stehen für verschiedene Seiten eines Deutungsphänomens, einer Verwechslung. Durch sie wird die ganze Absurdität einer Zuschreibung durch die Fremdbestimmung eines anderen festgehalten. In der griechischen Mythologie wie auch in anderen

Kulturen sind solche Fabelwesen zu finden, zum Beispiel der Kentaur. Es scheint, dass es auch in der heutigen Zeit solche Fabelwesen mit menschlichem Oberkörper und Pferdeleib gibt, die im Bewusstsein der deutschen Öffentlichkeit in Gestalt eines Russlanddeutschen weiterleben. Bei diesem Mischwesen ist der Oberkörper deutsch und der Unterkörper russisch, es kann aber auch umgekehrt sein, damit sich weder die deutsche noch die russische Nation beleidigt fühlt.

Ein Russlanddeutscher kann durchaus ein Träger von beiden Kulturen und beiden Sprachen sein, ist aber seinem Selbstverständnis nach ein Deutscher aus Russland.

Die Furcht vor ihm als verkapptem Russen ist so weit verbreitet, dass schlaue Unternehmensberater Geschäftsleuten, die mit Russland Geschäfte machen wollen, dringend abraten (intern versteht sich), Deutsche aus Russland als Berater für die Geschäftsabwicklung anzuheuern, weil das dem Erfolg abträglich sein könnte: Sie seien in Russland als Migranten angeblich nicht immer gern gesehen, tragen in sich schon etwas Verwirrendes, was an ihren multiplen Lebenswelten liege.

Die Verwirrung geht so weit, dass die ganze Palette der Bezeichnungen von »Russlanddeutscher« über »Deutschrusse«, »deutscher Russe« bis hin zu einfach »Russe« reicht. Die letzte Bezeichnung ist vielleicht unlogisch, aber auch sie ist nicht ganz falsch. Die russlanddeutschen Jugendlichen nennen sich selbst oft »russaki«, was so viel wie Russe in gesteigerter Form bedeutet. Das zeugt von ihrem Wunsch, sich aus Trotz zu profilieren, wo sie von ihren Mitschülern sowieso schon als »Russen« beschimpft werden, wobei mir allerdings einmal jemand erklären müsste, warum »Russe« etwas Beleidigendes haben soll.

Die Wortbildung »Deutschrusse« lässt sich übrigens am Beispiel vom Kentaur ad absurdum führen. Die griechische Mythologie besagt: Bei der Hochzeit des Lapithenkönigs Peirithoos versuchten die Kentauren die Frauen, insbesondere die Braut Hippodemia, zu rauben, was ihnen missglückte. Es entbrannte ein wilder Kampf, und am Ende unterlagen die Kentauren. Das will so viel heißen, dass die unglückliche Wortschöpfung »Deutschrusse« keine Überlebenschancen hat. Schließlich sind solche Prachtkerle, Verzeihung: Prachthengste wie Cheiron, Nessos und Pholos auch gescheitert.

In Anbetracht all solcher erheblichen Schwierigkeiten in der nationalen und kulturellen Zuordnung: Ich persönlich, der mindestens drei Quellen der eigenen Herkunft nennen kann: eine deutsche, eine russische und eine ukrainische, plädiere dafür, mich als Weltbürger und Europäer zu betrachten … Nichts anderes wünschten sich Delilah und Christoph.

Gloria und Amen – plötzlich wurden die Pässe aus dem geheimnisvollen Schalter gereicht und die letzten Gäste passierten die Sicherheitsschleuse. Damit war die bunte Schauspielgesellschaft wieder vollständig, und das Flugzeug konnte starten. Ich stellte mir vor, dass Christoph Ali schon am Nachmittag in einem Strandkorb an der Spree mit Blick auf die Bundestagskuppel sitzen würde, ein karibisches Getränk in der einen und ein Buch in der anderen Hand, um seinen traktierten Körper ausspannen zu können.

Ich winkte ihnen zum Abschied zu und fuhr zurück nach Samara, wo mich heute etwas ganz Wichtiges erwartete: Der große Tag bei Aljonas Familie stand unmittelbar bevor.

Die Bräutigamsprüfung

Professor Fjodor Alexeewitsch Aristow war in bester Laune. Ihm bereitete der Gedanke Freude, heute den Bräutigam seiner Tochter, als der ich in der Familie längst schon galt, in der Geschichte von Samara zu prüfen.

Ich eröffnete unser Gespräch, indem ich Leonardo da Vinci zitierte: »Die Ungleichheit ist die Ursache aller örtlichen Bewegungen«, und verdeutlichte gleich, was ich damit meinte: »In Deutschland wird *Russland* oft mit der *Sowjetunion* gleichgesetzt, was immer zu einem Einspruch seitens russischer Bürger führt. In ihrem Selbstverständnis waren das immer zwei klar unterschiedene Begriffe. Die Russische Sozialistische Föderative Sowjetrepublik war nur eine Unionsrepublik der Sowjetunion. Aus westlicher Sicht steht Russland stellvertretend für die Sowjetunion. Ein Teil steht für das Ganze, wobei dieses Ganze nie eine homogene Einheit war, sondern ein kompliziertes Gefüge. Das hat mit der Kolonisationsgeschichte Russlands zu tun.«

»Die Geschichte Russlands ist die Geschichte einer einzigen inneren Kolonisation«, zitierte wiederum der Professor vergnügt einen Satz, der aus der Feder eines bedeutenden russischen Historikers aus der zweiten Hälfte des 19. Jahrhunderts, Wassili O. Kljutschewskij, stammt.

Der Professor musste wohl meine Gedanken gelesen haben, denn genau darauf wollte ich hinaus: »Es kann gut sein, dass das Wort ›Kolonisation‹ für die damalige Zeit nach Sinnbezug und Funktion etwa den gleichen Stellenwert mit einem heute sehr verbreiteten Wort hatte: dem ›Kollateralschaden‹. Wenn Zivilisten sterben, während die Soldaten nicht sterben durften. Ob man nun will oder nicht, die Kolonisation, sprich die Ausdehnung des ursprünglichen staatlichen Territoriums, bedeutet das Erschließen des neuen Landes. Nach einer Phase der Expansion und Eroberung bzw. friedlicher oder gewalttätiger Auseinandersetzung mit der einheimischen Bevölkerung folgte die Disziplinierung und Versetzung dieser Bevölkerung in einen Untertanenstatus.«

Der Professor stellte dies in einen internationalen Kontext: »Obwohl es schon seit einigen tausend Jahren kein ›unbesetztes‹ Land mehr gab, wurde im kolonialen Kontext der europäischen Großmächte auf die eine oder andere Art und Weise versucht, in der ganzen Welt Stützpunkte zu gründen und die Grenzen der Kolonialreiche abzustecken. Deshalb ist es nicht besonders verwunderlich, dass die Auseinandersetzung zwischen diesen Großmächten nicht mehr in Europa, sondern in China stattfand.«

Ich setzte mit einer allgemeineren Überlegung fort: »Die Geschichte besteht aus lauter Störungen des Status quo, aus dem Wechsel zwischen seinem Verlust durch Einfälle fremder Mächte, Naturkatastrophen, Seuchen und ähnlichem und seiner Wiedergewinnung in einer gewissen Stabilität. Die Destabilisierungen kommen und gehen, so wie das Gleichgewicht nie vollkommen zerstört werden kann – es kommt immer wieder, weil fast jedes soziale System tendenziell ein harmonisches Miteinander anstrebt. Ein sozialer Friede ist das Gegengewicht zu einem Krieg. Und so kehrt wieder der Frieden ein.«

»Es sei denn«, und der Professor wurde bitter ernst, »ein gesellschaftliches System ist durch eine menschenfeindliche und ideologisch deformierte einseitige Weltanschauung geprägt worden und steht in einer unversöhnlichen Feindschaft zur Schöpfung und zur Weltgemeinschaft, wie es die nationalsozialistischen oder kommunistischen Regimes in Deutschland und in der Sowjetunion waren. Das Letztere konnte schnell wieder die Größe des alten Russischen Reiches erlangen und behauptete sich weiter als ›brüderliche‹ Gemeinschaft der sowjetischen Völker, stellte jedoch in Wahrheit immer noch ein Vielvölkerreich mit den Zügen einer Kolonial- und Subsistenzwirtschaft dar.«

Es entstand eine längere Pause. Er schaute mich aufmerksam an. Es war ihm anzusehen, dass diese Erkenntnis ihn viel innere Kraft gekostet, vielleicht sogar einen starken seelischen Schmerz verursacht hatte. Dann sprach er weiter: »In Anbetracht der Größe des Landes unterliegt man oft der Versuchung, die Ursache für diese Größe einzig und allein im aggressiven Willen der Russen zu suchen. Dabei war es oft eine subtile Interaktion, in der Russland wie eine sanfte Macht wirkte, die den Gegenstand langsam umfloss und durchdrang. Eine Wirkungsgeschichte pur.«

Ich spürte, wie Fjodor Alexeewitsch dies beinah körperlich erlebte und seiner Umgebung gleichzeitig suggerierte, wie es dem umflossenen Gegenstand erginge.

»Bevölkerungsdruck und exzessive Formen der Ausbeutung der Landbevölkerung«, setzte er unaufhaltsam fort, »hatten eine massenhafte Individualmigration zuerst Richtung Süden und später Richtung Osten zur Folge. Während dieser Migration kamen auch viele entflohene leibeigene Bauern in die Gebiete am südlichen und östlichen Rand des Moskauer Rus. Sie lebten gefährlich, aber frei. Mit der Zeit bekam dieser Stand den Namen ›Kosaken‹, wurde in den Dienst des Zaren erhoben und trug den Grenzdienst. Dadurch bekamen sie gewisse Privilegien und wurden mit der persönlichen Freiheit beschenkt. Diese relativ wohlhabende und unabhängige Lage machte sie zu freiheitsliebenden und zarentreuen Menschen. Das erklärt, warum sie während des Bürgerkrieges in der Zeit von 1918 bis 1921 solchen massiven Widerstand gegen die Sowjetmacht leisteten. Die mehr oder weniger spontane Individualkolonisation wurde von der Grenzkolonisation und der Stützpunktvernetzung begleitet, die die anvisierte Region sichern sollte und die Aufnahme des in Frage kommenden Territoriums in das ›Mutterland‹ vorbereitete.«

An dieser Stelle sprach im Professor berechtigterweise ein Patriot aus Samara: »Gerade hier spielte Samara eine wichtige strategische Rolle. Samara war in Russland das Tor nach Asien, genauso wie Kasan und Astrachan die Schlüssel zur Kontrolle über die Wolga und den Wolgahandel waren, der vielen russischen Kaufleuten zu sagenhaftem Reichtum verhalf. Von hier aus ging der Kosakenataman Ermak Timofejewitsch über den Ural, um Sibirien zu erobern.«

»Richtig«, nahm ich den Gesprächsfaden wieder auf. »Über Samara ging es weiter zur Orenburger Steppe, die zwischen dem Ural und der kasachischen Steppe liegt. Sobald die Grenzen im Südosten Russlands durch den Zuzug der Siedler aus dem Binnenland des Russischen Reiches, durch das Wachstum Samaras und durch den immer größeren Einfluss russischer Kaufleute gesichert worden waren, ging es mit der ›friedlichen‹ Kolonisation weiter.

General Kaufmann, ein Deutscher im Dienste des Zaren, hatte sogar ohne dessen ausdrücklichen Befehl in der Zeit zwischen 1867 und 1874 einige hunderttausend Quadratkilometer in Zentralasien durch eine gezielte Politik der Aneignung erobert. Wobei, wenn man heute russischsprachige Quellen und Lexika liest, der Eindruck entsteht, dass in allen Fällen die Ausweitung des russischen Staatsterritoriums ausdrücklich von der unterworfenen Seite erbeten wurde. So hat es sich angeblich im 16. Jahrhundert in Sibirien und im ersten Drittel des 19. Jahrhunderts im Kaukasus abgespielt. Auch nicht viel anders war es in Mittelasien und in Bulgarien in den 1860er und 1870er Jahren. Russland hielt es nicht für nötig, in Bezug auf seine außenpolitischen Ziele nach der Krimkrieg-Katastrophe 1853 bis 1856 umzudenken, und fuhr im gleichen mörderischen Tempo großspurig dem Russisch-Japanischen Krieg und dem Ersten Weltkrieg entgegen.«

Eine Zwischenfrage des Professors war fällig, da ich tiefer graben musste: »Was war der wahre Motor dieser Expansion?« – »Der Ehrgeiz. Die Abenteuerlust. Das Selbstverständnis der russischen Patrioten und Soldaten, dem russischen Vaterland zu dienen. Eine Selbstverständlichkeit der territorialen Expansion, die in der russischen Außenpolitik nie in Frage gestellt wurde, mit Ausnahme von Alaska, das wirklich nicht zu halten war und im Jahr 1867 für 7,2 Millionen US-Dollar an die USA verkauft wurde. Diese Tatsache wird sehr gerne bei jedem Anlass erwähnt, um die angebliche Großzügigkeit des russischen Zaren zu unterstreichen. Dabei ging es hier um den Versuch, sich mit möglichst wenig Schaden aus dem amerikanischen Abenteuer zurückzuziehen. Auch die russische Regierung musste die Überdehnung des Russischen Reiches auf zwei, genauer drei Kontinenten einsehen. In der gleichen Lage waren die spanischen und französischen Kolonien in Nordamerika.«

Aus dem Gästezimmer ertönte auf einmal ein dumpfes Geräusch, als ob etwas heruntergefallen oder ein großes hohles Metallteil auf etwas Massives getroffen war. »Ach, das sind wieder unsere guten Geister von früher«, lachte der Professor auf. Damit meinte er womöglich scherzhaft die historischen Figuren, die in unserem Gespräch auftauchten und sich im Nebenraum materialisiert hätten. »Nein, Spaß beiseite: Zu besonderen Anlässen lassen wir den Samowar aufrichten, um nach dem alten Brauch russischen Tee zu trinken. Aber gut. Entschuldigen Sie die Unterbrechung.« Ich erwiderte, dass ich auf keinen Fall große Umstände verursachen möchte, und gab dem Professor die Gelegenheit, mit dem Thema der russischen Expansion fortzusetzen:

»Nun ging es sowohl bei der interkontinentalen Expansion des Russischen Reiches nach Nordamerika als auch bei der kontinentalen Expansion in Mittelasien immer um Natur- und Bodenressourcen und nicht um Arbeitskräfte, die in Russland im Überfluss vorhanden waren. Durch die Expansion wurde die russische Textilindustrie, die in der zentralrussischen Region um Moskau angesiedelt war, ausreichend mit billiger Baumwolle versorgt.« Dabei erwähnte der Professor stolz, dass im Unterschied zu den Indianern in Nord-Amerika die indigene Bevölkerung Sibiriens in ihren ursprünglichen Regionen weiterleben konnte.

»Ja, das passte gut zum ersten Industrialisierungsschub Russlands, dessen Anfänge in den 1840er Jahren lagen, da die Industrialisierung, wie auch zu anderen Zeiten in England, Frankreich und Deutschland, mit der Entwicklung der Leicht- und insbesondere der Textilindustrie begann. Sie wurde zum Motor der industriellen Entwicklung überhaupt und bereitete den Boden für die Entwicklung der schweren Metallindustrie und des Maschinenbaus«, fügte ich hinzu.

Fjodor Alexeewitsch setzte nun seine mentalkulturelle Analyse ein, deren allseits anerkannter Begründer er war: »Die europäischen Länder führten also in Asien, wie auch anderswo in der Welt, einen ›Zivilisierungsauftrag‹ aus, während Russland sich berechtigt und sogar berufen sah, diesem Auftrag ebenfalls zu folgen. Das erklärt, warum Russland sich – seiner Ansicht nach – durch die Westmächte beleidigt und umgangen fühlte, als es bei der Verteilung des kolonialen Kuchens in Asien, den es seit dem 18. Jahrhundert im Blick hatte, übergangen wurde.

Auch die Samaraer Pioniere hatten die ›freie‹ Steppe in Besitz genommen und im besten Fall bei einem Einheimischen für ein paar Rubel riesige Ländereien gepachtet oder gar gekauft. Danach kamen die Eichmeister und Landvermesser und zogen Grenzen über das Land. Anschließend kamen der Gesetzgeber und der Richter, die das kodifizierte Recht auf die Besitzverhältnisse übertrugen und es anwandten, wodurch die Besitzverhältnisse neu gestaltet und geordnet wurden … So entstanden in der Steppe riesige Felder mit Getreidepflanzungen«, nun ging er zu den wirtschaftspolitischen Folgen dieser Expansion über, »auf denen vor allem sogenannte harte Weizensorten kultiviert wurden. Es waren die zugewanderten Deutschen, die diese Weizensorten in die von nun an ›russische‹ Steppe brachten. Der Weizen wurde zum Exportschlager und zu einer Haupteinnahmequelle des Staates, der mit dem Geld übrigens insbesondere die erste Industrialisierung seit den 1880er Jahren und die zweite in den 1920er und 1930er Jahren finanzierte. In der Stadt Samara war man gewohnt, Millionen zu verdienen und wieder ins Geschäft zu reinvestieren, wodurch noch mehr Geld verdient wurde. Es entstand ein Handelskapital, das nach Anlagemöglichkeiten suchte. Das steckte aber im Vergleich mit den zentral- und westeuropäischen Handelshäusern noch in den Kinderschuhen und war nicht konkurrenzfähig. Der Kapitalmarkt in Russland galt, verglichen mit dem im westlichen Europa, immer noch als arm und klein. In keiner Weise korrespondierte er mit dem riesigen Territorium und mit den Ambitionen des russischen Staates, der in Europa die Rolle, wie man heute sagen würde, einer Supermacht spielen wollte. Das trug dazu bei, dass man in Russland regelmäßig versuchte, diese schmerzlich empfundene Diskrepanz mit militärischem Eifer und Drohgebärden wettzumachen. Die militärische Expansion Russlands wurde zur einzig möglichen Handlungsoption, obwohl sich die Russen paradoxerweise gleichzeitig als Opfer sahen, das durch das aggressive Agieren der sogenannten Großmächte dazu gezwungen wurde. Im Gegensatz hierzu vermochten die Engländer beides, sowohl Geld als auch Macht und nicht zuletzt diplomatisches Geschick, gekonnt einzusetzen.«

Nun war ich wieder an der Reihe: »Ungeachtet dessen entstand in Russland lange Zeit nicht die für die europäischen Städte so charakteristische freie und selbstbewusste bürgerliche, städtische Schicht. Es gab eine große Masse von Bauern und bäuerlichen Kaufleuten auf der einen Seite und die dünne Schicht einer mehr oder weniger gebildeten Beamtenschaft auf der anderen Seite, die oft nur daran interessiert war, aus den reichen Bauern und Kaufleuten Schmiergelder zu pressen. Nur langsam bildete sich das Bildungsbürgertum heraus, das die Verbesserung der Lebensqualität und der Bildung breiter Bevölkerungsschichten als notwendig erkannt hatte.«

»Die russische Expansion«, führte Fjodor Alexeewitsch weiter, um an die eingangs zitierte da Vinci-These anzuknüpfen, »fand wohlgemerkt parallel zur Expansion anderer Kolonialstaaten, wie Portugal, Spanien, Niederlande, Frankreich, Belgien, Deutsches Reich, Italien, und Weltreiche wie dem British Empire statt, zu dem Nordamerika, Indien und Australien gehörten. Belgien konnte sich seiner Kolonie Belgisch-Kongo rühmen, die 75mal größer als das Mutterland war. Und die Belgier waren in Zentralafrika nicht die Ersten. Sie folgten dem portugiesischen Sklavenhandel, der das Land zuvor dreihundert Jahre lang ausgeplündert hatte. Interessant dabei ist, dass die Belgier durchaus gute Vorsätze hatten. Die Kolonisation ging im Namen der Zivilisation und Erforschung der Welt vonstatten. Und so veranstaltete der belgische König Leopold II., der unbedingt seine koloniale Spielwiese haben wollte, im Jahr 1876 eine große geographische Konferenz in Brüssel, bei der es um die Erforschung des Kongos ging. Während dieser Konferenz gründete der König eine philanthropische Gesellschaft zu dem gleichen Zweck. Bezeichnend ist, dass ungefähr zur gleichen Zeit Russland in Zentralasien ein großes Gebiet eroberte.

Während die öffentliche Meinung zumindest in Großbritannien bereits gegen den Kolonialismus gestimmt war, hatten alle anderen aufstrebenden Mächte – Russland inklusive – noch mehr Appetit, und die internationale Lage spornte zu weiteren Gebietseroberungen an. Bis heute gilt dies als eine Rechtfertigung der russischen Expansion, die in russischen Augen nur eine vorbeugende Maßnahme im Wettkampf mit den anderen Weltmächten war. Diese geschah, versteht sich, nur zum natürlichen Schutz seiner äußeren Grenzen.«

In diesem Moment öffnete Aljona leise die Tür in das Arbeitszimmer ihres Vaters und fragte besorgt in den Raum, ob alles recht sei und ob noch Nachschub an Tee und Gebäck erwünscht wäre. Dabei war ihr anzusehen, dass sie nur allzu gern wissen wollte, ob das Gespräch, das nun schon beinahe zwei Stunden andauerte, gut gelaufen war. Auch machte sie keine Anstalten, sich wieder zurückzuziehen, sondern bewegte sich in unsere Richtung, setzte sich ganz selbstverständlich an meine Seite und nahm unauffällig meine Hand in ihre.

Als ob Fjodor Alexeewitsch von dieser neuen Situation gar keine Notiz nahm, fuhr er fort: »Diese äußeren Grenzen waren aber ein sehr dehnbarer Begriff, der auch für Samara nicht ganz seine Bedeutung verloren hatte. Davon zeugt die Tatsache, dass Samara von einem Zeitgenossen in der zweiten Hälfte des 19. Jahrhunderts immer noch als Grenzstadt beschrieben wurde, die in einer Region liege, in der die ›europäische Zivilisation‹ gegen das ›Asiatentum‹ verteidigt werde.

Samara wuchs zu einer großen Stadt mit 80.000 Einwohnern heran, die das zarte Pflänzchen der europäischen Kultur zu einem starken Baum reifen ließ. Nur, die Kultur in die Welt hinauszutragen, kostet viel Kraft und Mühe. Ein Zeitgenosse Weniamin Portugalows beschrieb das so: ›Die Stadt hat die Aufgabe, den Kampf gegen die asiatische Kultur zu führen, die in dieser Region seit Jahrhunderten zuhause war.‹ Unter asiatischer Kultur verstand er die Nomaden, die Kalmyken, die in der Zeit davor von hier in die Kasachische Steppe vertrieben worden waren. Das gleiche Schicksal ereilte die Steppenregionen der Kirgisen und Baschkiren. Sie wurden gezwungen, entweder ihr Nomadenleben aufzugeben und zu einer sesshaften Agrarkultur überzugehen oder weiter gen Osten zu ziehen, was natürlich im Vergleich immer noch eine bessere Option war, als sie die nordamerikanischen Indianerstämme hatten. Wobei hier die Anmerkung angebracht scheint, dass zu dem Zeitpunkt nicht alle Völkerstämme, die im Laufe der Jahrhunderte in diese Region kamen, Nomaden waren. Die Wolgatataren, die den Wolgabulgaren folgten, waren sesshaft und trieben Handel. Überhaupt wurde die Wolgaregion mit der Zeit zu einem bunten Völkerteppich. Hier lebten seit vielen Jahrhunderten ostslawische, finnisch-ugrische, mongolische, turksprachige und viele andere Völker, neben Russen, Ukrainern und Weißrussen unter anderen die Mordwinen, Merja, Kirgisen, Baschkiren, Tataren und Kalmyken«, endete Fjodor Alexeewitsch seine Ausführungen.

»Nun wollen wir uns«, wandte er sich an mich, »den politischen Entwicklungen in Russland und in Samara zuwenden.«

»Mit Vergnügen«, war meine Antwort. Dabei sah ich mit einem Seitenblick, dass Aljona kein sorgenvolles Gesicht mehr machte und mit Interesse unserem akademischen Gespräch zuhörte. »Auch in Samara waren seit den 1860er Jahren kleinere Erschütterungen als Vorboten des sozialen Erdbebens von 1917 zu spüren. Die ersten Gänge der Volkstümler ›in das Volk‹, die Attentate auf die Zaren, von denen eines erfolgreich war: 1881 bei Alexander II., die ersten Freidenkerklubs in den 1870er Jahren, die sozialdemokratischen Zirkel seit den 1890er Jahren und schließlich das Jahr 1905 – das alles waren Zeichen einer nahenden Krise, die mit einer Katastrophe endete.

›Panzerkreuzer Potemkin‹, ein 1925 von Sergej Eisenstein gedrehter Mythos der sowjetischen Filmkunst, ist ein sehr beliebter Streifen auf den Empfängen deutscher Sozialdemokraten. Und das, ungeachtet seiner ideologischen Tendenz, wegen seiner Expressivität und kunstvollen Dynamik zu Recht. Der Film erzählt von der Meuterei und der Inbesitznahme eines Panzerkreuzers durch Matrosen der russischen Schwarzmeerflotte im Jahr 1905, als die erste russische Revolution aus dem Gefühl der Empörung, einen sinnlosen Krieg gegen Japan zu führen, und wegen der Brutalität im

Vorgehen gegen die friedlichen Demonstranten in Petersburg am 9. Januar 1905, während des ›blutigen Sonntags‹, losbrach.

Einer der Matrosen, der an diesen Ereignissen teilnahm, stammte aus Samara: Iwan Akimowitsch Lytschew. Der Panzerkreuzer mit den Aufständischen legte nach einiger Zeit des Herumfahrens schließlich zwischen der Halbinsel Krim und dem rumänischen Hafen Konstanza an, um Kohle zu laden. Die Matrosen gingen an Land und blieben als Emigranten, weil sie in Russland mit Sicherheit die Todesstrafe erwartete. Erst 1917 kam Lytschew nach Samara zurück und nahm aktiv an den revolutionären Ereignissen teil. In den Jahren 1923 bis 1925 stand er sogar dem Gouvernementskomitee von Samara vor.«

»Das ist übrigens einer meiner Verwandten dritten Grades väterlicherseits«, sagte nun Fjodor Alexeewitsch. »Lytschew kam ausgerechnet aus Samara – der Stadt, in der schon in den 1890er Jahren die erste marxistische Zeitung Russlands herausgegeben wurde. Nach vielen Schwierigkeiten mit der Zensur wurde sie allerdings bereits 1897 wieder eingestellt.

Im Oktober 1917 kamen in Petrograd und kurz danach in Moskau die bis dahin wenig bekannten Bolschewiki, anfänglich angeführt von Leo Trotzki, später von Wladimir Lenin, an die Macht. Diese Machtergreifung ähnelte einem Putsch. Keiner rechnete damit, dass eine kleine, aber schlagkräftige, hochkonspirative und straff organisierte Untergrundpartei fähig sein könnte, die politische Macht zu ergreifen. Nichtsdestoweniger begann damit eine tiefgreifende Umwälzung. Langjährige Propaganda in den Fabriken und schließlich auch unter den Front- und Reservesoldaten in den Städten hatte bewirkt, dass der Bekanntheitsgrad der Bolschewiki unter Letzteren relativ hoch war und die Machtergreifung als eine reale Option in Erwägung gezogen wurde.«

Der Professor deutete mit einem Kopfnicken an, dass jetzt wieder ich an der Reihe war. Sicherlich wollte er meine Interpretation der Ereignisse erfahren, und diese ließ nicht lange auf sich warten: »Nach der Machtergreifung durch die Bolschewiki versank das

Land in den Wirren des Bürgerkrieges, der noch bis zum Jahr 1920 andauerte. Samara wurde für eine kurze Zeit zur russischen Hauptstadt, in der die russische Konstituante versuchte, sich im Jahr 1918 neu zu formieren. Wenn ich mich richtig erinnere, konnte die Allrussische konstituierende Versammlung, die Utschrediteljnoe sobranie, von Petrograd, d. h. Sankt Petersburg, die die Regierungsform festlegen sollte, nur weniger als einen Tag, vom 18. auf den 19. Januar 1918, tagen und wurde dann von den Bolschewiki auseinandergejagt. Das war der Anfang des Bürgerkriegs, dem bis zu acht Millionen Menschen zum Opfer fallen sollten. Die Gegner der Bolschewiki bildeten eine heterogene Gruppe aus Konservativen, Demokraten, gemäßigten Sozialisten, Nationalisten und der Weißen Armee.«

Fjodor Alexeewitsch übernahm wieder das Wort, um die prekäre Lage in und um Samara hervorzuheben. Dabei kam auch das Literarische nicht zu kurz:»Im Frühjahr flohen zahlreiche Gegner der Bolschewiki an die mittlere Wolga und formierten sich in Samara zum Widerstand. Dieser wurde durch mehr als 50.000 Angehörige der Tschechoslowakischen Legion begünstigt, die auf einer über 9000 Kilometer langen Strecke zwischen Samara und Wladiwostok unterwegs waren. Ihnen hatten die Bolschewiki am Ende des Ersten Weltkriegs erlaubt, mit der Transsibirischen Eisenbahn über Wladiwostok und dann per Schiff über den Pazifik nach Hause zurückzukehren. Das war zwar ein Umweg, aber für die Bolschewiken war die Lage im europäischen Russland zu gefährlich, als dass sie den Tschechoslowaken hätten erlauben können, direkt in Richtung Westen zu ziehen. Die nachfolgenden Ereignisse zeigten, dass dies keine grundlose Befürchtung war, denn der Befehl aus Moskau, die Legionäre zu entwaffnen, führte zum Aufstand.

Wie widersprüchlich und unübersichtlich die damalige innenpolitische Lage war, zeigt der Fall Jaroslaw Hašeks. Hašek stand auf der Seite der Rotgardisten und musste womöglich auf die eigenen Landsleute schießen – also auf die tschechoslowakischen Legionäre. Leider starb er recht bald nach dem Krieg, sonst hätte er sicher seinen braven Soldaten Schwejk dessen Abenteuer in der russischen Provinz fortsetzen lassen. Ansätze hierzu gab es bereits in seinen Erzählungen von Buguljma.«

Plötzlich ergriff Aljona, die bis dahin schweigend neben mir gesessen hatte, das Wort: »Zum Glück bietet das Leben immer wieder neue Möglichkeiten, öffnet neue Horizonte. Wer weiß, welche Folgen das Abenteuer unseres Freundes für unsere Stadt haben wird.« Sie schaute mich liebevoll an.

»Es sprach sich schnell herum«, ließ ich mich jedoch von meiner Darstellung nicht ablenken, »dass die Grausamkeit der Bolschewiki und ihre wahre Einstellung gegenüber den Bauern nichts Gutes mit sich brachten. Die ›sozialrevolutionären‹ Bauern, wie sie von der bolschewistischen Propaganda gebrandmarkt wurden, liefen in Scharen der Gegenseite zu und brachten den Legionären Proviant und alles Notwendige. Deren Zahl wuchs bald auf 90.000 Mann, als sich ihnen weitere Überläufer aus der österreichisch-ungarischen Armee sowie Gegner der Bolschewiki anschlossen. Der Aufstand der Uralkosaken bestärkte die Tschechoslowaken in der Absicht, Samara zu besetzen.«

»Die Kosaken!«, rief der Professor voll Ungeduld aus, »dieses chaotisch-stürmische Element, das die Schicksale Russlands so oft bestimmte. Das war ein lebender Mythos, der viele in ein neues Abenteuer mitzureißen vermochte. Einige Vertreter der konstituierenden Versammlung, Klimuschkin, Bruschwit, Fortunatow, danach noch Wolski und Nesterow, wagten am 8. Juni 1918 den Umsturz. Am frühen Morgen drangen die Tschechoslowaken in die Stadt. Der Vorsitzende des kommunistischen städtischen Exekutivkomitees musste den Klub in der Zawodskaja-Straße fluchtartig verlassen. Die Sozialrevolutionäre bereiteten danach unverzüglich den Aufbau eines Regierungsapparats vor. Die wenigen verbliebenen Bolschewiki gingen in den Untergrund und betrieben unter schwierigen Bedingungen ihre Sache weiter. Fortwährend mussten sie sich verstecken. Dabei bot der Strukow-Garten, der damals am Rande der Stadt lag, ein gutes Versteck. Die Sozialrevolutionäre genossen eine große Popularität unter den russischen Bauern, weil sie sich ausdrücklich für die Lösung ihrer Probleme einsetzten.«

»Lieber Papa, solche Reden hätten dir vor ein paar Jahrzehnten schnell deinen Lehrstuhl kosten können.« Sie schien mit dem Verlauf des Gesprächs zufrieden zu sein und machte es sich neben mir auf dem Sofa gemütlich.

»Gewiss«, antwortete er. »Die Eroberung der Stadt verbesserte die Lage der Vertreter der Konstituante entscheidend. ›Zwar ist es richtig‹, so hieß es in einer 1922 in Petrograd von der Kommunistischen Internationale herausgegebenen Broschüre, ›dass sehr oft zu Tieren gewordene Kleinbürger und entfesselte Offiziers- und Kosakenbanden ›zu weit‹ gegangen sind.‹ Doch es ist bekannt, dass die Tschereswytschajka der Bolschewiki, die Außerordentliche Kommission zur Bekämpfung der Konterrevolution, nicht weniger brutal vorging und jeden Widerstand rigoros niederschlug. Interessant ist, dass sich die Tschechoslowaken mit den Zielen der Konstituantevertreter solidarisierten. Einer von Ihnen, Rebenda, versicherte: ›Wir sind für unsere Ideale begeistert, und für unsere Ideen opfern wir Hunderte von unseren Kameraden […]. Wir sind alle bereit, für die Sache der Freiheit und die Sache der Befreiung unseres und eures Landes zu kämpfen und zu sterben.‹«

»Welch ein Glück, dass wir diese Zeiten nicht mehr erleben mussten«, sprach Aljona wieder und drückte meine Hand.

Um den Wortschwall des Professors für einen Moment zu stoppen, fügte ich hinzu: »Bezeichnend ist, dass auch die Reden der Bolschewiki einen ähnlich brüderlichen und freiheitlichen Anklang hatten. Alle haben vielleicht das Gleiche gesagt, jedoch nicht das Gleiche gemeint. Die Unterschiede konnte man später feststellen. Für den einen oder anderen war es dann aber bereits zu spät. Als dann die soziale und staatliche Kontrolle zu stark geworden und die Grenze geschlossen war, konnten die Bürger der Willkür und Gewalt des sowjetischen Regimes nicht mehr entkommen.«

Der Professor hatte offensichtlich das Gefühl, dass wir dieses Thema gut genug ausgeleuchtet hatten: »Nun haben wir einiges über die ältere Geschichte Samaras gesprochen. Bevor wir uns jedoch dem 20. Jahrhundert zuwenden, das sehr viele Katastrophen geprägt haben, möchte ich, dass Sie mir über eine Person erzählen, die wie kaum eine andere die Realität dieses Jahrhunderts geprägt hat: Wladimir Lenin.« – »Sehr gerne.« – »Sie müssen mich, mein Lieber, später noch daran erinnern: Ich werde Ihnen alle Plätze in Samara zeigen, die mit diesem ungewöhnlichen Mann zu tun hatten. A propos, Kommunismus. Sie erinnern sich sicherlich an den Satz aus dem ›Kommunistischen Manifest‹ von Karl Marx und Friedrich Engels: ›Ein Gespenst geht um in Europa – das Gespenst des Kommunismus‹.« Er sprach dies genüsslich aus. Es war ihm anzusehen, dass er sich fast wie ein Kind freute, jemandem einen Streich zu spielen und damit einen Schreck einzujagen: dem alten Subkontinent Europa. Jetzt wusste ich, von wem Aljona das Schalkhafte hatte.

»Nur müsste ich etwas weiter ausholen«, begann ich mit meiner Erzählung über den russischen Revolutionsführer, der russisch-deutsch-schwedisch-jüdisch-mordwinisch-kalmykische Wurzeln hatte und in diesem Sinne eine wahre Verkörperung des russischen Subkontinents war. »Vor einigen Jahren überraschte die Museumsdirektorin Maja Obraszowa die Öffentlichkeit mit einer spektakulären Nachricht: Im Memorial-Museum von Wladimir Lenin in Samara, das an der Kreuzung Rabotschaja und Leninskaja steht, spuke es: ›Einmal fanden wir morgens ein benutztes Bett in Lenins Zimmer, obwohl nachts die Tür verschlossen war.‹ Die Museumsleitung machte jedoch keine Anstalten, dem Spuk zu Leibe zu rücken, weil Lenin nicht in Samara, sondern im Moskauer Mausoleum auf dem Roten Platz ruht. Als ob das nicht genug gewesen wäre, rieche es im Museum an manchen Tagen nach frischem Apfelkuchen, der Leibspeise Lenins. Frau Obraszowa kommentierte das mit den Worten: ›In jedem alten Haus sollte es Gespenster geben. Wir sind mit unseren befreundet und fürchten sie nicht.‹« Bei dieser durchaus positiven Auslegung vom Jenseits schmunzelte Aljona sehr zufrieden. Man sah, dass sie etwas sagen wollte, sich dann aber doch zurückhielt, um den Fluss meiner Erzählung nicht zu stören.

Somit konnte ich fortsetzen: »Lenin, mit bürgerlichem Namen Wladimir Iljitsch Uljanow, der Anführer der russischen Revolution, der Gründer des sowjetischen Staates und der Propagandist der marxistischen Idee von klassenloser Gesellschaft und sozialer Gerechtigkeit in Russland, verbrachte als junger Mensch von 1889 bis 1893 einige Jahre in Samara. In den 1990er Jahren sind die meisten Gedenktafeln von den Häuserwänden verschwunden. Nur die Gedenktafeln, die an Lenin erinnern, blieben unberührt. In der Sowjetunion aufgewachsen, weiß ich sehr gut Bescheid, was Lenin für einen damals in der Sowjetunion erzogenen Menschen bedeutete.«

Der Professor nickte energisch, das war wieder eines seiner Lieblingsthemen: »Der ›Heiligenkult‹ um Lenins Person konnte nicht spurlos aus der Gedanken- und Gefühlswelt verschwinden; für viele war er ein Mythos, ein Genie, ein Demiurg, ein David, der Goliath niedergeworfen hatte. Sein Name ist vielen Russen bis heute heilig, denn er steht zwar für massive Repressalien gegen breite soziale Schichten, aber auch für einen rasanten sozialen, kulturellen und wirtschaftlichen Wandel. Millionen von Menschen, vor allem den Arbeiter- und Bauernkindern, die vorher nur eine geringe Chance hatten, eine gute Bildung zu bekommen, ermöglichte der soziale Wandel in der Sowjetunion einen beruflichen und sozialen Aufstieg.«

»Richtig«, ich ließ meine Kindheitserfahrungen ins Gespräch einfließen. »Es war für mich als ehemaligem Pionier und Komsomolzen ein Muss, das Haus, in dem die Familie Uljanow gewohnt hatte, zu besuchen. Dort erfuhr ich vieles über Lenins Familie. Sie bestand damals aus der verwitweten Mutter sowie den Geschwistern Anna, Wladimir, Olga, Dmitri und Maria. Der Älteste, Alexander, fehlte. Er hatte das Attentat auf den Zaren

Alexander II. mit vorbereitet und war aufgeflogen, sein Todesurteil wurde 1887 vollstreckt, zu einem Zeitpunkt, als der Zar bereits sechs Jahre tot war – gestorben durch das erwähnte Attentat, das am 1. März 1881 der Volkstümler Ignatij Grinewizkij verübt hatte.«

»Was können wir aus heutiger Sicht über Wladimir Lenin sagen?«, hakte der Professor nach. – »Nachdem wir heute wissen, auf welche Menschenopfer und welches Unrecht sein Staat aufgebaut wurde und wie blutig und menschenverachtend die Bolschewiken vorgingen, ist es nicht leicht, über die Person und Bedeutung von Wladimir Lenin ein Urteil zu sprechen. Doch gehen wir in den Herbst des Jahres 1889 zurück, in dem es weder Lenin noch den Kommunismus, sondern nur Wladimir Uljanow und die ›gebildete Gesellschaft‹ von Samara gab.

Sein Vater, Ilja Nikolajewitsch Uljanow, erreichte auf seiner Karriereleiter den hohen Posten eines Schulinspektors des Schulbezirks Kasan und zeichnete sich durch pädagogisches Talent und Pflichtbewusstsein aus. Seine Mutter, Maria Alexandrowna, geborene Blank, stammte aus einer Kaufmannsfamilie, die deutsche, schwedische und jüdische Wurzeln hatte. Hier in Samara war Wladimir ein wissbegieriger und aufgeweckter junger Mann, der sich lebhaft für soziale Fragen interessierte. Es steht außer Diskussion, dass er ein sehr begabter Mensch war, der seine Mitmenschen schon früh mit seinem scharfen Verstand und seiner Beobachtungsgabe, seinem guten Gedächtnis und der Fähigkeit, logisch zu denken, beeindruckte. Bezeichnend ist, dass der junge Wladimir mit Jakob Teitel, der seinerzeit zu den besten Schachspielern Russlands zählte, auf annähernd hohem Niveau spielte: Als Wladimir in einem der Sommer auf seinem Landgut nicht weit von Samara weilte, spielten sie per Post Fernschach. Jeder Zug wurde per Postkarte an den Gegner verschickt. Im Büro von Teitel auf dem heutigen Revolutionsplatz von Samara konnte der junge Uljanow übrigens seine ersten Erfahrungen mit der russischen Rechtsprechung machen.

Wladimir war ein verschlossener, aufmerksamer, ruhiger Junge, der in der Schule für seine gute Führung gelobt wurde und immer die besten Noten bekam. Exzellent war seine Leistung auch im Universitätsstudium. Ungeachtet seines 1888 gezwungenermaßen abgebrochenen Studiums an der Universität in Kasan, konnte er vier Jahre später das Examen extern ablegen. Er wurde schon im ersten Semester wegen seiner Teilnahme an einem Studentenstreik und der Mitgliedschaft in einem marxistischen Zirkel, der von N. E. Fedosejew geleitet wurde, exmatrikuliert.

Seine Mutter schrieb Bittbriefe an den Minister für Bildung, er möge ihrem Sohn wieder eine Chance geben zu studieren. Lange blieben ihre Bemühungen vergeblich, bis sie schließlich nach St. Petersburg zu einem Audienzgespräch mit dem Minister fuhr. Erschwerend war hinzugekommen, dass ihr ältester Sohn Alexander inzwischen wegen der Vorbereitung des Zarenmordes zum Tode verurteilt worden war. Alexander hatte es aus innerer Überzeugung abgelehnt, ein Gnadengesuch zu schreiben, dem mit guter Wahrscheinlichkeit stattgegeben worden wäre, und war an den Galgen gekommen.«

»Das war eine wichtige Zäsur in Wladimirs Leben!«, betonte der Professor und sprang beinahe auf vor Aufregung. Nur sein Schaukelstuhl hinderte ihn daran, da er gerade in die andere Richtung schwang. »Der Tod seines Bruders prägte Wladimir aufs Tiefste. Manche sprechen sogar von der Zerstörung des Zarenreiches als einem Akt der Rache für den Tod des Bruders. Solche Rückschlüsse sind zwar nicht zulässig, weil verkürzt. Es ist jedoch sicher, dass der Tod des Bruders dem jungen Wladimir eine allgemeine Richtung für seine geistige und intellektuelle Entwicklung vorgab. Eine Richtung des Kampfes für die soziale Gerechtigkeit, und das hieß für ihn nichts anderes als der unablässige Kampf gegen das Kaiserreich. Dieser Kampf bedeutete viel mehr als nur die Erschütterung seiner Fundamente. Er bedeutete seine bedingungslose Vernichtung und an seiner Stelle die Verwirklichung einer Utopie: die Errichtung des ersten sozialistischen Staates auf der Erde und die Entfachung der Weltrevolution, denn der Kapitalismus als solcher sollte von der Erdoberfläche verschwinden. Eine titanische Aufgabe. Ihr verschrieb sich ein Mensch, der in den Jahren des Ersten Weltkrieges in seinem Schweizer Exil bereits jede Hoffnung aufgegeben hatte, die so lange ersehnte russische Revolution noch zu erleben.«

»Er hatte es ja gut in seinem komfortablen Exil gehabt«, sagte Aljona. »Wäre er doch in seiner Wohnung in der Züricher Spiegelgasse geblieben! Dann hätte er mit den europäischen Sozialisten über die Möglichkeit eines Sozialismus in Europa ewig weiter theoretisieren können! Stattdessen begann er mit einem gigantischen sozialen Experiment, das Russland so viele Menschenleben und Kraft kostete. Hätten die Generäle der deutschen Obersten Heeresleitung geahnt, welche Ausmaße die russische Revolution mit ihrem nachfolgenden Reexport nach Deutschland annehmen würde, hätten sie die Transitfahrt von Lenin und seinen Mitstreitern im April 1917 durch Deutschland bestimmt nicht unterstützt.«

»Was wäre wenn … Das bringt mich auf den Gedanken …«, begann Fjodor Alexeewitsch, »in Russland ist seit den 1980er Jahren ein gängiger Spruch im Umlauf, dessen sich fälschlicherweise auch viele Historiker gerne bedienen. Die Geschichte, sagen sie, kennt keinen Konjunktiv, keine ›Wenn‹ und ›Aber‹; die Geschichte ist das, was passiert ist. Es habe sich schließlich nur das ereignet, was auch die größten Chancen für das Überleben eröffnet hätte – welch krude Mischung aus naturwissenschaftlich-darwinistischen und geisteswissenschaftlich-psychologischen Erkenntnissen. Dabei verwechseln sie unterschiedliche Sachverhalte. Ich behaupte dagegen, dass die Geschichte ganz überwiegend aus Konjunktiven besteht, weil eine historische Person immer vor einer Wahl steht und oft sogar dazu gezwungen ist, zwischen verschiedenen Möglichkeiten oder Optionen zu wählen. Wir sind zu dieser Wahl verpflichtet, darin äußert sich unsere Verantwortung vor der Gesellschaft und vor den zukünftigen Generationen. Und wenn wir dies in Betracht ziehen, dass die Geschichte nicht ein festgelegter gesetzmäßiger Prozess ist, den wir nur in einer Retrospektive konstruieren können, sondern eine Interaktion zwischen verschiedenen Personen oder Interessengruppen, so erfolgt diese Interaktion unter der Bedingung einer Optionalität und Multiperspektivität: Die Geschichte ist offen, sie ist als ein ›sich Öffnen‹ des Seins in Form eines Daseins zu beschreiben, und die Möglichkeiten sind unendlich viele. Daraus können wir schließen, dass es gewissermaßen ein perpetuierter Konjunktiv ist, aus dem das Gewand der Geschichte gewoben ist. Die sogenannten ›festen historischen Tatsachen‹ machen nur das Äußere und das Formelle aus, sie erlauben uns nicht zu verstehen, was wirklich passiert ist. Unsere Interpretation von verschiedenen historischen Erfahrungen und Strukturen, die sich verfestigen oder verflüssigen, je nachdem, ob eine Gesellschaft für Veränderungen und Reformen wohl temperiert ist oder nicht, macht nur einen Sinn, wenn wir möglichst alle Optionen und Perspektiven auffassen, alle Möglichkeiten ausschöpfen, um an die Grenzen des Möglichen zu kommen. Das ist ohne Konjunktiv nicht zu bewerkstelligen. Der Sinn der Geschichte widerstrebt der Schicksalsergebenheit, in der kein Sinn zu finden ist. Deshalb können wir in das Weltgeschehen aktiv und bewusst eingreifen. Jedoch unter völlig anderen Voraussetzungen, als es die Kommunisten getan haben.

Aber zurück in das Jahr 1891«, nichts konnte unseren Professor von seinem eigentlichen Thema ablenken. »Dank der Bemühungen seiner Mutter, die den Minister in der Audienz überzeugen konnte, bekam Wladimir endlich die Erlaubnis, an der Petersburger Universität extern die Prüfung für sein Jurastudium abzulegen, wofür man eigentlich vier Jahre hätte studieren müssen. Bezeichnend ist auch, dass die Professoren in der Prüfungskommission genau Bescheid wussten, wessen Bruder Wladimir war. Sie hatten bereits Alexander die Prüfungen abgenommen, die er mit einem Ausgezeichnet bestanden hatte, der gleichen Note, die Wladimir jetzt, im Alter von 21 Jahren, erhielt. Zwei Jahre später, 1893, trat er eine Stelle bei der Anwaltskanzlei Wolkenstein in St. Petersburg an, die er nicht besonders intensiv pflegte und deshalb nach kurzer Zeit wieder verließ. Nun widmete er sich voll und ganz der marxistischen revolutionären Untergrundbewegung, organisierte marxistische Arbeiterzirkel und propagierte ihre Ideen.«

»Und wie würden Sie, verehrter Fjodor Alexeewitsch«, fragte ich, »die Weltanschauung von Wladimir Lenin bezeichnen?«

»Sie kann als ein marxistisch geprägter dialektischer Materialismus bezeichnet werden. Zu seiner Zeit schrieb er ein philosophisches Buch zur Kritik des Positivismus und des Empiriokritizismus, das alle Studenten der Sowjetunion – inklusive Lenins Notizen zur Dialektik Hegels – studieren mussten und in dem er die Philosophie von Ernst Mach und Richard Avenarius einer gründlichen Kritik unterzog.«

»Richtig«, stimmte Fjodor Alexeewitsch zu. »Lenin nahm am intellektuellen Leben der linken Intelligenz von Samara teil – eine andere als die linke gab es, wohlgemerkt, nicht – und reifte in vielen Diskussionen zu einem russischen Sozialisten heran, der die Geschicke des russischen Sozialismus entscheidend mitgeprägt hat. Die sozialistischen Ideen drangen in alle Schichten der gebildeten Gesellschaft vor und übten auch auf Industrielle und auf Adlige einen bedeutenden Einfluss aus. Aus der Intelligenzija und dem Adel wurden die meisten Revolutionäre rekrutiert. Die Entwicklung der russischen Linken, der Sozialdemokraten, fand in einer intensiven Auseinandersetzung und in einem regen Dialog mit den deutschen Sozialisten statt, die aus der Revolution von 1848/49 hervorgingen und schon einige Jahrzehnte aktiver politischer Arbeit hinter sich hatten. Die sozialistische Arbeiterbewegung entstand in Deutschland wie in Russland wiederum infolge der industriellen Revolution. Die Werke von Karl Marx, Friedrich Engels, Ferdinand Lassalle und August Bebel gehörten zur Pflichtlektüre junger russischer Sozialisten, um von den hochaktuellen

Erfahrungen deutscher Sozialisten zu lernen. Konsequenterweise wurde in Samara – einer Zwischenstation vieler verurteilter Sozialisten und ehemaliger politischer Häftlinge – die erste ›sozialistische‹ Zeitung der russischen Provinz herausgegeben.

Wladimir war ein Besucher der berühmten Abendgesellschaften bei Teitel, von dem vorhin schon die Rede war. Er war zum damaligen Zeitpunkt noch relativ jung und mischte sich in die Diskussionen nicht ein, aber er vermochte sehr aufmerksam zuzuhören. An diesen Abenden nahm die sogenannte ›progressive‹ Intelligenz teil. Man darf nicht vergessen, dass der Marxismus im damaligen Russland die populärste Lehre war und viele Anhänger hatte. 1893 aber verließ Lenin Samara und fuhr nach St. Petersburg, um dort seine Laufbahn als Berufsrevolutionär zu beginnen. Keiner konnte damals ahnen, welche Folgen diese Abreise des jungen Mannes aus Samara für ganz Russland noch haben sollte.« Fjodor Iwanowitsch verstummte für einen Moment.

»Und nun erlaube ich mir, noch einige abschließende Bemerkungen zu der Geschichte der Sowjetunion zu machen«, beendete ich die entstandene Pause. »Die Geschichte der Sowjetunion ist eine große Epoche in der russischen Geschichte, groß im überdimensionalen Ausmaß ihrer Bauwerke, Industriegiganten, Kulturpaläste, in der Entfaltung der Talente in Wissenschaft und Kunst, groß im Grad ihres ideologischen Wahnsinns und der Zahl der Opfer der Gewaltherrschaft. Aber auch groß in der Verdummung der Gesellschaft, in der der einzelne Mensch von der Gemeinschaft aufgesogen und in ihr aufgelöst wurde. Dass eine Epoche zu Ende ist, kann daran erkannt werden, dass eine Massenamnesie ausbricht und vieles im Fluss Lethe versinkt.«

Aljona wollte mir hier auf keinen Fall zustimmen: »Mein lieber Felix, aber du musst doch zugeben, dass wir darüber, wenn dem so wäre, hier und heute überhaupt nicht sprechen könnten.«

»Gewiss, gewiss«, stimmte ich ihr beschwichtigend zu. »Diesmal, mit dem Zusammenbruch der Sowjetunion im Jahr 1991, traf es die Bevölkerung zwar materiell hart, aber nicht bis in die letzte

Konsequenz und so vernichtend, wie es 1917 und in den Jahren danach geschehen war. Aber immerhin verschwanden manche Gedenktafeln, außer denen Lenins. Dieser Umstand beförderte wiederum einen erheblichen Gedächtnisschwund und erleichterte vielleicht die Versuche, zu etwas Neuem zu finden. Etwas zu vergessen oder aus dem Gedächtnis auszulöschen ist ein Teil des mentalen Schutzmechanismus, der sich im Laufe der Evolution herausgebildet hat, um bestimmte Stresssituationen zu überwinden. Der Alltag kann so nicht in Wahnsinn und Chaos versinken, ist er doch ohnedies anstrengend genug. Man will alles bewahren – man will alles auslöschen. Aus dieser Auseinandersetzung, in der man versucht, das eigene Leben und den eigenen Lebenssinn zu formulieren, vollzieht sich die Formgebung der Gesellschaft auf der Suche nach einem erträglichen und akzeptablen Lebensmodus. In diesem Selektionsprozess bleibt haften, was einen wahrhaftigen Bezug auf menschliches Leben unabhängig von Ideologien und Dogmen hat. Es bleibt ein Bestandteil der Kultur und der Geschichte.«

Der Professor setzte schon an, etwas dazu zu sagen, aber dann besann er sich eines Besseren. Er schaute mich freundlich an und reichte mir die Hand: »Gratuliere, junger Mann, sie haben sich in kürzester Zeit ein beeindruckendes Wissen über Samara im Besonderen und über die russische Geschichte im Allgemeinen angeeignet.«

Wir standen auf und Aljona lud uns ins Gästezimmer zum Teetrinken ein, wo ihre Mutter die letzten Vorbereitungen traf für ein geselliges Teetrinken mit Piroggen und russischen Süßigkeiten. Ich hatte mich mit Professor Aristow bestens verstanden. Aljona strahlte vor Glück und war ganz stolz auf mich, dass ich die »Bräutigamsprüfung« bestanden hatte. Sie gab mir einen Kuss und führte mich an ihrer Seite zum festlich gedeckten Tisch.

Das Schöne rettet die Welt

Am Ende eines heißen Tages kehrten Aljona und ich in einem Restaurant in der Fußgängerzone von Samara ein. Wir bestellten gleich eine ganze Flasche »Weißen Französischen«. Übrigens kosten in Russland die Weine normalerweise das Fünf- bis Zehnfache von dem, was sie in Deutschland kosten. Und das muss dann nicht unbedingt immer ein guter sein. Nun ging es uns mehr darum, erstmal einen Tropfen in den Mund zu bekommen und unseren heißen Durst zu löschen. Die Bedienung brachte nach einer Weile die Flasche, die allerdings ziemlich warm war und daher ungenießbar, sodass sie gleich zum Kühlen zurückgeschickt wurde. Wieder kam die Bedienung, die Flasche war allerdings noch immer nicht zu genießen. Nach einigem Hin und Her ging ich dann mit meinem immer noch nicht gekühlten heißen Wunsch zur Theke, um zu erfahren, warum es in diesem Restaurant keinen gekühlten Wein gebe. Zu meiner Überraschung erfuhr ich, dass wir einen Tisch in der »falschen« Reihe erwischt hatten. Die Tische links waren die des Restaurants, die rechts aber gehörten zu einem jungen Pächter, der keine gute Ausstattung hatte, von Eiskübeln ganz zu schweigen. In der Tat, auf einem der Tische in der linken Reihe stand eine Flasche Wein in einem Eiskübel. Die anderen Gäste schienen sich köstlich zu amüsieren. Genauer gesagt: die wohlhabenden Gäste aus der linken Reihe. Offensichtlich durfte der Spaß dort auch ein Paar Rubel mehr kosten. Das war der einzige Grund, warum wir den Tisch nicht sofort wechselten.

Dieser Vorfall war Grund genug, um unser Gespräch ganz diesem Thema zu widmen. »Weißt du«, sprach ich wegen der vorgefallenen Szene mit etwas gedämpfter Begeisterung Aljona an, um sie vielleicht von ihrem Ärger etwas abzulenken. »In Russland gibt es heutzutage nun wirklich alles, auch Wein aus jedem nur erdenklichen Erdwinkel, ob Australien, Kalifornien, Südamerika oder Europa. Im Grunde macht es heute keinen Sinn, in ferne Länder zu fahren, es sei denn, es wäre eine Bildungsreise. Wir haben doch alles hier vor Ort.«

»Jawohl«, bemerkte Aljona sarkastisch, die heute wirklich ganz schlechte Laune hatte, »auch warmen Wein kann man bei uns in Mengen haben. Dafür braucht man nun wirklich nicht um die halbe Welt zu reisen. Das ist ja gerade, wie es mir scheint, unsere Spezialität. Wo sonst bekommt man so etwas, nicht einmal im tropischen Afrika ... vielleicht«, fügte sie etwas unsicher hinzu, weil sie noch nicht das Vergnügen hatte, das tropische Afrika bereist zu haben. »Und außerdem«, fuhr sie fort, »müsstest du dich von deinem Idealismus, was Russland angeht, schleunigst verabschieden.« Sie winkte mit dem Kopf Richtung Westen, um zu verdeutlichen, was sie meinte.

»Natürlich ist es kein Westen!«, entgegnete ich. »Das ist doch jedem klar. Ich versuche ja auch nicht, Russland nach westlichen Standards zu messen. Das ist nicht nötig, würde auch nicht gehen. Russland hat eine eigene reiche historische Tradition, seine eigene kulturelle Dimension.«

»Jawohl«, lächelte Aljona müde, wich jedoch mit keinem Jota von ihrer felsenfest negativen Haltung zurück. »Laut unserer reichen kulturellen Tradition sind wir dazu verdammt, unser Leben lang warmen Wein zu trinken – ich bezweifle aber sehr, dass das wirklich im Sinne der Allgemeinheit ist.«

»Aber du gibst doch zu«, sagte ich friedfertig, »auch das Absurde kann seinen Sinn haben. Du kannst doch nicht dem ›kleinen Mann‹ die letzte Möglichkeit rauben, sich den bescheidenen Luxus zu leisten, in einer schicken Straße in der Fußgängerzone ein Gläschen Wein zu trinken. Du würdest doch als Erste im Namen der sozialen Gerechtigkeit auf die Barrikaden gehen und auf dein Recht pochen, dass nicht nur die wohlhabenden Mitbürger in so einem schönen Restaurant in der Außenanlage sitzen dürfen und ihren Wein unter gewissen Voraussetzungen genüsslich schlürfen können. In der Fußgängerzone, wo wohlgemerkt so viel weibliche Schönheit flaniert, dass es einem schwindlig vor den Augen wird …« Und damit hatte ich verdammt recht, hatte doch auch Dostojewskij schon gesagt, dass das Schöne die Welt rettet.

»Du, ich muss dir etwas sagen«, und Aljona nahm meine Hand in ihre. Sie sah besorgt aus. »Wir treffen uns, wir sprechen uns, wir lieben uns … und es ist so schön um uns. Alles passiert so selbstverständlich, so ungezwungen, so schnell, dass wir vergessen haben darüber zu reden, was nun danach kommt.« »Was meinst du mit ›danach‹?«, fragte ich ahnend, was ihre Worte bedeuteten. »Wenn du abreist. Wann sehen wir uns wieder?« »Pass mal auf. Ich fahre nach Stuttgart, um meine Geschäfte abzuschließen, dann komme ich hierher und hole dich nach St. Petersburg.« »Warum auf einmal St. Petersburg?« Ihre Stimme vibrierte vor Überraschung und Begeisterung zugleich. Ich wusste, dass sie diese Stadt über alles liebte. »Dort werde ich mein nächstes Projekt starten.« »Was für ein Projekt?« »Das kann ich dir jetzt noch nicht sagen … Das Einzige, was ich dir sagen kann, ist, dass St. Petersburg ein wunderbarer Ort wäre, um zu heiraten.«

»Ach, ich sehe es so deutlich vor meinen Augen«, sprach Aljona quicklebendig und lächelte. »Stell dir vor, wie schön es sein wird: Wir machen eine Fahrt durch die Flüsse und Kanäle der Stadt und legen an der Wassilij-Insel an. Dort werden auf uns ein schwarzes und ein weißes Pferd warten. Wir gehen ans Land, steigen auf die Pferde und reiten zu der evangelisch-lutherischen Katharinen-Kirche. Dort lassen wir uns, ohne Pferde versteht sich, trauen.«

»Na dann, eine Elfe in der Kirche – das verspricht immer spannender zu werden«, lächelte ich zurück.

Von Gnomen und anderen Überraschungen

In der letzten Woche vor meiner Abreise nach Stuttgart konnten Aljona und ich noch per Schiff einen spannenden Ausflug nach Schirjaewo am Wolgaufer im oberen Flusslauf absolvieren, das etwa 15 Kilometer flussaufwärts liegt. In diesem Dorf befindet sich auch das Museum von Ilja Efimowitsch Repin, das wir besuchen wollten

Fast jeder kennt das Bild von ihm, »Burlaki na Wolge« (Die Wolgatreidler), das im Russischen Museum von Sankt Petersburg zu sehen ist. Das Bild wurde in den Jahren 1872 bis 1873 fertig gestellt, wobei die Skizzen im Sommer 1870 nicht weit von Samara am rechten Wolgaufer im erwähnten Schirjaewo gemacht wurden. Hier gab es eine Künstlerkolonie, in der Repin mit seinen jungen Kollegen den Sommer verbrachte. Samara sowie Schirjaewo liegen am Samarskaja Luka, einer großen Flussschleife von 150 Kilometern Länge und einer Landbreite von etwa 5 Kilometern an den Ansatzpunkten.

Eine Reise entlang dieser Biegung wird auch Krugoswetka genannt – einmal »um die Welt« fahren. Samarskaja Luka ist ein Naturphänomen, um das sich seit Urzeiten Sagen ranken. Repin besuchte diese Gegend auf der Suche nach einem besonderen Menschenschlag, den es in Zentralrussland so nicht gab: urwüchsig, ungemein stark, freiheitsliebend und unbändig.

Unterwegs lernte ich Mascha kennen, ein kleines Mädchen von etwa fünf Jahren, das mit seiner Oma unterwegs war. Wir kamen mit Mascha ins Gespräch und wurden schnell Freunde. Sie saß auf dem Schoß ihrer Großmutter am Fenster links von mir und fragte diese ständig irgendwelche Sachen aus den Märchen: »Oma, sag mal, gibt es eigentlich den Sankt Nikolaus?« »Das sind alles Märchen, meine Liebe. Sankt Nikolaus gibt es zu Weihnachten, damit ihr Kinder ganz schön feiern könnt und Geschenke bekommt. Und ein für alle Mal: Es gibt in Wirklichkeit keine Gnomen«, klärte sie ihre Enkelin auf. »Das wird bestimmt ein ganz aufgeklärtes Mädchen sein«, dachte ich mir, »wenn es mal groß ist.« Aber mein notorisch kritischer Geist meldete unentwegt seine Einwände an und wartete nur auf einen passenden Moment, Mascha eine Geschichte aus der Zauberwelt der Fantasie zu erzählen.

Als wir in Schirjaewo ankamen, schien ihre Oma gar nichts dagegen zu haben, dass Mascha mit ihrem neuen Freund zusammen weiterzog, während Aljona ein Stück weiter hinten lief und sich mit ihr unterhielt. So gingen wir also zum Museum, das etwa anderthalb Kilometer von der Anlegestelle entfernt lag.

Mascha hielt mich fest an der Hand und ich spürte, dass das kleine Mädchen nur nach einem Vorwand suchte, um mich weiter auszufragen. Als wir dann an einem großen Stein vorbeigingen, fragte sie mich erwartungsvoll: »Felix, gibt es eigentlich Gnome?« »Ja, die gibt es. Du musst nur fest daran glauben. Schau mal, siehst du da dieses Loch? Da kommen bestimmt welche heraus.« »Und warum sehen wir sie nie?«, begann das unendliche Frage-Antwort-Spiel. »Ja, weil sie sehr schlau und vorsichtig sind und sich nur dann aus ihrem Versteck trauen, wenn wir bereits weit genug weg sind und sie nicht mehr sehen können.« »Und wenn wir uns verstecken und auf sie warten?« »Das ist ja gerade das, worauf sie es abgesehen haben, weil sie wahre Meister im Versteckspielen sind.« »Aber glaub mir. Ich hab schon ganz oft Verstecki gespielt und weiß genau, wie das geht. Wir müssen nur ganz vorsichtig und ganz leise sein. Und – wir müssen viel Geduld mitbringen. Das sagt mir immer meine Oma: Wenn ich später gute Noten in der Schule haben will, muss ich schon jetzt ganz fleißig die Buchstaben lernen, um lesen zu können.« »Richtig. So verhält es sich auch mit den Gnomen. Also, wir können nochmal auf dem Rückweg versuchen, sie zu erwischen, und wenn wir ganz viel Glück haben … Aber zuerst gehen wir zum Kamelberg.« »Und warum heißt der Kamelberg so?« »Weil er einem Kamel ähnlich sieht, aber dafür musst du viel Fantasie haben, genauso wie mit den Gnomen, sonst siehst du kein Kamel, sondern bloß einen Steinhaufen, mehr nicht.« »Aha«, sagte Mascha mit Genugtuung in der Stimme, fasste noch fester meine Hand und marschierte mit Zuversicht und neugierigen Blicken, die sie nach links und rechts warf, weiter.

Für Mascha wäre dieser Fußmarsch zum Kamelberg zu anstrengend gewesen. Deshalb ließen Aljona und ich sie im Museum zusammen mit der Oma zurück und gingen zum Kamelberg. Als wir nach etwa anderthalb Stunden Fußmarsch auf dem Gipfel des Berges angelangt waren, stockte uns der Atem von der berauschenden Schönheit des weitläufigen Panoramabildes mit der Wolga, mit den Bergen und Auen. Der Wind wehte uns ins Gesicht und erfrischte uns. Die Sonne blendete uns. Auf einmal wendete sich Aljona zu mir und schaute mir geheimnisvoll in die Augen. »Ist was passiert, mein Liebling?«, fragte ich sie. »Ja«, sie umarmte mich und flüsterte mir ins Ohr: »Ich bekomme ein Kind und ich glaube, es wird ein Mädchen sein.«

Ein gutes Ende ist allerdings undenkbar, ohne die heutigen Orakel zu befragen. Nach dem Prinzip »Wo ein Google ist, darf auch ein Yahoo nicht fehlen« habe ich »Samara« als Stichwort für die Namensgebung in aller Welt eingegeben. Zu »Samara« gibt es knapp 23,4 Millionen und im russischsprachigen Yahoo gar 41,7 Millionen Verweise, unter anderem auch viele Mädchennamen. Jetzt war ich mir ganz sicher, dass die Namensfindung das geringste Problem sein durfte: Samara Joan, Samara Anne, Samara Lea, Samara Kristin, Samara Riley, Samara Rose, Samara Aurelia, Samara Clair, Samara Lynn, Samara Rebekka, Samara Isabella, Samara Elizabeth, Samara Sophie, Samara Emma, Samara Emily, Samara Olivia, Samara Linda, Samara Johanna, Samara Vivianne, Samara Veronika, Samara Madison, Samara Marie, Samara Angela, Samara Christine, Samara Michelle, Samara Katharina, Samara Joyce …

Russischer Wortschatz für alle Fälle

Авось (awosj)
Wörtlich: hoffentlich, vielleicht; in der Wendung на авось auf gut Glück, aufs Geratewohl. Beschreibt die Intention einer Person, die bezweckt, eine Handlung durchzuführen, jedoch nicht ihre volle Kraft und Überzeugung investiert, um das gesetzte Ziel zu erreichen. Die Person glaubt aber trotzdem, dass es schon irgendwie klappen werde. Darin zeigt sich die Gelassenheit eines russischen Menschen, der in jedem Fall hofft, dass seine Handlung mit Gottes oder anderer mystischer Kräfte oder gar keiner Kräfte Hilfe Erfolg haben wird (es wird sich schon irgendwie von alleine fügen).

Биэнес (bisnes)
Business (das), B. as usual, gehört auch in Russland schon längst zum Alltag.

Весна (wesna)
Frühling (der), kommt immer zu spät, erfreut aber die Bewohner von Russland desto mehr mit seinem frischen Grün.

Вобла (wobla)
Getrockneter Fisch (der), hat in Samara wie auch in ganz Russland eine Schlüsselrolle beim Ritual des Biertrinkens, das ohne ihn entweiht ist.

Водка (wodka)
Wodka oder Vodka (der), ist ein Lebenselixier ersten Grades und in diesem Sinne auch *die* Arznei par excellence für jedermann, ob wegen Krebs oder Bestrahlung – Wodka wird gegen alles angewendet. Und man sagt, es helfe sogar bei … Nur, die meisten Probanden haben es offensichtlich nicht überlebt, sonst hätten sie uns davon erzählt.

Волга (Wolga)
Wolga (die), der Fluss im Europäischen Russland, das Synonym des Russischen.

Воля (wolja)
Freiheit (die), hat im Russischen zwei Bedeutungen, als *wolja* – frei von allen Konventionen »wie der Wind im weiten Feld« – oder als *swoboda* unter der Bedingung, dass auch die Freiheit der anderen geachtet wird.

Время (wremja)
Zeit (die), ein dehnbarer Begriff, wie es im Fall von Oblomow zu sehen ist. Das russische Zeitverständnis kann einen jeden Deutschen zur Verzweiflung bringen, da sich die Zeit von Zeit zu Zeit je nachdem ent-

weder in eine sehr lange oder sehr kurze Angelegenheit verwandeln kann.

Гегель (Gegelj)	Hegel, beinahe ein russischer Philosoph, hätte er nicht so furchtbar geschwäbelt; zwar befreite ihn Marx von seinem selbstgewählten Kopfstand, dies half jedoch noch bei weitem nicht, auch in Russland die Umstände in eine akzeptable Lage zu verwandeln …
Гласность (glasnostj)	Glasnostj (die), versteht sich nicht als die Freiheit, über jeden alles und überall zu sagen, wurde aber so praktiziert, wodurch die freie Presse ihre Freiheit eingebüßt hat … Nur wer bestimmt die Grenze des Erlaubten?
Даль (dalj)	Weite, Ferne (die); Wladimir Iwanowitsch Dalj – Autor des berühmten »Wörterbuchs der lebendigen russischen Sprache« (1. Ausgabe 1861–1868).
Демократия (demakratija)	Demokratie (die), in Russland zuweilen ein Schimpfwort und Synonym für eine uferlose Anarchie und Willkür des Stärkeren.
Дорога (daroga)	Weg (der), Straße (die), meist unendlich lang und holprig.
Добро (dabro)	Gute (das), das Habgut im materiellen Sinne oder als ein ideelles Guthaben zu verstehen.
Еврола (Ewropa)	Europa (das), was man unbedingt ein- und überholen muss.
Жиэнь (schisnj)	Leben (das). Leben lehrt, macht weise, bringt um.
Эаграница (sagraniza)	Ausland (das), der Ort, wohin alle hinkommen wollen, mit Ausnahme von Invaliden und Kindern.
Эапад (sapad)	Westen (der), ein im Russischen sehr kontroverser Begriff, der sowohl sehr negativ als auch sehr positiv konnotiert sein kann, je nachdem ob man den »Bösewicht« für die Missstände anprangert oder den »Messias« für die Wohltaten lobt.
Эло (slo)	Böse (das), war lange Zeit ein Sammelbegriff für den Westen und wird in der letzten Zeit wieder verstärkt mit den USA assoziiert als etwas absolut Böses und nicht Einsichtiges. Der Westen zahlt mit gleicher Münze.

Эона (sona)	Zone (die), der Ort, an dem bestrafte Personen ihre Zeit absitzen.
Икра (ikra)	Kaviar (der), roter und schwarzer K., eine Delikatesse. Kaviar mit dem Suppenlöffel zu löffeln ist ein Bild für großen Wohlstand: Leben in Saus und Braus.
Истина (istina)	Wahrheit (die), ist nicht zu begreifen, deshalb auch nicht wert, danach zu suchen. Manchmal aber lohnt sich die Suche doch. Auch das ist nicht zu begreifen.
Кочевник (kotschewnik)	Nomade (der), ein Nachbar, der immer danach trachtet, dich zu überfallen.
Красота (krasota)	Schönheit (die), sie rettet die Menschheit und ... betört sie zugleich.
Крокодил Гена (krokodil Gena)	Ein Krokodil – eine Symbolfigur für den Altruismus in einem russischen Trickfilm. Freund von Tscheburaschka, s. unten.
Кулак (kulak)	Faust (die); wohlhabender Bauer. Eine Schicht wohlhabender Bauern, die zur Sowjetzeit aufhörte zu existieren: Alle Bauern wurden gleich arm.
Любовь (ljubowj)	Liebe (die), du liebst, er liebt, wir lieben ... sie uns aber nicht.
Москва (Maskwa)	Moskau, russische Hauptstadt, im Volksmund ein »großes Dorf«, trotzdem unübertroffen in seinem Drang nach Superlativen.
Мир (mir)	Frieden (der), Welt (die), Dorfgemeinschaft (die).
Мудрость (mudrastj)	Weisheit (die), immer im Besitz von »Wir«, obwohl nur ein »Ich« sie erwerben kann.
Мы (my)	Wir, siehe Ich.
Надежда (nadeschda)	Hoffnung (die), stirbt auch in Russland zuletzt.
Немец (nemez)	Deutscher (der), fleißig, pünktlich, zuverlässig. Russisches Sprichwort: »Was dem Russen gut tut, ist dem Deutschen sein sicherer Tod.«
»Ну, погоди!« (Nu, pogodi!)	»Na, warte!« Eine legendäre und allseits beliebte sowjetische Trickfilmreihe aus den 1970er Jahren. Der Wolf (das plumpe und dumme Böse) verfolgt den Hasen (den Guten).

Общество (obstschestwo)	Gesellschaft (die), beginnt mit 3 (drei) Personen. Das ist eine kritische Grenze in Russland, um noch eine Flasche Wodka austrinken zu können. Unter dieser Zahl gilt es bereits als eine schwere Form des Alkoholismus und ungesund. Im Unterschied zu den Russen organisiert eine deutsche Gesellschaft mit drei Personen mindestens zwei Vereine und denkt dabei zuletzt an Alkoholkonsum.
Они (oni)	Sie (Plural), es hat in Russland keiner Schuld, wenn eine Misere herrscht, es sei denn »sie da oben« machen uns das Leben wieder schwer.
Оттепель (ottepelj)	Tauwetter (das), eingeschränkte Liberalisierung der Gesellschaft in der Sowjetunion in der Zeit von 1956–1962/1964.
Перестройка (Perestrojka)	Perestrojka (die), der politische Umbau bzw. die Zeit der Reformen in der Sowjetunion von 1985 bis 1991. Die Initialzündung der Perestrojka leitete der erste Sekretär der Kommunistischen Partei, Michail Sergejewitsch Gorbatschow, ein. Der Dissident und Philosoph Alexander Sinowiew taufte sie unberechtigterweise in Katastroika um, auf eine Katastrophe deutend.
Пиво (piwo)	Bier (das), das Lebenselixier für die ganze männliche Bevölkerung.
Политика (politika)	Politik (die), ungefähr das, was es auch in der restlichen Welt bedeutet.
Правда (prawda)	Wahrheit (die), Synonym für istina. Wenn schon die Istina (siehe oben) nicht zu begreifen ist, ist es trotzdem notwendig, nach der Prawda zu leben.
Радость (radostj)	Freude (die), dass der Krieg nicht da ist, obwohl der Frieden einem permanenten Krieg gleichkommt.
Родина (rodina)	Heimat (die), was man immer liebt und immer vermisst, weil sie dich wieder vergessen hat.
Россия (Rassija)	Russland – ein Mythos; unendlich groß und großartig.
Рубль (rublj)	Rubel (der), erst hölzerner, dann eiserner, goldener und schlussendlich konvertierbarer – der Rubel rollt.
Самара (Samara)	Samara, wie es aus dem Namen bereits zu ersehen ist, ist selbstbewusst, unverfälscht, identisch, adä-

quat, groß, breit, lang, hoch, hölzern, niedrig, steinern, weiblich, schön, museal, ultra, extrem, abgefahren, rührend, chaotisch, schlau, hinreißend, verfallen, himmelwärts, bombastisch, spacig, Mann o Mann …

Свобода (swoboda) Freiheit (die), der Traum eines jeden Unternehmers, insbesondere hinsichtlich der Steuer.

Свобода печати (swboda petschati) Pressefreiheit (die), Freiheit, alles zu schreiben. Allerdings kann keiner eine Garantie geben, wie lange man noch am Leben bleibt, wenn man alles schreibt.

Свято (swjato) Heilig: Familie, Heimat und Freunde.

Смысл (smysl) Sinn (der), es ist sinnlos zu leben, macht aber trotzdem Sinn.

Совесть (sowestj) Gewissen (das), wenn die Gesetze versagen, bleibt das Gewissen eine letzte Instanz, zu der man ruft.

Сон (son) Traum (der), träumen kann man alles; das Erwachen aus einem russischen Traum ist meistens mit starken Kopfschmerzen verbunden.

Спасибо (spasibo) Danke. Ein russisches Sprichwort besagt: »Mit einem Dank ist kein Brotaufstrich zu leisten.«

СССР (SSSR) UdSSR (die), ein Staat mit kommunistisch-kollektivistischer Ideologie, der zwischen 1917 und 1991 auf dem russischen Territorium einschließlich 14 anderer Unionsrepubliken, die zu (scheinbar) unabhängigen Staaten erklärt wurden, existierte. Die Abschaffung des Privateigentums führte zu Demotivation und Verarmung der Bevölkerung. Die absolute Unterordnung einer Person unter das Kollektiv hatte zur Folge, dass die Menschenrechte keine besondere Rolle spielten.

Сталин (Stalin) Stalin ist und bleibt der größte Mörder aller Zeiten. Sein Rivale Hitler eiferte ihm nach. Oder auch umgekehrt. An ihrer Leistung im Morden könnte sich vielleicht nur China während der »Kulturrevolution« in den 1960er Jahren messen. Stalin beantwortete die Frage von Rodion Raskolnikow, ob ein Napoleon für »hohe Ziele« morden dürfe, mit einem radikalen Ja. Seinen Worten nach ist es Mord, wenn ein einzelner Mensch umgebracht wird; bei 100.000 Opfern aber

Geschichte. Im ersten Fall hat der Vorfall eine kriminelle, im zweiten eine »historische« Dimension.

Страдание (stradanie)	Leiden (das), ein unabdingbares Merkmal der russischen Geschichte.
Судьба (sudjba)	Schicksal (das), alles, dem nicht zu entrinnen ist.
Счастье (stschastje)	Glück (das). Ein kleines Glück: Wohnung, Auto, Datsche. Ein großes Glück: zwei Wohnungen, zwei Autos, zwei Datschen. Ein sehr großes Glück: Du hast alles verloren, weißt nicht warum, und bist trotzdem über alles glücklich, weil du noch am Leben bist und nicht einmal weißt, wem du solch ein Glück zu verdanken hast.
Теория (teorija)	Theorie (die), das Wort ruft bei den meisten Russen ein tiefes Misstrauen hervor.
Терпение (terpenie)	Geduld (die), Geduld und Arbeit überwinden alles (russisches Sprichwort).
Труд (trud)	Arbeit (die), Arbeit ist kein Wolf, sie läuft nicht davon (russisches Sprichwort).
Успех (uspech)	Erfolg (der), ist immer dem Faulen überlassen, weil die Klügeren schon längst abgehauen sind.
Хозяин (chosjain)	Herr (der), Eigentümer (der), Chef (der); gewissenhafter Eigentümer, der sein Grundstück musterhaft bestellt.
Хорошо (charascho)	Gut (Adjektiv), »хорошо жить на Востоке …« »Es ist gut, im Osten zu leben …«
Цель (zelj)	Ziel (das), s. Sinn.
Человек (tschelowek)	Mensch (der), bleibt immer auf der Strecke.
Чебурашка (Tscheburaschka)	Ein Wesen aus einem Trickfilm, in dem Tscheburaschka und das Krokodil Gena eine böse alte Frau Schapokljak bekämpfen. Tsche ist ein kleines Wesen mit niedlicher Stimme, eine Mischung aus einem Affen und einem Bären mit riesigen runden Ohren. Beinahe könnte man sagen, das sei eine Metapher für die sozialistische Freundschaft zwischen der Sowjetunion und der Republik Kuba. Es bleibt der Phantasie der

	Leser überlassen, wie sie denn die Frau Schapokljak einordnen würde.
Шинель (schinelj)	Dienstmantel (der), wurde nach Jahrhunderten mit Kriegen und Nationalstaatenwahn, als der Uniformierungsgrad der Bevölkerung am höchsten in der Geschichte war, zu einem Symbol des durchregulierten und reglementierten Lebens.
Я (ja)	Ich (das), ist vollkommen dem Kollektiven und der Familie untergeordnet. Der letzte Buchstabe des russischen Alphabets.

»Wieso ich? Wieso immer ich? Wieso immer wieder ich?! Die anderen gibt es auch!«

Wie oft wurden wir in der Sowjetunion mit diesem vehementen Aufschrei eines Subjekts in den öffentlichen Versammlungen oder kleineren privaten Unternehmungen konfrontiert? Das Ich verlangte mit Vehemenz, sich in dem Kollektiven zu verstecken, fühlte sich erfroren und ungeschützt aus dem Kollektiven herausgerissen. Das Kollektive gab aber auch das Gefühl, geschützt zu sein: Man konnte sich darin bedenkenlos verlieren; in der wohligen Wärme der Anonymität ließ man sich komfortabel einlullen. Deshalb war die Erfahrung der »chaotischen« 1990er Jahre so schmerzhaft, so unerträglich: Man sehnte sich nach dem Schoß der kollektiven Mutter.

Das Ich wird von dem Chaos verschlungen oder das Wir verschlingt das Chaos, verdaut es, ohne weiter zu fragen, was da gerade heruntergeschluckt wird …

Das Ich fürchtet sich vor Chaos, hat Angst, von ihm verschlungen zu werden. Der russische Intellektuelle bleibt gewöhnlich irgendwo in einem Zwischenraum zwischen Ich und Wir stecken, erlebt das Vakuum des Daseins und flieht in das Kollektive oder das Göttliche zurück, was für ihn ungefähr dasselbe ist. Dabei wird man meistens nicht von einem klaren Wunsch geleitet, der Logik zu folgen, sondern von einem diffusen Gefühl, in den Schoß des Kollektiven zu fallen.